湛庐CHEERS

与最聪明的人共同进化

HERE COMES EVERYBODY

U0930752

核心天性教养法

Nurture the Nature

Understanding and Supporting Your Child's Unique Core Personality

[美] 迈克尔·古里安 著
Michael Gurian

严霄霏 译

河南科学技术出版社
·郑州·

献给

——

我的妻子盖尔（Gail），

我的女儿加布丽埃勒（Gabrielle）和达维塔（Davita），

多年来和我一起工作，以及我遇到过的孩子和父母。

你们是我灵感的来源！

MICHAEL

GURIAN

迈克尔·古里安

- 全球最具影响力的性别科学领域教育家
- 首屈一指的男孩教育权威

最懂男孩女孩
内在优势的教育家

迈克尔·古里安是一名社会哲学家、家庭咨询师、企业顾问和《纽约时报》畅销书作家，曾出版过 32 本畅销书，著作涉及育儿、教育、心理、商业等领域，先后被译为 23 种语言，在世界各地流传。

在教育领域，古里安曾就职于美国冈扎加大学教育学院，并在那里开启了人生中第一堂性别生物学课程。他的经典书系“男孩养育专家古里安优势教养系列”（《核心天性教养法》《男孩女孩学习大不同》《男孩的学习方式大不同》《男孩的思维方式大不同》《男孩的人生目标大不同》）传递出一种观点，即“核心天性与性别差异是给孩子带来决定性影响的两个关键因素”，这一观点曾掀起全美激烈论战。古里安制作的教养视频被美国已有百年历史的非营利性组织“大哥哥大姐姐”采用。作为性别科学领域的先驱人物，古里安的学术活动遍布哈佛大学、斯坦福大学、约翰·霍普金斯大学、加州大学和科罗拉多大学等世界名校。

MICHAEL GURIAN

近 40 年来，古里安一直从事大脑生物学和性别差异领域的研究，尤其在男孩教育方面颇有建树。他研发的 Core 模式，即同情心（Compassion）、荣誉感（Honor）、责任心（Responsibility）和进取心（Enterprise），“10 条价值观”工具及三重家庭体系，影响了无数男孩的成长。他还与合作伙伴凯茜 · 史蒂文斯（Kathy Stevens）一起，研发出了名为“男孩女孩学习方式大不同”的课程。目前，已有超过 2 000 所学校以及全美数万名家长、教师尝试了这些教育方法。

享誉全美的“人民的哲学家”

此外，古里安还被誉为“人民的哲学家”，因为他以超强的能力将人们的普通生活与科学思维联系在了一起，并积极倡导将神经生物学和脑科学的研究引入家庭、工作、学校和公共事务的管理中。曾在欧洲、亚洲、美洲和中东地区生活、学习和工作的经历，也使古里安的哲学思想受到了多元文化的熏陶。

经过近 40 年对两性亲密关系的观察和科学研究，古里安指出：男人和女人的思维及行为模式存在明显差异，这导致他们天生彼此不和，即便是关系很好的夫妻也可能因过于亲密而疏离。因此，正确理解男性和女性之间的思维及行为差异，是维持幸福美满婚姻的关键。他把婚姻分为 5 个阶段：浪漫期、迷惘期、斗争期、觉醒期和亲密的分离期。无数美国家庭因此受益。如今，古里安和妻子盖尔，两个女儿加布丽埃勒和达维塔幸福地生活在美国华盛顿州的斯波坎市。

性别科学解读领导力第一人

1996 年，古里安创办了古里安研究所，之后相继推出了许多培训项目，旨在帮助更多人真正理解性别差异，并探讨如何最大化地利用男性和女性各自的优势，来提高工作效率。

古里安每年都会在大约 20 个城市的各种活动上发表主题演讲，并为社区、学校、公司、医院等机构提供咨询服务，他已成为北美地区最具活力的演讲者之一。古里安擅长基于科学的研究、务实的案例来阐述他的观点，为建设更好的领导力和市场营销团队提供性别科学方面的指导方案。古里安努力帮助与会者了解他们的领导能力和管理能力；了解性别差异可能造成的影响；理解在进行跨企业交易时，因性别差异造成的谈判风格上的不同；通过在两性之间建立信任关系，提高行政和管理团队的效率；通过改善沟通和解决冲突的技巧，提高男性和女性领导者的管理能力等。

古里安曾为谷歌、波音、百事、NASA 等大型企业和政府机构提供咨询及培训服务。

男孩养育专家
古里安优势教养系列

NURTURE THE NATURE

UNDERSTANDING AND SUPPORTING YOUR CHILD'S UNIQUE CORE PERSONALITY

总　序

理解天性，激发孩子的优势力量

在我心中，中国的语言和文化占据着特殊的位置。我的女儿加布丽埃勒在美国和平队（Peace Corps）工作时，曾在重庆待了两年，并在那段时间里结识了她的丈夫，也是一位美籍华人。中国是世界舞台上的重要一员，我很荣幸自己的这几本书能被中国读者了解。感谢湛庐文化将这些书引入中国，带入中国的家庭、学校和社会。

20 世纪 90 年代中期，当这个系列的第一本《男孩的思维方式大不同》写成时，我和我的代理人根本找不到一家美国出版商出版这本书。编辑们看过写作计划后，纷纷回复道："读者想看的不是有关男孩的书，而是有关女孩的。""男孩已经享有特权了，他们什么也不缺，我们需要的是写女孩而不是写男孩的书。"

在那些年里，美国主流出版商的数量比现在更多，但 26 家美国主流出版商都拒绝出版这本书——直到我跟一位编辑说："如果有必要，我宁愿不拿一分钱。

世界上有半数父母在养育着男孩，这本书一定会有读者喜欢的。"

对方终于答应下来。一年多以后，《男孩的思维方式大不同》出版了，并立即在世界各地找到了读者。接下来的几年间，全世界出版了很多关于男孩的新书，都大获成功，我的《男孩的思维方式大不同》及后续作品《男孩的学习方式大不同》《核心天性教养法》《男孩的人生目标大不同》《男孩女孩学习大不同》都获得了好评。我想这是因为这些书对人们有帮助。我一向希望针对人们的需求来写作。

和女孩一样，男孩同样需要大量的帮助，这种需求并不比女孩多或少。除非文明社会把注意力集中在如何教育男孩上，否则将会有无数男孩被我们丢下，陷入失败、动力不足、抑郁、物质滥用、暴力及其他各种各样的深渊。抚养和教育男孩是一项神圣的任务，是文明的根基。每个迷失的男孩都会成为一个迷失的男人，每个迷失的男人都可能会伤害到别人和他自己。

这个系列中的每本书都结合了神经科学和社会科学，以及应用心理学和教育心理学的研究。"培养天性"（nurture the nature）这个概念是这套书的基础。我并不想直接告诉父母和教师应该做什么，而是希望帮助父母、教师、政策制定者和读者成为"平民科学家"。这样一来，在家里、学校和运动场上，你就能为自己负责照看的孩子做出正确的决定。我的任务就是把科学和策略交到你手上。

我的理论是"基于天性的教养"（nature-based theory），它来自这样一种观点：人类社会最初只是培养孩子的天性，而这就是最成功的教养方法。这也就意味着，我们必须了解孩子天性中的性别差异：男孩和女孩的学习方式是不同的，成长方式也有差别，每个孩子作为男性或女性所产生的人生目标感也大不一样。在解释了这些大脑差异之后，我们就能培养出每个孩子真正的天性。

在培养天性时，我们会鼓励孩子拥有高自尊和目标感，在这个世界上找到自己的人生角色，热爱教育，努力奋斗，满足人类爱与被爱的需要。我们会将女孩培养成坚强、自信、有爱心的女性，也会将男孩培养成坚强、自信、有爱心的男性。共情和社会情绪的学习是人类发展的两个重要因素，对于男孩和女孩来说，这两个因素在某些方面有相似之处，但也有区别。

在这套图书中，有些主题我有所涉及但并未深入展开论述，其中一个是关于数字生活、科技、社交媒体和电子游戏对男孩和女孩大脑发育的影响。今天，我们在世界各地都能看到父母让刚刚学会走路的孩子玩手机，老师则在上课时让很小的孩子盯着笔记本电脑或电脑显示器屏幕，时间长达 4 个小时甚至更多。虽然在一定程度上使用屏幕对孩子是有益的，但如果时间过长，就会对孩子的大脑发育产生负面影响。

在人生的舞台上，男孩和女孩面临着各自的不同挑战。对男孩来说，使用屏幕的时间过长会使他们更容易患上注意缺陷障碍（ADD）或注意缺陷多动障碍（ADHD）；对女孩来说，则会提高她们产生焦虑障碍的可能性；而无论男孩还是女孩，出现抑郁及其他类似问题的风险都会增加。男孩还有一个特殊的倾向，即如果在学校和家庭中过度使用屏幕，包括玩电子游戏时间过长，他们将会学习动力不足。

还有另一个主题，你正在阅读的这套书中没有过多提及，但有必要引起重视，就是环境中的神经毒素对孩子大脑的影响，包括空气污染，农产品上的化肥及农药残留，扰乱内分泌系统的食品添加剂、洗涤液、护肤品等。这些神经毒素存在于生活的方方面面，影响着男孩和女孩的基因表达，导致男孩更容易患上大脑和学习障碍，女孩更容易患上焦虑和抑郁。

如今，男孩面临的问题和不良影响多种多样，其中之一就是我们都不希望看到男性暴力行为的增多。在抑郁时，男孩比女孩更有可能选择自杀或伤害他人。男性抑郁症如今已是一个重大的全球性现象，对此，这套书给出了帮助父母或养育者对抗孩子抑郁和学习动力不足的策略和方案。总的来说，我相信男性抑郁症是人类文明所面临的影响最深远的问题之一。

男孩和女孩都是妙不可言的。如果你在抚养、教育、指导孩子的时候，既能体会到他们的聪明、可爱，又能感受到他们之间的些许不同，我希望你能在阅读这套书的过程中获得帮助，建立一个能够帮助孩子成长的长辈团体，激发出每个孩子的力量。这种力量就是孩子的“天性”。当培养孩子的这种力量时，我们不仅是在教养自己的孩子，也是在通过他们滋养整个世界。

做个麦田里的守望者

苏彦捷

北京大学心理与认知科学学院教授

这本书的译者严霄霏是我指导的第一个博士生。她于 1994 年进入北京大学心理学系学习，2003 年获得博士学位后进入首都师范大学任教，后移居美国。

这本书出版前夕，霄霏来信说让我给她翻译的教养书写一篇推荐序，我欣然应允。很高兴我的学生不仅将曾经学过的发展心理学作为自己在教学科研工作中术业专攻的领域，还能够以译著的形式为社会服务。当我收到湛庐文化编辑老师寄过来的样稿，通读后发现，尽管这本书的内容主题属于我非常熟悉的发展心理学领域，但文字内容的亲和、生动以及贯穿全书的对天性的尊重，仍让我受益匪浅。

说说因材施教的中外解读

如果要我总结一下本书的核心内涵，“因材施教”这四个字应该是最恰当的。

以我的理解，作者在书中采用大量的科学研究数据和咨询实例，说明了因材施教的基础是心理学最看重的个体差异。核心人格（天性）的发现是为了了解我们要施教的“材料”（孩子）是什么类型的、有什么特点，以进行基于天性的教养。

心理学研究的是人类行为的规律。从群体来看，人类的确存在一些共同特点，但具体到个体，每个人都是活生生的能动者，在正常情况下不会被动接受任何一种内外因的影响和作用。所以对不同的个体采用同样的方法和处理方式，可能会有截然不同的效果。

这样的思想，在《论语·先进篇》第22章也有清晰的阐述。子路问：“闻斯行诸？”子曰：“有父兄在，如之何其闻斯行之？”冉有问：“闻斯行诸？”子曰：“闻斯行之。”公西华曰：“由也问闻斯行诸，子曰，‘有父兄在’；求也问闻斯行诸，子曰，‘闻斯行之’。赤也惑，敢问。”子曰：“求也退，故进之；由也兼人，故退之。”对于同一个问题，孔子针对子路与冉求的“材”之不同给出了不同的回答（教化）。

如上所述，教养和教育按照每个人的特点来进行，这是因材施教第一个方面的含义。

个体的发展会有很多不同步的情况。我曾经看到过一种见解，意思是：孩子是一棵树，他所能到达的人生境界，取决于树干上最长的那根树枝，而不是最短的那一根。”我非常赞同这一见解。虽然学界比较普遍的建议是对发展方面存在问题的个体进行针对性训练，以弥补其不足，然而另一种取向已经开始越来越受到重视，即应该让孩子自由地发挥所长，而非简单地取长补短。这就是因材施教另外一个方面的含义。

谈谈父母教养的三个层次

在每学期开始讲授发展心理学课程时，我都会告诉大家，尽管学习发展心理学这门课程是为了达到很多学术目标，但它还有一个对我们每个人都非常有益的作用，那就是帮助我们做好父母（了解孩子们），做好自己（了解青年人），做好子女（了解中老年人）。因此，家长们若能通过阅读本书来运用发展心理学知识以解决实际教养中的问题，正是作者和我们这些教育者最希望看到的。其中，做好父母是最直接的应用。梳理一下，我们作为父母的教养实践大致可以分为三个层次。

第一个层次更多地接近一种本能，即我们的父母如何对待我们，我们也会如何对待我们的孩子，进行代际间的传递与传承。这应该说是一种相当省心的方式。

第二个层次是随着社会整体文化水平的提高，为人父母的年轻一代接触到越来越多的专业教养知识，会更多地学习和了解个体的发展规律与孩子各个发展阶段的任务。很多年轻的父母都已经有了天性教养方面的意识，并且不断实践着学术为尊、“按书索骥”的教养实践。

第三个层次应该更进一步，除了阅读专业书籍、了解个体发展的相关知识外，父母更应好好“阅读”自己的孩子。尊重个体差异，制订出更合适的教养计划。这个层次对父母的要求很高，因为孩子是某一类群体中特定的那个。发展心理学通常会总结出某类个体的特质，但若针对某个特定的孩子，则需要我们花时间去观察，不断尝试，探索出与孩子互动的适宜的方式和方法。

当然这种个性化定制也应该有章可循，这本著作就是帮助我们达成第三层次教养的一种工具。在书中，作者既简明扼要地对孩子 7 个发展阶段的特点，围绕核心人格和性别两个要素进行了说明，又用他作为家庭治疗师时积累的丰富案例，帮助每一个家长去理解如何读懂孩子。尽管针对每个不同发展阶段的孩子，作者都给出了教养要点，但家长一定要牢记，这些原则若要应用于自己的孩子身上，就需要将反映了一般规律的原则具体化。这必然是一个很艰难的过程，但当你看到自己的孩子快乐地成长时，就一定能体会到伴随孩子一起成长的那种成就感。

探讨守望成长的定力所在

书中还有一个观点我深有体会，那就是尊重孩子的天性常常需要家长有强大的内心去对抗流行教养文化，特别是那些大家顺应潮流和社会习惯所做的选择。比如，有些家长说，别人家的孩子从小要上各种兴趣班，如果我们由着孩子自己的性子整天玩耍，等到有一天看到同龄人潇洒地玩着乐器，顺利进入令人羡慕的学校时，孩子埋怨我们怎么办？虽然目前我们对此还没有非常理想的答案，但希望这本书能给你提供一些支持，以便你能更有底气地“守望”。

而正在写这篇推荐序的时候，霄霏的学弟夏海伟在我们实验室的微信群里为大家推荐了一个报告实录“守望成长”（徐家胜）：“要尊重孩子的自然天性……家长应该是一个守望者的角色，七分观望三分守护。”“……做个麦田里的守望者。”在我看来，这与以核心天性为本的教养方法有异曲同工之妙。

书的后记标题为“有一种幸福，叫孩子的天性因你而绽放”，作者写道：“孩子的天性是因你而得到培养，与此同时你也滋养了自己的天性，这是无与伦比的人生体验……如果我们能帮助孩子塑造自我，就会感受到那种永存后世的圆满。”我也这般相信！

是为序。

NURTURE
THE
NATURE

UNDERSTANDING AND SUPPORTING
YOUR CHILD'S UNIQUE
CORE PERSONALITY

目录

总　序　理解天性，激发孩子的优势力量 / I

推荐序　做个麦田里的守望者 / V

引　言　和孩子的天性捉迷藏 / 001

我们常常认为自己“终于锁定孩子的发展方向了”，然而他们偏偏又与我们的期待背道而驰。再等他们长大些，我们才能从“不断改变的孩子”身上看出稳定的发展轨迹：原来他们的核心天性始终闪耀在那里，一如我们在他们儿时所感受到的那样。

安静、敏感又“难伺候”的加布丽埃勒 / 002
热情、外向的“跳跳虎”达维塔 / 002
不断变化的孩子和不变的天性 / 005
摆脱社会流行教养文化的干扰 / 007
天性惹的麻烦，本质教养来解决 / 011

01　别让社会流行教养文化伤害孩子 / 017

很多父母迫不及待地想要培养出一个最高水准的竞争者，为孩子将来能考取“最好的”大学、谋求高收入工作做着准备。你也和他们一样，焦灼地期待着那个“完美小孩”吗？

生活中的压力与慢性应激让孩子筋疲力尽 / 021
把孩子从社会流行教养文化中“拉回来” / 028
放下焦虑，设计自己的本质教养计划 / 033

02 孩子的教养，一半靠科学，一半靠直觉 / 035

孩子的个性和脾气、气质和性格，甚至身体和心理的特点，在很大程度上都是与生俱来的，是孩子核心天性的表现。作为父母，了解科学教养知识很重要，但你对孩子的教养直觉似乎更重要。

用天性教养理论记录孩子的成长 / 039
以天性为本，孩子天生并非一块白板 / 041
7 门新学科帮你理解孩子的核心天性 / 045
6 项测评还原孩子的核心天性 / 053
制订专属于你的天性教养计划 / 066
任何教养皆须绕行天性的“灯塔” / 067

03 建立依恋和亲密联结 / 069

0～1岁的天性教养

母亲和孩子之间的情感联结正如卡尔·荣格确信的那样，“如魔法般不可思议”，每个孩子都以他特有的方式依赖着母亲。研究证实，当孩子不能从母亲身上获得足够的关注和陪伴时，其核心天性的发展就会受到影响。你有足够的时间陪在孩子身边吗？

0～1岁 孩子天性教养的基本目标 / 070
0～1岁 孩子天性教养的 7 个要点 / 072
0～1岁 男孩女孩的天性差异 / 076
妈妈很重要，爸爸也很重要 / 078
“替补爸妈”让天性更开阔 / 083
母婴亲密联结，天性教养的基石 / 086
热门话题：接种疫苗会不会伤害孩子？ / 090

04 在玩耍中建立秩序 / 093

2～3岁的天性教养

学步期的孩子是一个移动的麻烦制造者。他需要玩耍，也需要秩序；需要混乱，也需要纪律；需要喧闹、生机和活力，也需要安静的时间。当他以自己独特的方式去认识这个世界时，你正好有机会关注他需要的是什么样的秩序和管教。

2～3岁 孩子天性教养的基本目标 / 094
2～3岁 孩子天性教养的 7 个要点 / 095
2～3岁 男孩女孩的天性差异 / 097
玩耍、秩序、纪律，一个都不能少 / 100
父母的自我觉察：你的阴暗面在哪里 / 106
热门话题：怎么对付发脾气的熊孩子？ / 107

05 在这个世界上，我是谁 / 111
4～6岁的天性教养

在这个年纪，“我是谁”这个问题真正开始在孩子心中清晰地呈现出来。他对这个问题的思考通常是无意识的，但他的天性迫切渴望有所归属，他急切地想判断自己的价值，以及对什么人有意义。你该如何引领他探索答案？

4～6岁 孩子天性教养的基本目标 / 114
4～6岁 孩子天性教养的 7 个要点 / 115
4～6岁 男孩女孩的天性差异 / 117
手足竞争，你该向着谁 / 119
“我是谁”中的生存价值和意义 / 121
曾经的必需品，如今的过度消费品 / 126
热门话题：如何为我的孩子找到最好的学校？ / 130

06 需要游戏，也需要人际关系 / 135
7～10岁的天性教养

这个年纪的孩子生活在人际关系中。他的大脑发育高度活跃，特别是负责与感情和人际交往相联系的区域。他需要新鲜事物、新环境、新游戏的刺激，同样也需要人际交往。

7～10岁 孩子天性教养的基本目标 / 137
7～10岁 孩子天性教养的 7 个要点 / 138
7～10岁 男孩女孩的天性差异 / 140
人际关系，孩子生活健康程度的体现 / 142

特殊家庭如何保护孩子的天性 / 145

热门话题：每天预留多少屏幕时间合适？ / 155

07 学会适应内心和社会 / 159

11～14岁的天性教养

青少年的大脑就像突然着了火。他正在以自己的方式去适应内心和外界社会的刺激，因此你的教养计划既需要保持严格、稳定，也应适当调整，帮助孩子学会适应，帮助他从每一次人际关系的成功和失败中学到经验。

11～14岁 孩子天性教养的基本目标 / 161

11～14岁 孩子天性教养的 7 个要点 / 162

11～14岁 男孩女孩的天性差异 / 166

帮助孩子适应青春期初期的天性变化 / 168

养育孩子，爸爸不可缺席 / 172

热门话题：如何保护青少年的自尊心？ / 176

08 等不及想要独立 / 181

15～18岁的天性教养

青春期正是孩子精力充沛地要去尝试、去爱、去寻求真理的时候，不时也会经历磨难和挣扎。这一时期的孩子最紧迫的目标恰恰是要成为不需要父母的独立个体。那么，如何才能最好地培养他的天性呢？

15～18岁 孩子天性教养的基本目标 / 184

15～18岁 孩子天性教养的 7 个要点 / 185

15～18岁 男孩女孩的天性差异 / 188

打造适合孩子天性发展的家庭 / 190

帮助孩子应对压力、治愈创伤 / 194

热门话题：怎么处理同伴群体和家庭之间的关系？ / 199

09 **寻找自我，探索使命** / 205

19岁以上的天性教养

青春期后期正是寻找自我、探索使命的年纪。这一时期孩子的大脑对任务、价值和使命有特别的专注。他已经对自己的核心天性有所了解，正如饥似渴地想要弄明白自己将成为什么样的人，属于自己的人生目标是什么。

19岁以上 青少年天性教养的基本目标 / 208

19岁以上 青少年天性教养的7个要点 / 209

19岁以上 男孩女孩的天性差异 / 211

认清孩子的需要，帮他寻找完满的自我 / 215

热门话题：为什么现在的年轻人比上一代晚熟得多？ / 221

后 记 有一种幸福，叫孩子的天性因你而绽放 / 224

附录A 基于天性的家庭养育10原则 / 226

附录B 孩子的核心天性观察问卷 / 228

致 谢 / 235

注释及参考文献 / 238

译者后记 跳出育儿思潮的旋涡，重获教养自信 / 239

你有没有在日常生活中恰当关注
孩子的核心天性？

扫码下载“湛庐阅读”App，
搜索“核心天性教养法”，
获取自测问卷。

引言

和孩子的天性捉迷藏

1990 年，在一个暴风雪的冬日，我的妻子盖尔经过 44 个小时的阵痛，艰难地生下了我们的第一个女儿加布丽埃勒。加布丽埃勒的出生过程几经波折，惊险异常。当时，医生、护士和专家在我们身边跑来跑去，手术室里一度挤着 9 个人商量对策。起初，医生建议紧急实施剖宫产，在实施硬膜外麻醉的过程中，盖尔的血压下降到了可以顺产的水平，可是经过 8 个小时的努力，盖尔的宫颈扩张程度还是不够，最终医生还是决定实施剖宫产。

当我剪断脐带，护士把这个小女婴抱到盖尔面前的时候，当加布丽埃勒用她的第一声哭喊发出指令的时候，当 32 岁的妻子和我成为一对年轻的父母时，我们就已经决定将全部身心都奉献给她了。我们用无穷无尽的爱这种最本能的方式来关心她——眼前的她，而不是随便哪个孩子。

安静、敏感又“难伺候”的加布丽埃勒

自从加布丽埃勒出生那一刻开始，她的核心天性和独特自我也随之到来。她是个安静的宝宝，安静地观察着这个世界，不过一到晚上，她就会躁动不安。她在白天接触的事物过多，超过了她的承受范围，因此她常常哭到难以安抚，翻来覆去不停地“抱怨”。我和盖尔试了很多招数都不见效，最后我们发现，把她抱在胸前或带她到室外走来走去，才能平息她的哭闹。

加布丽埃勒慢慢长大了，长成了一个惹人喜爱、富有爱心的孩子。她会先尝试去适应一个新环境，然后再慢慢调整来使自己更舒服。3 至 5 岁那几年，加布丽埃勒只肯穿裙子去幼儿园和早教班，因为她的朋友都那么穿，因此她也希望如此。盖尔买的裤子她一次都没有穿过，即使是在下雪天，她也只穿连衣裙。不过，她想到在连衣裙下面穿上色彩鲜艳的长腿袜或打底裤，这个办法她的小伙伴们都没有想到。

当我和盖尔回顾加布丽埃勒生命最初的那些岁月时，我们能够清晰地觉察到她自然展现的天性，如今她已经步入青春期后期，我们仍能看到她的天性在持续发光：她富有爱心，善于观察。每到一个新环境她总要先观察一段时间，再决定要如何融入其中。一旦决定加入，她会先仿照其他人的方式做，再逐步改造成她自己的方式。当然，加布丽埃勒已经不再一到晚上就烦躁不安了，但是她仍然会因某人或某事带给她过多刺激时变得焦躁易怒。我们开玩笑地说，她还是“很难伺候”，对此，她当然对我们报以白眼。

热情、外向的“跳跳虎”达维塔

加布丽埃勒 3 岁半时，她的妹妹达维塔降生了。因为事先计划好实施剖宫产，这次盖尔的分娩不像上一次那样惊心动魄。随着达维塔降生，她躺在妈妈胸前用哭叫宣示着自己的存在，我们所感受到的爱和天性的吸引与第一次相比毫不逊色。

达维塔从一开始就在很多方面与姐姐不同。她的四肢很灵活，她会用很大的嗓门让全世界满足她的需求。隔壁的邻居开玩笑说："达维塔什么时候打盹儿、什么时候醒来，我们全知道。"

与姐姐相比，达维塔更乐于与人接触。加布丽埃勒只要坐在椅子或秋千上观察世界就很满足，达维塔则不同。达维塔似乎更愿意蹦蹦跳跳，通过打破平静来吸引他人注意。在幼儿园的每一天，老师都要委婉地提醒她：进教室前不要一直跳。老师管她叫"跳跳虎"，取自《小熊维尼》故事里的人物名字。

和文静的加布丽埃勒不同，达维塔太过热情且情感外露，有时甚至会让其他孩子招架不住。我们不得不一再嘱咐她，人与人之间要保持适当的距离，给他人足够的空间。

达维塔的独特天性在她的睡眠上也有所体现。在她还很小的时候，如果把她放在小床里，她只能打个盹儿，睡 10 ～ 30 分钟。但是如果有人陪她一起睡，或者至少是在她入睡的时候陪着，她就可以睡上两三个小时。持传统观念的育儿者会说："竟然和她一起躺那么久！过度关注你的孩子会惯坏她……"但是我们就是这么做的，而且乐意为之。盖尔和我从心底里了解达维塔的先天气质和大脑的化学特性，她需要通过这样的身体接触来培养自己对这个世界的安全感。在加布丽埃勒和达维塔的童年时代，我们总是尽可能多地与她们亲密厮守，来保有自己对孩子天性的直觉。在本书中，我称之为孩子的核心天性（core nature）。

压力重重的天性教养

加布丽埃勒和达维塔一天天地成长着，我和盖尔越来越投入地去培养她们独一无二、与生俱来的天性。如今这两个孩子已经成长为青少年，而我们对她们天性的关注非但没有减少，反而日益增加。我和盖尔以及家庭治疗师曾一起研究如何提升对孩子独特天性的感知能力，从而帮助我们更有针对性地去培养孩子的天性。

在我和盖尔沿着这个方向努力的过程中，我们的生活与别人并无二致。身处这个时代，每一天都是我们观察思考的良机。我们可以去观察孩子的朋友、学校、社区及文化氛围等种种外界因素是如何影响孩子的。我的两个女儿在成长道路上曾承受过巨大的社会压力，你的孩子一定也经历过这些。经过这么多年，我们和曾经帮助我们一起抚养孩子的人慢慢总结出一些理解、应对和反击这些社会压力的方法。这些压力有的来自媒体，有的来自同伴，有的来自老师和其他家长。其中很多可能是出于好意，但即便如此，我们也要多加小心。**要聚焦孩子的核心天性，我们必须时刻关注这些正面或负面的外部压力，因为它们总是试图改造、转变甚至破坏孩子的天性。**

我永远忘不了达维塔 7 岁时的那次经历。当时很多人推荐她去参加一个为期 3 周的夏令营。一些孩子劝她“非去不可”，甚至就连这些孩子的家长也极力邀请她。大家都说那个夏令营能帮她取得学业上的成功，让她变得更讨人喜欢。恰恰由于这些社会压力过于强烈，我们最终闭口不提有关夏令营的事情。

夏令营其实并不符合我们 7 岁小女儿的天性，它所强调的学业领域对处于那个人生阶段的达维塔而言并非必须涉及；而在它的潜台词里，那些同伴群体的互动、远离父母照顾的部分也与达维塔的天性背道而驰。如今，我和盖尔回想这件事时，仍记得当年有些家长甚至因为我们没有“劝说达维塔去参加夏令营”而“斥责”我们。目前达维塔在学业和社交方面都表现得很好。当年的夏令营在她的成长中并不是必要的，甚至有可能会起到相反的作用：如果当时我们违背她的天性，勉强送她去参加夏令营，她很可能会经历一些根本没必要的折磨。

其实，达维塔究竟要不要去参加夏令营这件事在她的生命中只是一个“小片段”，但我们都知道，我们生命中的每一天都充满了各种有压力的“小片段”，这些压力可能来自你身边的人和媒体，还有那些试图让我们违背孩子天性的社会潮流。基于没让达维塔参加那次夏令营的小事，我和盖尔一直以来所持的养育观念呼之欲出：**我们的文化迫使家长把孩子打造成“小明星”，这常常导致孩子承**

担了与他们年龄不符的压力，只有少数家长能够抵抗住这种文化压力。也许就在此刻，你正要说服孩子去参加一个让他备感压力的活动。

借助“扩展家庭”培养孩子的天性

我们和很多家长一样，在育儿过程中并没有来自亲人的帮助。在孩子很小的时候，我和盖尔并不能完全理解孩子的需要。亲近的友人和保育团队代替亲人给了我们许多帮助，比如开办家庭日托中心的玛丽安和她的助手萨德拉，以及我们的好友帕姆，她同时也是我两个女儿的教母。帕姆帮助我们协调并满足每个孩子的实际需求。

像她们这样的“扩展家庭”成员可以看到孩子多方面的天性和需求，而这些方面往往容易被我们忽略。后来，我的父母和盖尔的父母为了离孙女们更近一些，相继搬到了我们所在的斯波坎市（Spokane）。在深刻理解每个孩子的天性和缓解社会压力方面，我们也需要他们的帮助。直到今天，我和盖尔都坚信，想要培养出快乐成功的孩子，唯一的基本原则就是利用“扩展家庭”成员中的一切可用资源去培养每个孩子的天性。

不断变化的孩子和不变的天性

你有没有深刻地体会到，每个孩子来到这个世界上都带着他自己的天性？从一出生，他就在寻求和呼唤着适合自己天性的、特定的照看方式？你是否留意过你孩子身上的优点和弱点，它们也许会与其他孩子的相似，但又与众不同？你是否了解了自己孩子独特的性格、脾气，还有他照顾自己和寻求关心的方式？你会不会觉得，你的孩子渴望成为一个不同寻常的人——不一定要跻身名流，但仍会成为一个有着独特价值的重要人物？

我相信每个家长都有过类似这样的感受。我相信每个孩子都是带着天生固有的独特才能和使命降临到这个世界的。而且，现在很幸运的是，我可以和你们分享我这种信念的科学依据。每个孩子独特的自我都会逐渐浮现出来，并会日积月累地发展和壮大。**与此同时，我们常常认为自己“终于锁定孩子的发展方向了”，然而他们偏偏又与我们的期待背道而驰。再等他们长大些，我们才能从“不断改变的孩子”身上看出稳定的发展轨迹：原来他们的核心天性始终闪耀在那里，一如我们在他们儿时所感受到的那样。**

我和盖尔看着加布丽埃勒从一个安静、敏感的小女孩长成了一个自信的年轻姑娘，如今，她会大声讲出自己的想法，坚持自己的立场，也不会因别人的反对而退缩。她小时候是那么文静，我们简直想象不到她会长成一个这么有主见的姑娘。我现在甚至会觉得，“那个文静的小女孩并不曾真的存在过，现在这个有主见的姑娘才是真实的”。可当我们静下心来仔细观察这个 17 岁的年轻姑娘时，我们发现，加布丽埃勒在每一次坚持己见之前仍然要先安静地观察、思考一番。她在变化，但同时又真切地保持着她的本真。那么你有没有注意到，你的孩子身上也同时呈现出了这种成长的变化性和延续性？

我们再来看看达维塔。达维塔小时候精力特别充沛，对朋友也总是感情外露、热烈奔放，现在，长成大姑娘的她反倒内敛了许多。她同时具有活泼开朗的外显自我和非常敏感的核心自我，很容易因为他人尖刻的话语或粗暴的语气而受伤。在达维塔小时候，我们完全无法想象她能够在其他小朋友面前有所克制。但是，当我们仔细观察她时，仍旧会看到当年那个“跳跳虎”，她那活泼的性格丝毫没变，如今，那个精力充沛的小姑娘也在变得成熟，正以她独特的“达维塔方式”积极地融入这个世界。那么在孩子成长的过程中，你是不是也看到了这样的发展变化呢？

如果你的孩子还没有长大，那么你是否还记得自己小时候的样子，以及从那时起就展现出来的独特性格和气质？尽管这些品质随着生活环境的转换而不断变化，如潮水般起起落落，但你是否始终都是原来的那个“你”？

在养育两个女儿的过程中，我和盖尔努力做到兼顾科学和我们对孩子天性的直觉，我们把这种科学和直觉的结合作为养育孩子的理论和实践参照点。我们确信孩子自有她们的天资，因此可以通过孩子的表情和行为来认清她们的真正需求。我和盖尔在尽力避免让孩子的天性受到社会传统观念的侵害，同时也在帮助其他孩子。

我们生活在社会潮流中，很多人通过媒体或其他途径宣扬“你的孩子需要这样的教育、这样的食物、这样的电脑、这样的手机和衣服、这样和同伴共度时光……”，每到此时，我们会本能地说：“请等一下。这对加布丽埃勒适合吗？对达维塔适合吗？她们的天性是什么？这些与她们的天性相匹配吗？”当我们的孩子遇到阻碍时，当向我们咨询的家长或社区里的孩子遇到困难时，我们会在第一时间与对方或其他家长回顾这个问题：“这个孩子是谁？”**结合孩子与生俱来的天性去应对生活中大大小小的挑战，才是明智之举和解决之道。**

我们把这样的思维方式和实践经验写入这本书。我坚信当今的父母都应该力争去拥有这样的信心和清醒的意识。我们必须开始自问：“我的孩子是谁？”不同的家庭对这个问题会有不同的答案。人类学家玛格丽特·米德（Margaret Mead）提出了“多元化的人类天赋”概念，教育家玛利亚·蒙台梭利教导我们要“跟随孩子的脚步”，古希腊哲学家赫拉克利特指引我们寻找“内心潜藏的天性”，诗人惠特曼在诗中描绘了“每天向前走的孩子”，发展心理学家让·皮亚杰也强调“孩子的天性”。**孩子的天性远比你所了解的强大得多，它决定了你为人父母的教养计划，同时塑造了你不同于他人的生活方式。**

摆脱社会流行教养文化的干扰

在本书中，我将和你分享一种教养孩子的愿景，希望你能用更长远的眼光去看待“什么是孩子需要的”这一问题，从而让他们走上爱和成功的旅程。从婴儿期开始，到青春期后期结束，对各个不同发展阶段的孩子，我们都能找到适合的答案。即使他们已经长大成人，我们依然可以看出他们身上的独特天性，并且对他们有新的认识。

我所提出的愿景建议是，在培养孩子的过程中，要对身边所有的社会和文化优势善加利用。但在开始利用之前就要弄清楚，我们的孩子作为一个独立的个体，他的主导天性是什么。今天，我们已经可以用新的、科学的方式来分析这个最基本的问题，从而帮助我们安心地培养我们的孩子。在《核心天性教养法》这本书里，我会以确凿的事例向你们证明：**气质、性格、天赋和行为方式是每个孩子与生俱来的，独特的天性是孩子发展的基础，是他们成功之路的起点。**从盖尔怀孕时起，直到两个孩子长大成人，我们家发生了很多令人惊叹的故事，正是它们的出现让我最终能够完成这本书。

读完本书，我期望你也能加入这场教养方式的变革，把更多的精力投注到培养孩子独特的、与生俱来的天性上面。现在，我们不仅能运用科学技术，更能得到家长、老师和教育专家组成的团队帮助。在本书中，你会看到，很多父母已经投入到这场伟大的教养方式的变革之中，他们在书中提出的建议都是出自实践的真知灼见，这些建议都基于他们对自己孩子天性的理解。

在本书中，我会尽量让你学会如何将其他父母的具体建议改造成最适合自己孩子的教养方法。很多明智的父母都在积极追寻革命性的教养新方法，他们像我一样都相信：过去整个社会一直在沿用的教养方法有一些问题。这里所谓的“问题”，我更愿意称之为“社会流行教养文化带来的过度影响”。我们会在本书中详细剖析这种过度影响，只有这样，我们才能真正实现教养方法的革命。

违背天性的社会流行教养体系

在这个混乱的社会系统中，充斥着过高的压力和过多的计划，唯独缺乏对天性的滋养，很多孩子的自我正在迷失，我和盖尔一心想要保护我们的孩子免受影响。现在这些社会压力构建起一种社会流行教养文化，它过度控制了当今的父母和孩子们。幸运的是，我们仍然可以关注儿童个体和他们的独特天性，这样做足以帮我们摆脱社会流行教养文化的束缚。

NURTURE THE NATURE

天性教养小课堂

社会流行教养文化的 10 种迷思

◎社会与媒体上的专家比我们更清楚什么适合我们的孩子。

◎孩子生来是一块白板，没有什么核心天性能指引他们发展，全靠父母和社会文化对他们进行培养。

◎父母的职责就是在这块白板上不断雕琢，加以必要的训练，输入必需的信息，塑造出父母期许的成功人生所必备的品格。

◎为了满足父母的期待，孩子的日常生活必须始终充斥着各种课程和活动，因为父母认为，身处竞争激烈的社会当中，只有这些课程和活动可以帮孩子们出人头地。

◎孩子只有在他所参加的所有团体中都名列前茅，才有可能在长大成人之后获得成功。

◎孩子都应尽早学习阅读并完成各种认知任务，最好是从 4 岁就开始，否则他们在以后的人生中可能会遭遇困难。

◎那些最有成就的成年人在小时候都是外向和有主见的孩子。

◎批评孩子可能会伤害他们的自尊心。

◎身为父母，重中之重就是向孩子谈论你的感受以及让孩子谈论他的感受。

◎不要母乳喂养，这对你的宝宝不好；要坚持一直用母乳喂养，这对你的宝宝好。不要和宝宝一起睡觉，要一直和宝宝一起睡觉等。

社会流行教养文化是一种被媒体和社会驱动的教养系统，在这个系统的引导下，父母在培养孩子的时候背离了自己对其天性的直觉，转而把信任投向不断变化的社会潮流、专家言论和教育类的电视节目之中。很多父母不断追寻最新的专家观点、报纸杂志里的文章或电视里只言片语的建议，而这个系统中的内容观点和专家意见就像互相矛盾的名言警句，比方说，从“什么都不要做，做孩子最好的朋友就够了”到“家长要每天晚上陪伴孩子，才能带给他巨大的改变——否则你的孩子将会不学无术、一事无成”。

现在，社会流行教养文化宣扬的是一种急躁又狂热的学习方式，他们促使父母不断地刺激孩子，对孩子指指点点，给孩子制造超负荷的压力，好让孩子能够适合社会的竞争。这个系统训练出的父母只会以符合常规期待的方式去培养孩子；逼迫孩子们为了“最好的学校”而竞争；在功课和运动方面，表现出色；取得与社会标准相媲美的成绩，诸如举止得体、工作体面、风趣幽默、有志向、有建树、有过人之处、有漂亮的履历。**实际上，社会流行教养文化并不真正关注我们孩子原本的样子；正因为如此，它常会变成一个违背天性的危险系统，让孩子和家庭处于焦虑和慢性应激的状态。**在第 1 章里，我们会看到这种慢性应激已成为全美国范围内孩子和父母们的头号健康问题。我们会在第 2 章里提出一些直接针对这些应激状态的非常实用的方法，在本书的其余章节中也会用到这些基于孩子天性提出的解决方案。

科学实践基础上的天性教养

我在儿童和成人发展领域从事研究工作已有三四十年，曾长期研究这种基于天性的教养理论并力图使它更具实用性。作为一个治疗师和以科学为基础的思想者，我查证了真实的脑科学和生物科学信息，排除了那些想当然的观点和社会流行的劝告。古里安研究所的团队给了我不可估量的帮助。

在过去的几十年中，古里安研究所的研究人员采访了很多家长，希望了解在培养自己孩子独特的天性的过程中，什么信息对他们而言才是最本质和最重要的。我们问那些有经验的家长，“在孩子还小的时候，你最希望通过哪些信息来帮助你理解你的孩子？”这些家长帮我们筛选出了最有价值的信息。

我们将在本书的第 3 章至第 9 章向你展示这些信息。你会发现其中的真知灼见是按照儿童发展的 7 个阶段来划分的，从出生到青春期再到成年早期。这些基础信息有助于你对孩子天性的理解，你可以很轻松地为孩子进行调整，并为他们设计出更适合他们的教养计划。

你将在书中读到许多围绕“智慧实践”开展的儿童及青春期发展案例，这种实践并不是在满是“白大褂”的封闭研究室里进行的，而是在你的家庭和你的世界里，由像你这样的人完成的。这种新的教养方法并不是要否定专业研究的重要性，也不是要抛弃那些前人总结的智慧，以及家长、教育者和临床医生多年积累起来的理论和实践经验。与之相反，正是这种新的方法将前人的经验运用到了教育领域，比如正电子断层扫描技术、基因研究、现代神经科学和其他新科学领域的技术。

我希望当你从本书中读到这些科学研究和实践智慧时，你会说：“啊！我从我孩子身上看到过这些！”在你理解了书中那些证明新科学的个案轶事，并且能够运用那些能让你得心应手的工具的时候，希望你能将这些惊叹进一步打造成自己设计的教养计划，按照这个计划构建家庭的基础，从而更好地培养孩子的天性。

天性惹的麻烦，本质教养来解决

当孩子的核心天性逐渐展现在你眼前的时候，你会赞叹不已。**身为父母，能够根据孩子的独特天性为他量身定制教养技巧，是一件很了不起的事。**我和盖尔曾获得过那份自信。在我们犯错的时候，在我们的孩子遇到不擅长的事、好像在失败边缘又重新振作的时候，我们都能感受到那种自信。

我和盖尔都还记得，在加布丽埃勒小的时候，她不能很好地适应日常生活中突如其来的变化。这件事让我们非常焦虑。例如，离开朋友家之后，让她坐上车很困难；到家之后，让她从车里回到自己家也很困难。有时候她还会表现得粗鲁失礼。我们试过很多管教她的方法，她也很了解我们这些做法的意图。每到这个时候，我们都会深吸一口气，注视着加布丽埃勒的眼睛，然后问自己："这个孩子是谁？"我们意识到，是她的天性给她带来了这些麻烦。这是她与生俱来的模样。我们小时候也跟她一样。加布丽埃勒需要时间去适应这些变化。我们从另一位很了解自己孩子天性的家长那里学会了一种非常实用的策略：预演。她的孩子也有类似加布丽埃勒这样的天性。我们学会了如何预演即将发生的事件或转变，其中包括到达和离开朋友家的情景。我们花了一天时间帮助加布丽埃勒适应生活，让她理解事件和转变的到来，并且让她学会一些技巧来克服困难。从那以后，那种与环境转变相关的事情就容易应付多了。

达维塔也曾遇到过问题，这同样需要我们和她自己都做出调整。达维塔在刚开始学习字母表时遇到了一些困难，后来她在阅读方面也出现过些许障碍。这对她和我们来说都非常痛苦，特别是当同学取笑她的时候。在小学低年级，她曾被诊断为轻度阅读障碍。最初我们难以相信这种事竟会发生在我们的孩子身上！但是，当我们看到那些科学解释时，我们明白了这其实是达维塔天性的一部分。我们需要改变日常生活方式来帮助她不断练习阅读，以增强她的技巧，同时帮助她提升自信，还要花更多的时间与她的老师和辅导员交流。当我们从"失败"的痛苦感受中走出来，便开始理解并欣赏她的独特之处和天赋才能。比如，她克服困难时那种无穷的毅力，解决她阅读障碍的难题演化成了全家人加深情感联结的契机，甚至成了我们增加亲密感和快乐的源泉。为了更好地满足达维塔核心天性的需要，我们把她转到了蒙台梭利学校接受教育，在那里她能够按照自己的节奏学习并顺利完成了小学阶段的学业。到她升入初中时，她已经可以在语文课上取得优等成绩了。可想而知，这在我们家是多么了不起的大事件！

这只是一些关于如何运用科学培养天性的小故事。当然，很多家庭还有说服力更强、更激动人心的故事。这些故事使家庭深厚的爱播撒开来，展现出家庭成员之间的亲密联结。他们为我们呈现出这样的事实：**一旦我们理解了孩子的天性，那么，那些最开始我们眼中的难题反而会转变为接近目标的动力，甚至能更充分地帮助我们达成目标。教养孩子令人兴奋之处就在于，你能透过孩子的眼睛**

看到他们内心深处、你真正为之努力的那种独特的天性。

根据孩子发展的各个阶段，我们设计出了一系列培养孩子天性的行动计划，主张发挥他们的优势并接纳他们的弱点。我们常常问自己：“什么才是孩子天性中最根本的东西？哪些东西是额外的、不必要的，甚至是危险的？”**希望你读这本书的时候，能够开始运用自己的洞察力，对自己孩子的需要建立起深层次的正确认知，只有这样，才能设计出适合你的孩子的本质教养计划（essential parenting plan）。**

NURTURE THE NATURE

天性教养小课堂

新生儿天性教养的10个技巧

从宝宝诞生之日起，甚至早在诞生之前，我们对他的核心天性就已经可窥一斑。下面我们将列举一些宝宝各不相同的核心天性表现，并为你提供一些相应的措施，让你在了解孩子天性的同时量身定制最适合他的教养方式。

◎如果你的宝宝看起来天性就比较急躁，很难哄，你可以尝试播放一些安静舒缓的音乐，带着愉快享受的心情给宝宝唱唱歌。你还可以尝试在地板上铺一条厚毛巾，把宝宝放在毛巾上待一小会儿。

◎如果你的宝宝看起来很安静，可以尝试用爸爸、妈妈、奶奶或保姆等不同照顾者的声音来刺激他，并且要让宝宝有足够的时间观察外面的世界。如果你的宝宝在听到其他声音或被带到室外观察世界的时候还是很安静，你也不必过分担心。

◎如果你的宝宝过于敏感或经常大哭，你可以把他紧紧地包裹起来，这种好像在子宫里的感觉会给宝宝带来安全感，让他的神经系统平静下来。有些宝宝天生比别的孩子更敏感，有些可能容易发生疝气。紧紧的包裹有助于让孩子获得自我控制感，逐渐安静入睡。

◎如果你的宝宝不喜欢母乳喂养，或者在母乳喂养的时候有困难，你需要用吸奶器把奶吸出来喂给他，大约要持续两个月的时间，也可以向医生咨询。保证宝宝得到充足的天然初乳，帮助他建立自己的免疫系统。

◎如果你的宝宝一出生就不好好睡觉，睡觉不安稳或者容易发生疝气，你可以尝试采用“抱着走—摇摆—振动”的策略。试着抱着宝宝轻轻摇晃，也可以让宝宝躺在正在运转的洗衣机上面或者正在行驶的汽车里，这样宝宝的神经系统可以感受到振动，就好像又回到了妈妈的子宫里一样。

◎也许你的宝宝不像其他孩子那样愿意和你保持目光交流，这并不需要特别担心。有些孩子的大脑和视网膜有一种先天的倾向，会把注意力集中在移动的物体上，而不是与别人进行目光交流。这样的宝宝可能会喜欢那种折射出来的跳动变幻的光。但是，我们不建议你把孩子放在电视机前。

◎如果你的孩子只愿意在某一项活动中（如喂奶）和某个特定的人接触，换成另一项活动时（如摇晃着哄他睡觉）就只愿意和另一个人接触，那么孩子的核心天性和他先天的自我已经开始表现出来了。孩子已经可以通过行动来区分在什么时间需要什么人、什么东西。如果你能跟随孩子的引导去观察，只要几年时间，你就会发现这些角色在不断变化和更换，你自己也会开始享受孩子不断成长的心灵智慧，而不再觉得受到排斥了。

◎如果你的宝宝看似“不容易建立依恋关系”，一看到你在身边就表示抗拒，甚至哭闹，那么你在这个阶段最好“暂时等待”。同时，你也需要注意一些细节。是不是因为宝宝不喜欢你身上的气味，比如香水味或烟味，或者在工作环境中接触过的化学品。如果孩子的这种行为已经持续了一个月以上，而你又找不到原因，那么最好去咨询一下儿科医生或相关专家。

◎如果你的宝宝在各个方面都表现出很容易相处的天性，那就尽情享受这种平静的生活吧！这样的宝宝可能始终都性情温和、容易相处，但他也可能在青少年阶段突然经历一段时期的“困难”。

◎如果你有一个很难带的宝宝，最要紧的就是要去寻求帮助，同时也不必因为孩子的这些表现就杞人忧天，担心他将来一定会长成一个性情暴烈、玩虐成性、叛逆危险或一事无成的孩子。有些非常不好带的婴儿长大后也可以非常成功。那些在婴儿时期给他们带来困难、令他们对刺激过于敏感、躁动不安或无法控制的特质，将来可能帮助他们成为有进取心、有梦想的成功人士。从出生的第一天起，他们已经在尝试去征服这个世界，并将之改变成他所期望的样子。他们也许不是性情温顺的孩子，但却可能非常坚强。如果你有个这样的孩子，不要试图一个人扛起照顾他的重担，最好找三四个有经验的人来帮助你，这样可以帮你避免过于焦虑，更享受育儿的过程。

NURTURE
THE
NATURE

UNDERSTANDING
AND
SUPPORTING
YOUR CHILD'S UNIQUE CORE
PERSONALITY

01

别让社会流行教养文化伤害孩子

很多父母迫不及待地想要培养出一个最高水准的竞争者，为孩子将来能考取“最好的”大学、谋求高收入工作做着准备。你也和他们一样，焦灼地期待着那个“完美小孩”吗?

卡拉来见我的时候，两眼满含泪水。她说，她 15 岁的女儿凯蒂不愿意和她讲话，12 岁的儿子安迪沉迷于电子游戏。卡拉感到束手无策，简直不知道该怎么做一名称职的母亲，而且她从家庭、学校和朋友那里也得不到很好的帮助。她很担心凯蒂会变成一个叛逆的不良少女。

> 对于凯蒂的穿衣打扮、行为举止，我已经越来越无法控制。而且不管我和我丈夫做什么，安迪就只生活在他自己的游戏世界里。我知道不只是我和我的孩子有这种困扰，我孩子的很多朋友也都有类似的问题。这些孩子本质上都是非常好的孩子，我们也都是很好的家庭，但是肯定有什么地方不对劲儿。我们已经筋疲力尽了。

斯托尔夫妇也曾带着他们的女儿苏姗来向我咨询。这个 16 岁的年轻女孩有着一双黑眼圈。苏姗每天都非常忙碌，晚上只睡 5 个小时，有时还容易惊醒，她这个年纪的孩子应该保持每天 9 个小时的睡眠时间。每天缺乏睡眠的紧张生活让她特别痛苦。苏姗的睡眠时间这么少，还能长到这个年纪，简直是个奇迹。她的日常活动也不能满足一个青少年的天性需要，总之，她的生活状态非常不健康。

在另一个案例里，罗伊斯一家带着他们的儿子迪文找到了我，这个孩子刚上小学一年级就被留级了。迪文很受其他孩子的欢迎，但总是不能按照学校和父母对他的要求去做事。但凡能够培养出表现优异的孩子所需的一切正确做法，他的父母全都试过。从小给他读故事书，播放《小小爱因斯坦》(*Baby Einstein*)的视频，送他去最好的学校……甚至从迪文3岁起，他们就开始让他学习使用电脑。但是他的老师却说“迪文就是不能在学习上集中注意力”。到了6岁，迪文又开始尿床，甚至开始不愿意去学校。

这些家庭都非常优秀，父母也都善良、出色，也在尽他们最大的努力去教育子女。但是他们却始终感到非常吃力，而且这样的家庭不在少数。我经常收到大量来自父母和其他家长的电子邮件和信件，他们提到，在自己的家庭或身边的家庭中都可以感受到明显的压力和焦虑。他们注意到有些压力已经令幼小的孩子表现失常，一些青少年则总是无精打采，好像无意于去寻求成功或去探索自己在这个世界上的价值。我在社区工作中所到的各个地方，都能见到这样精疲力竭、不断挣扎的家庭。这些父母很爱他们的孩子，孩子们也希望自己能够茁壮成长，但总是有哪里不对劲儿。

让我们喘一口气，看看问题所在。在忙忙碌碌的现代生活中，如果你感觉到所有的事情都在加快速度，而这导致你每天都没有足够的时间做完要做的事情，那么请暂停一会儿，问自己几个问题：

- 我是否给孩子的生活安排了过多的活动？我是不是整天带着孩子去上各种课程、参加各种活动？如果是这样，我究竟为什么要这样做？
- 我们疯狂地努力拼搏，想要赶上其他家长，这是否给孩子带来了伤害？如果是，我是不是虽然能够察觉却无力抗拒？
- 那些好心的老师、医生或其他专家向我告孩子的状，是否只是因为孩子不符合他们的常规期待？我的孩子是否只是与众不同而已？
- 如果我5～7岁的孩子正在针对心理行为采用药物治疗，是否只能依赖这些化学药品才能使他安静下来或消除行为障碍？或者，尽管医生建议对年幼的孩子采用这样的药物治疗，但是在我内心深处并不相信孩子真的需要这些药物?

- 正处于青春期的女儿最近是否正经历着一些麻烦，她的行为方式好像不是她自己了?
- 正处于青春期的儿子是否开始越来越忽视家庭和父母的权威，甚至是通过一些极端的方式?
- 我是否经常担忧“我的孩子能否进入最好的大学”，是否正是这些压力驱动着我给孩子安排更高负荷的学习活动?
- 我的孩子是否沉迷于玩电脑、玩电子游戏、看电视、玩手机……或存在其他电子产品成瘾的问题?
- 我的孩子对理想生活的理解是否特别物质化，进而导致他缺乏完善自我和发掘使命的动力?
- 我在生活中是否总是感到焦虑，总觉得自己身为家长亏欠了孩子?

事实上，当今的大部分家庭和孩子未必会面临严重的疾病或多大的灾祸，然而他们却或多或少会面临上述问题。有些孩子要同时参加 3 项运动训练，拥有团队和私人教练辅导，马不停蹄地从一个劳累的体育训练项目冲向下一个。有些孩子经常要参加各种考前辅导班、舞蹈班、音乐班，还有一项接一项的为课程展示或艺术表演准备的日常排练。我们锻炼孩子们的社交和情绪管控能力，却忽视了保护他们的个性。一些孩子年纪尚幼，粗鲁无礼且易怒，但他们却一样不得不奋力挣扎着跟上最新的竞争趋势。

这些孩子和他们的家长正在承受慢性应激的痛苦。通过 20 多年的研究和实践，我确信目前有太多家庭存在这种隐患。为了让我们的家庭免受这种侵害，我们要仔细审视一番，寻找可能导致这种慢性应激的社会外因。如果我们决定要成为实践教养革命的父母并且努力培养孩子的天性，那么我们就需要尽量与这些社会外因抗衡。

生活中的压力与慢性应激让孩子筋疲力尽

无论是生活中的琐事，还是像家庭成员因车祸去世这样的巨大创伤，压力总是存在于孩子的生活中。在正常情况下，孩子的大脑和身体可以适应周围纷繁复杂的环境，并且能够尽量维持一种稳定的状态。这其中大部分因素被神经学家称作积极应激（positive stress）。我们的身体和精神会努力理解和整合一些压力来源，比如像消防队员灭火那样应付紧急事件；学习艰深的新技能；从事故中恢复过来；接纳生活中那些令人伤感的事……**我们可以从积极应激中学会坚强和理解，获得新的力量和目标。因此，可以说，这样的压力对我们是有意义和帮助的，也不会让我们感到迷失。**

与之相反，消极应激（negative stress）则需要我们非常小心地对待，特别是与孩子相关的状况。马里兰大学医学院的专家指出，“如果压力不断持续，你可能会面临严重的健康问题。这类压力会损耗你的免疫系统。已有研究显示，90%的疾病与压力有关”。这样的研究结果和我们知道的常识是一致的。当压力超过一定的水平，即积极应激转变为消极应激时，**它就会导致3种结果：身体问题、情绪和心理问题以及人际关系问题。**

- **身体问题：**睡眠失调、体重增加或体重减轻、疲倦、哮喘或呼吸短促、病毒和细菌感染增加、偏头痛或其他强烈的头痛感。
- **情绪和心理问题：**焦虑、抑郁、喜怒无常、精力分散、缺乏动机、自控力下降、滥用药物、在一些日常情境中反应过度。对立违抗性障碍（ODD）、强迫症（OCD）、注意缺陷障碍（ADD）和注意缺陷多动障碍（ADHD）这些疾病都可能会因为消极应激而发作或加剧。
- **人际关系问题：**反社会行为、争吵、污言秽语、远离人群以及攻击和暴力行为的增加。

某一种消极应激经年累月的持续就可能演变成慢性应激。当我刚刚开始在卡拉、斯托尔和罗伊斯这样的家庭问题中甄别各种消极应激模式时，我就在问自己这样一个问题："对于那些不仅仅是持续一天或一个星期的消极应激，而是全社会都助长的慢性应激，那么多的家庭和孩子又该如何承受？"从这个问题再延伸到另一个问题："之所以会出现这种情况，是不是因为我们的家庭、学校和社区都没有发现慢性应激在不断扩散呢？"

在进行了一些临床调查后，我找到了这些问题的答案。

对慢性应激的科学研究

目前关于慢性应激的科学研究主要体现在两个领域：

- 对儿童早期关系中精神创伤的研究。这类精神创伤可能是由于父母和保姆疏于照顾或是粗暴对待所致，虐待也在其中。这样的创伤会提高皮质醇，即压力应激激素的水平，进而导致原本正常的大脑神经递质和神经通道发生"改路"。
- 对育有身患严重身体残疾或慢性疾病的孩子所在家庭进行的研究。无论是患病的孩子，还是要时时保持警觉的照顾者，他们都可能会有皮质醇升高的体验，进而导致抑郁和其他一些大脑神经化学递质的问题。

当人们感受到巨大压力时，他们会觉察到和表现为：

- 好像总在奔波，总是迟到，总被各种事情催促；
- 承担的责任太多，手头上要办的事情太多；
- 感到过度兴奋；
- 变得脾气急躁；
- 感到持续焦虑；
- 反应过度或者神经紧绷；
- 对很多小事过于担忧；

- 关注负面信息，尤其是负面的自我评价和来自身边亲近之人的负面评价；
- 总是想到失败和可能的灾难，感觉成功的希望渺茫；
- 总是觉得不满足。

看着上述这些症状，还有之前列出的那些慢性应激症状，我意识到这些症状与卡拉以及其他很多家庭所面临的类似问题相吻合。

古里安研究所的调查结果

我请古里安研究所的研究团队帮我找来这些家长，并询问他们真实的想法，力图弄清楚慢性应激与这些家庭之间的联系。

2005 年，古里安研究所的工作人员开始测量这些家长的压力应激水平。我们编写了一份问卷并用电子邮件发给了 1 859 位家长和看护人，请他们根据自己的情况做出等级评分：

- 在当今的文化环境中，他们作为家长感受到的支持程度；
- 孩子在社会中受到保护的程度；
- 作为家长和看护人，他们最害怕的是什么？

这份调查问卷的结果非常有影响力。调查中有 2/3 的受访者认为“在美国，身为家长的他们缺乏支持”，感到“无能为力”，还“长期担心孩子可能会受到伤害”。对任何一个年代的人来说，担忧孩子的安全都很正常。但是，参与调查的这些家长，他们最大的恐惧并非源自躯体暴力的伤害，甚至不是来自恐怖分子或性侵犯者的威胁。超过 2/3 的受访家长认为，他们的孩子正处于一种比之前更危险的境地，这种危险来自“隐性的伤害”，而不是“外显的伤害”。

比如，一位受访者写道：“我们的社会已经消除了大量对儿童的明显伤害，比如缺乏食物或住所。但是现在，那些隐性的伤害更加可怕。”对受访父母来说，隐性伤害既包括媒体的刻板成见，如纤瘦的女孩、强健的男孩，也包括媒体中的语言暴力和儿童不宜的性内容，还有日常生活中缺少家庭情感联系，以及孩子所承受的沉重社会压力。大量受访者都不同程度地指出了这样的问题：“社会和家庭对我们的孩子有非常高的期望，期待他们以一种并不适合孩子天性的方式去行事，而这种做法实际上只会让孩子们不堪重负。”

调查中还有一个有趣的发现：3/4 的受访者感到他们的孩子当下的处境要比他们自己小时候更加恶劣。其中许多受访家长成长在冷战时期。在那个时期，美国人认为他们随时会在核灾难中丧命，但是即便如此，他们仍然认为孩子们在当代社会中所面临的隐性伤害比核灾难还要糟糕。

这些调查结果促使古里安研究所的科研团队进行了更进一步的研究，他们试图探查家长们可能会受到哪些因素的影响，特别是那些与社会期待和社会压力相关的应激和焦虑感究竟是从何而来。我们查询了大量有关父母育儿过程中焦虑症状的研究文献和调查结果，发现我们的研究可能是同类研究中最早试图确定慢性应激和家庭生活存在确切联系的。除此之外，还有很多其他的调查研究试图找到普遍的父母育儿焦虑症与儿童健康之间的关系。这些同行的研究也验证了我们的调研结果。

其他同行对家庭中慢性应激的研究

在过去几年中，美国的大学越来越多地关注到了一些状况，这些状况都得到了慢性应激理论的印证。2004 年 11 月，众多来自不同大学的学校健康服务工作者发现，很多学生的心理健康状况在严重程度和发生频率上都有所恶化。哈佛大学的教务长、美国国家心理健康研究所的前所长史蒂文·海曼（Steven Hyman）指出，当今学生的心理状况非常令人担忧，以至于他们不得不“对大学的核心课程进行干预”。

心理学家哈拉·埃斯特罗夫·马拉诺（Hara Estroff Marano）曾在《今日心理学》（*Psychology Today*）杂志上发表文章并指出，在许多学生健康中心，“焦虑已经取代人际关系问题，成为学生面临的首要的问题”。大约有 40% 的女性在其大学生活中都或多或少地受到不同种类、不同程度的饮食障碍的影响。伊利诺伊大学厄本那香槟分校的自杀预防小组的主任、心理学家保罗·约弗（Paul E. Joffe）跟踪研究了年轻人中危险性饮酒比例增加的现象。他发现，很多处于青春期后期的孩子“身处一个颠倒的世界，他们把狂饮到失去意识和记忆当作一种感受情感联系和活力的方式”。

显著下降的儿童心理健康状况

如同之前提到的那样，我开始临床调查工作是因为很多家庭被指出“肯定是哪里出了问题”。我们现在应该可以看清楚到底是什么问题了：**那些家庭充满痛苦和折磨，是因为孩子和父母经受着慢性应激。**当然，统计结果或个案报告有可能并不完全准确，一个特定的统计结果背后也可能有很多种不同的原因和解释。那些宣称我们的孩子比上一代人糟糕得多的言论也是不能全信的，我们的孩子在很多方面都更出色。但是，调查研究、专家分析和个案信息显示，为了养育和保护孩子，在已形成的家庭和社会体系中存在焦虑感。考虑到这些信息，古里安研究所的研究团队决定收集更多应激相关儿童疾病的量化数据，来看一看应激在过去两代人中增加到了什么程度。我们的团队包括训练指导凯茜·史蒂文斯（Kathy Stevens）、父母项目协调人米蒂·佩德罗萨（Mittie Pedraza）、依恋关系专家帕特·克拉姆（Pat Crum），他们帮助我们处理那些既令人恐惧又极具革命性启发意义的统计数据。这些统计数据足以说明，我们的孩子不仅表现出了与成人慢性应激同样的症状，而且从总体上看，孩子的基本心理健康状况正在显著下降。

NURTURE THE NATURE 天性教养小课堂

令人担忧的儿童心理现状

◎美国儿童患抑郁症的比例在以 10 年为单位呈指数级增长。比如，1995～2002 年，医院门诊接诊 7～17 岁抑郁症患者的数量从 144 万跃升至 322 万。这些孩子当中多数是女孩。而 6 岁以下服用抗抑郁类药物的女孩人数也超过了 100 万。

◎在美国有超过 400 万的男孩在服用治疗心理、情绪的药物。他们从很小就开始接受药物治疗，尽管美国食品和药品管理局并没有准许这些低幼群体使用这些药物。总体上讲，在男孩和女孩中使用安定类药物的比例在 1995～2002 年间已经增加了 5 倍之多。

◎美国孩子长大后表现出反社会人格的比例也在增加。如今，已有数百万孩子被诊断为反社会型人格障碍。卡内基·梅隆大学的一项调查指出，对于儿童这种新型的反社会特性，主流社会非但没有反思成年人对孩子的教养方式，反而要去扩建对这些孩子进行惩罚和监禁的机构。有一个法律研究部门公布了美国目前的监禁率：如今每 20 个出生在美国的孩子里面就有 1 个，其人生的某段时间需要在监禁中度过。比如，2004 年，每 138 个美国居民就有 1 个在监狱里服刑。

◎在美国，超过 700 万的女孩现在正在与饮食障碍做斗争。在高度紧张的生活中，她们大脑中的 5- 羟色胺水平严重失衡，因此她们必须依靠过度节食、催吐或延缓她们身体的成熟进程来调节自我。

◎为了与绝望感抗衡以及对亲密关系的需求，在美国每年有将近 200 万的女孩用刀或其他利器自残。

◎数百万的儿童、青少年滥用药物和酗酒，男孩在酗酒方面尤为突出。这些孩子通过不健康的人际关系和人格成长方式来释放情感，逃避压力。

◎男孩和女孩每晚的睡眠时间相对于他们大脑健康成长所需要的时间要少 1 ～ 2 小时。我们低估了睡眠不足对很多问题的影响，而这可能导致的后果包括反社会行为、药物滥用和学业失败等诸多严重问题。

◎在过去 20 年里，美国孩子体重异常的比例不断上升，现在每 2 个孩子中就有一个超重，每 5 个孩子中就有一个患肥胖症。肥胖症现在成了美国儿童的头号健康问题，并且与其他很多问题联系紧密，如酗酒、药物滥用、自残、抑郁、电子产品成瘾以及倦怠等。儿科肥胖症专家菲利普·托马斯（Philip Thomas）博士担心，“这一代儿童的寿命将会比他们的父母更短，这一现象前所未有”。

总体来说，即使把这些统计数据在数字上的重复叠加考虑进来，我们现在也仍然可以将 2/3 的孩子诊断为存在某种显著的心理或生理疾病。

如今，关于儿童健康的统计数据已经亮起红灯。我们需要倾听父母的心声。在研究儿童健康的科研人员和努力保护孩子的家长中，存在着最明智的一群人，他们就在我们身边。从四面八方传来的消息都在报告儿童生活中的不适感，为了能够让家长为孩子提供最好的保护，我们需要逐一倾听每个家庭的情况。不论你的孩子年龄多大，他遭遇慢性应激的可能性都在持续增加。这些压力从哪里来？要保护你的孩子免受痛苦又应该做些什么呢？

第一步就是要觉醒：**不仅要意识到慢性应激本身，也要对引发应激的压力源有所察觉**。除了明显的应激压力源，比如心理上的虐待和忽视，还有一些被社会潮流左右的强大力量也是我们作为家长必须面对的。为了孩子的福祉，我们必须成为敢于变革的父母。

把孩子从社会流行教养文化中“拉回来”

一位来自得克萨斯州的老奶奶在信中写道：“我的教会里有一位志愿者，她的儿子今年 10 岁。这个男孩总是从家匆匆赶到学校，又从学校奔波着去参加篮球训练，然后顺路在快餐店买些东西吃，再赶到我们教会上 90 分钟的课程。这还不包括做作业和接受家教辅导的时间。这孩子真的需要到教堂后院去放松一下。各种课程和活动的确存在，但这并不意味着孩子都要去报名参加！”

另一位妈妈写道：“我的孩子们现在已经上大学了，他们还小的时候，我就意识到他们的压力太大了，所以我们全家决定做出改变。一开始，我们催促孩子们参加了一大堆活动，我们认为那些活动对他们将来步入社会有所帮助，但是孩子们看起来并不像我们想象的那样乐在其中。后来我们决定，只让他们参加一些自己愿意参与的活动。而且，如果某些活动占用了孩子们过多的时间，我们也支持他们不再参加那项活动。”

这些来信者都很明智。父母、家人和专家正在试图把孩子们从社会流行教养文化带来的影响中“拉回来”。这种社会流行教养文化拐弯抹角地给家长们灌输这种观念：孩子的压力不够多就是家长的失职。**这些家长已经认识到，我们的社会所提供的与孩子的真正需求之间存在着距离。**

社会流行教养文化，与天性相悖的歧途

社会流行教养文化是什么呢？它是一种非常稳固的社会体系，让我们大体遵循一些不科学的或未经验证的观点来帮助孩子走上成功之路。这些观点只是基于这样一种假设，假设所有的孩子都应该以某种固定的方式生活，还要用各种测试来证实孩子们确实理应如此。**社会潮流和压力经常将父母养育孩子的方式引向与孩子的天性相悖的歧途。这正是导致父母和孩子陷入慢性应激的关键所在。**生活在这样一种社会体系中，我们的家庭成员难以拥有安全感、完整感、归属感和成就感。

如果你想看看这个系统是否正在操纵你或者孩子的生活，就请花些时间来问自己几个问题，我在自己的生活中也时常重温这些问题。

- 我是否忽略了自己作为父母的直觉，转而相信那些媒体专家、其他家人、朋友、邻居等，认为他们对孩子的了解比我多？
- 对于母亲、父亲、祖父母、老师或其他孩子应该怎样对待我的孩子，以及我在教养过程中遇到的问题，我是否在向不断变化的理论寻求答案，而不是从自己的孩子身上发现问题和答案？
- 我是否倾向于采用负面的、补短板的方法去应对孩子的成长问题？比如，我是否察觉到自己经常说或经常想“如果不加快脚步，你就不可能在这个世界上获得成功！”之类的话？
- 我是否因为没有足够的时间陪伴孩子，为了有所补偿，总是尝试用物质奖励、竞争性的活动和电子产品来刺激或安抚他们？
- 我是否只关注到最近流行的“情感对话”和“情绪谈论”等教养理念，却经常忽略家庭生活中同样重要的普适价值和伦理价值？
- 我是否给教师、教练、医生、其他专家和孩子很多压力，只是为了让孩子达到竞赛表现的最高水平；而在我内心深处更期待的其实是那些真正符合孩子水平的表现，因为那些才是他成长中更幸福的事？
- 我是否感到被孤立和疏远，对自己要去解决养育孩子的所有问题感到无穷的压力？

我必须承认，在教导自己的两个女儿时，我经历过上述每一条问题。我们都是这个庞大社会体系中的一部分，都受制于社会流行教养文化。每一位父母都在向外张望，听取流行的观点，希望得到养育孩子的“完美计划”；都想赶在前头，让孩子达到顶点，然后让自己体验到那种“被所有人谈论”的社交完美感。父母头脑中满载着关于孩子的各种信息，最终被这些信息左右了生活。

我认为社会流行教养文化其实是现代复杂家庭关系导致的一种结果，工业革命给人们的社会生活带来了巨大的变迁，这种变迁正是我呼吁“家庭革命”的原因之一。我们要做的是把我们的孩子“拉回来”。工业革命创造了一种饼干模具似的、千篇一律的生活模式，这种现象即使不是生活的全部也至少影响了生活的诸多方面。整个社会都在试图迎合工业生产的新需要。为迎合这些社会潮流，我们的家庭小心翼翼地做出调整，变得机动灵活而善变，可是却失去了本真，不再符合孩子的天性。我们组成的社会群体发展出了一套照看孩子的体系，可是这一体系只关注孩子在社会和科技领域中所谓的完美表现。

随着社会逐渐进入信息时代，我们原来持有的那种工业社会的价值观将转向一种求诸外部、基于信息的社会流行教养体系。这样的教养体系将给孩子的生活制造出愈发巨大的应激压力。

焦虑父母心中的“完美”孩子

在大环境的操控下，我们要把孩子培养成一个高水准的竞争者，并且以此为标准来衡量我们的家庭是否成功。笼罩在这种应激压力源的阴影下，我们从孩子还没出生就开始为其做打算，为孩子将来能步入“最好的”大学或谋求最高收入的工作做准备。尽管我们都明白：（1）大多数孩子都无法取得这样顶尖的成就，而他们无须达到巅峰也能获得成就感和幸福感；（2）和其他成年人一样，我们是通过与真实的自我一同生活和成长来获取成就感和幸福感的，而非通过制造巨额财富或迎合某种严苛的模板才能获得成就感和幸福感。

让我们得以成为独立个体的那份独特天性与当前社会的宏大期待之间存在巨大的裂隙，这种割裂导致孩子和家长双方都变得十分焦虑。**家长变得焦虑不仅是因为希望他们的孩子得到认可、成为绝顶聪明的成功人士，还因为他们期望孩子在经济条件、人际关系、自我价值感等各方面都符合“完美”的标准。不只如此，家长的焦虑还在于他们对“完美”孩子的定义常常来自市面上最新出现的任何定义，而不管这定义到底是什么。**

作为父母我们常常会感到很失败，原因可能只是孩子在幼儿园入学考试中表现不佳，或者在青少年冰球队没有得到“我们认为的”足够多的上场时间等。这些微不足道的小事慢慢积累便形成了不可估量的伤害。更糟糕的是，这些制造失败感的信息层出不穷，让我们无法招架。

有关社会潮流最普遍的一个例子是母乳喂养，这一曾被视为落伍的行为再次兴起。而另一个例子与之相反，社会潮流曾鼓励大人与孩子睡在一起，现在却认为不该这么做。《小小爱因斯坦》快速蹿红，火遍全美，这也在家长中间制造着新的焦虑。为了让自己的孩子成为更聪慧的人，家长们想要购买更多与之类似的视频节目。但是也有研究显示，关于这类节目的某些宣传是名不副实的。或许过一段时间，这些潮流也会风光不再。高强度的消费主义正深深浸透到社会的各个方面，根据社会流行教养体系的指导，我们为一个又一个对孩子而言“最好”的营养物质或精神食粮买单。

在养育孩子和培养亲子关系方面，我们是不是时常迷失于这些最新潮流？也许今天读到一篇文章说父母对孩子没什么影响，青少年倾向于像印象派那样主观，他们只会被朋友影响；隔天又听说要和孩子保持情感对话，要给孩子空间；或者，严厉管教的爱和干预才是唯一且最佳的教养方式。那些电视节目以及每年出版的无数种教养类新书都平添了这种负担和紧张，给父母带来更多的压力和焦虑。这些书中很多都蕴含着非常有益的见解，但是它们叠加在一起却形成了一种泰山压顶的氛围，让培养孩子这件事越发偏离了原本的目标。**人们总是告诉我们要如何成为完美的父母，如何拥有完美、表现优异的孩子，可是在这个过程中我们已经精疲力竭了。**

为人父母，怎样才能做到与时俱进呢？事实上我们做不到，所以我们总是甩不开挫败感。在养育孩子的过程中，我们跟风追逐各种社会流行趋势，听从考官、心理学专家、富于人格魅力的精神导师、早间节目的片段摘要和杂志专栏等所提供的只言片语，但他们其实只是在泛泛谈论所有的孩子。尽管如此，我们宁愿听从他们的言论，也不愿多去聆听前辈的智慧或我们自己的直觉。**因为这些不**

同的观点，我们的孩子被推向不同的方向，而且多半是最远离他们核心天性的方向。

社会潮流焦虑症的表现之一，就是当前教育制度下的教育方式。美国的小学和中学教育系统实际上拥有许多优秀的教师和其他大量资源，但是受学生人数所累，甚至从学前班开始就拥挤不堪。因此，学校必须面向原本学习方式各异的男孩和女孩提供同样的教育，把他们当作社交能力、社会经济地位、心理构成等方面毫无差别的群体去教授。这种方法教育出来的孩子，很多都达不到阅读、写作、算术和科学的最基本学业要求。**更糟糕的是，很多天生学习方式与众不同的孩子被视为病态，被贴上异常的标签，被施以药物治疗，最终导致这些孩子迷失了自我。孩子们成了他们痛恨的这个庞大体系的俘虏。**

孩子那正在消失的天性

被卷入社会流行教养文化之后，我们的眼光逐渐离开了我们的孩子、家庭和学校的真正需要。这种社会导向的、由外而内的教养模式，其结果只能是让我们的视线远离孩子深刻复杂的天性。尽管给孩子设置长远的目标对于他们的发展而言至关重要，但问题是，我们对理解和培养孩子的真实自我却缺少足够的关注。**只有了解孩子真实的自我，我们才有可能帮助他们，为他们设定正确的、高远宏大的、符合他们天性的目标。**

当然，许多社会流行的观念是相当有帮助的。很多育儿专家的观点都对我们有巨大的启发，一些调查研究也对我们很有帮助。我在本章这些调查结果中得出的结论是我们需要倾听家长的心声。但是由于我们在养育孩子的过程中过度依赖社会流行教养文化的帮助，忽略了每个孩子生而独特的天性，导致孩子们压力重重，驱使着他们不得不去面对焦虑和混乱的情绪，背负痛苦的标签和错误的判断，承担反社会行为的指控并面临不幸的处境。是时候让家长们行动起来了，为了孩子们的利益，勇敢地发起变革吧。

放下焦虑，设计自己的本质教养计划

也许你曾经听到你的孩子小声说："看，这才是真正的我。看着我的眼睛！注意一下我。你布置给我的其他所有事情，我都会努力去做，但是我真正需要的、对我来说真正重要的是你啊！只有你才能帮我成为我努力想要成为的样子。"我的经验、研究和理论分析告诉我，这些悄悄话并不是幻想，它是源自孩子心底的天性的呼唤。

多关注那些独特的性情、品格和遗传倾向，会让你越来越相信你自己的判断，知道对于你的孩子和家庭来说什么才是根本。这种关注核心天性的养育方式，可以帮助你培养出适应能力更强的孩子。顺应天性长大的孩子会茁壮成长，而且在任何境遇下都能获得幸福。长大成人后，这样的孩子不论在哪里都不会迷失自己。

本书将会提出一种新的教养方式，这种方式融合了古老的智慧，也囊括了一些专注于研究孩子天性的新科学。心理学家库尔特·勒温（Kurt Lewin）曾经说过，好理论最实际。本书后面的 8 章内容阐述了一些以核心天性为本的理论，这些理论可供你在家中实际运用。看完这本书之后，我希望你能掌握本质教养计划。

什么是本质教养计划？这本书给你提供的不仅仅是理论和见解，更是实践的工具，有了这些工具，你就可以形成对自己孩子天性的清晰认识，制订出一套属于你自己的教养计划。**你需要从理解孩子与生俱来的天赋、技能、气质和性格开始，这样可以帮你理解孩子的优势，不必再浪费时间去追逐社会上、教养体系中或媒体宣传的那些流行趋势，因为它们并不符合你孩子的独特天性。**本质教养计划将帮你有条不紊地发展亲子关系，同时，也能帮助你有机融合书中其他家长的实践智慧到自己的养育过程之中。

你的本质教养计划可以让自己更容易做出正确的选择。比如，如果运用《小小爱因斯坦》这种教养方式适合你的孩子，那么你可以通过孩子在生活中的表现判断出来。如果它不适合你的孩子，你也无须为他不是一个科学天才而感到内疚。

本质教养计划的影响也存在于所有可能的活动、思想、观念和媒体当中。制订本质教养计划是一项艰巨的工作，而且它的作用并非立竿见影。也许单单制订计划就需要一个多月，执行又需要一个多月。只有这样你才可以说，**“现在我理解了这个孩子，我明白如何正确地对待他。我爱这个孩子胜过爱自己，我终于能够给他提供安全的生活、适合的老师和成功的路径了。”**

这里还有两个例子：

凯伦来自北卡罗来纳州，是两个孩子的妈妈。她说：“我开始关注两个孩子的真实能力和脆弱之处，关注他们的核心人格、遗传特征、能力、优势和弱点等。当我毫无保留地接纳了这些特点后，我在家庭生活中和内心深处都感受到了一种平静。我和我的先生给儿子转了学校，这个决定势在必行。我们在家里立了一些规矩，加强了彼此间的亲密关系，这使得我们能够真正地爱我们的孩子。这种实践智慧的教养策略是真实而有效的。”

来自圣何塞的艾兰是一位拥有4个孩子的父亲，他来信写道：“对我来说，至关重要的是了解我女儿真实的样子。我在训练女孩子们踢足球的活动中开始真正认识到你提出的基于天性的教养理论。我们家3个大孩子都是男孩，我知道如何去帮助他们。但是到了我女儿这里，就完全是另一个世界了。当我可以由内而外地了解她和其他年轻女孩，就开始懂得要如何去鼓励她们，如何帮助她们获得成功。这感觉真的很棒。”

当你试着制订本质教养计划时，有时可能会因为不能参照社会流行的教养方式而感到吃力，这一点儿都不奇怪。在这个社会里，有很多压力会迫使我们成为顺应社会流行教养方式的父母！我们都会在某些时候感到害怕，担心我们的孩子在学校里、在人际关系上、在将来的工作和人生道路上不能取得成功。我希望你能一直坚持这本书里的做法。**书里的研究会告诉你，当我们开始关注孩子的天性，孩子就会成功！当我们开始培养他们的天性、不再试图把社会流行的期待堆积在他们身上的时候，孩子的感觉就会好很多。**

NURTURE THE NATURE

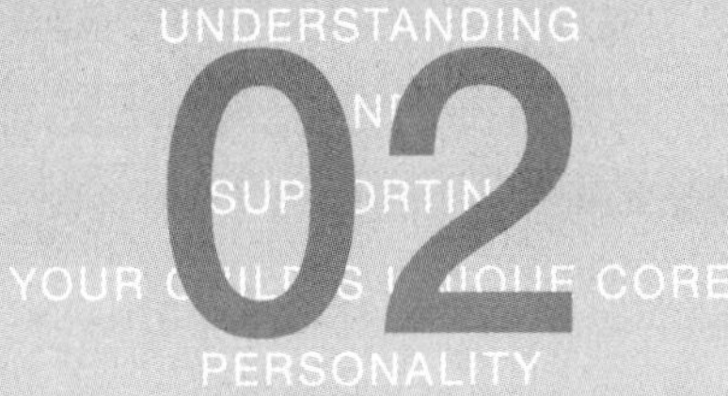

孩子的教养，一半靠科学，一半靠直觉

孩子的个性和脾气、气质和性格，甚至身体和心理的特点，在很大程度上都是与生俱来的，是孩子核心天性的表现。作为父母，了解科学教养知识很重要，但你对孩子的教养直觉似乎更重要。

萨姆和索珊娜走进我的办公室时，他们对孩子的忧虑都清楚地挂在脸上。布兰登是他们结婚后的第一个孩子，当时 6 岁。阿莉西亚是索珊娜在上一段婚姻中所生的孩子，当时 12 岁。而萨姆和索珊娜已经将近 40 岁了，他们俩都是律师。他们从东海岸搬家到斯波坎市，一个在政府工作，另一个受雇于一家大集团公司。他们来到我的办公室的时候，都穿着职业套装。我们约定在午餐时间见面，他们到得非常准时。

索珊娜一上来就说："我觉得布兰登有注意缺陷障碍。"

萨姆则说："阿莉西亚在锡拉丘兹（Syracuse）被心理医生诊断为抑郁症。"

这对父母表示布兰登不能很好地阅读，也不能在学校讲故事的时间安静地坐着。而且在索珊娜看来，布兰登在电脑上花的时间过多。

萨姆和索珊娜表示阿莉西亚是一个非常有活力的足球运动员，但是她在原来的锡拉丘兹和现在的斯波坎市都有明显的情绪低落和抑郁症状。锡拉丘兹的心理医生曾经建议她服用抗抑郁药物百忧解。

“我们听说您和别的专家采用的教养方式不一样，”索珊娜说，“您能不能见见我们的孩子，然后告诉我们您的看法。”

萨姆说：“我们知道需要做些改变。我们不相信这两个孩子都生病了。”

萨姆和索珊娜眼含泪水，这两位律政精英认为他们作为父母很失败，十分孤立无援。交谈过后，我问了他们一些问题，请他们填写接诊问卷，并让他们下次来访的时候带上阿莉西亚，再下次来的时候带上布兰登。我们制订了一套家庭咨询计划。

当我见到阿莉西亚的时候，发现这个身形矮小的 12 岁女孩体重竟然达到了 68 千克。我的“生物学天性”向我发出预警，告诉我她可能患有抑郁症。她的眼睛带着黑眼圈，指甲被啃得几乎要流血露肉。她坦承自己毫无自我价值感，而且在大部分时间里都感到很悲伤。

“在做判断之前，让我们先看看她的生物学天性。”我对这对家长说。跟锡拉丘兹的心理学家所采用的方法比起来，我采用的方法的确相对困难，那位心理学家并没有跟他们提起过激素生物学，而只是关注到了阿莉西亚潜在的心理动力或家庭状况。尽管我同意这个家庭存在着那些状况，但我请他们进行一次生物学和生物化学的分析，把分析结果作为治疗的“天性基础”和科学基础。我为他们推荐了一位擅长女性青少年生理问题的心理咨询专家。

当我见到布兰登的时候，我请他和我一起读一本书。我想要尽可能地确定他在生活和学习中的薄弱之处，以及他的大脑运转状况究竟如何。我们选了《晚安，月亮》（*Good Night, Moon*）这本书，布兰登的确不能很好地阅读这本书。他朗读得磕磕巴巴，继而变得越来越紧张，甚至羞愧不已。

接下来我让他玩沙画，这时他恢复了活力，他几乎可以画出所有他想画的东西。在他忙得不亦乐乎时，我和他聊了聊他喜欢做的事。我还悄悄插入了个问题，问他为什么觉得自己坐不住。他凝神想了想，然后说出了他天性的真相，他说："我就是喜欢到处动来动去。"对此，他十分清楚。

当我再次见到索珊娜和萨姆的时候，我建议他们带布兰登去检查一下是否可能有学习障碍或阅读障碍。如果他们愿意的话，我还推荐他们去一个可以做大脑扫描的临床诊所。我想要尽可能地将严谨的科学融合到咨询治疗过程中。我还预言："你们会发现布兰登并没有什么障碍。我认为他是个正常的男孩，只是他的天性不那么容易被他的老师和你们理解。科学应该能够帮你们理解他。"

萨姆和索珊娜开始认识到他们以前对儿子天性发展的误解。当他们接触到本书中所讲的内容后，这对夫妻开始了解到对于 6 岁男孩的大脑发育来说，"正常"的自然范围是什么，特别是大脑语言中枢的发展状况（大脑中负责阅读、写作和交谈的部分）。我给索珊娜和萨姆展示了大脑扫描的结果和相关的神经心理学研究，这些研究都表明，对于一个 6 岁男孩来说，长时间静坐是一件多么不容易的事情。

这对父母在接下来的一个月里花了很多时间来以新的视角观察孩子，同时也有了很多发现。**男孩子的核心天性是什么，更重要的是他们家的这个男孩子的核心天性是什么。**萨姆和苏珊娜也开始着手制订与布兰登和阿莉西亚的核心天性相契合的教养计划，同时针对每个孩子做出恰当的预期。

对布兰登学习障碍的诊断反馈回来了，结果确实是否定的，也就是说布兰登是正常的。**这个孩子本身并没有什么问题。他的行为虽然让家里和学校担忧，但实际上那是他的天性所致。**学校和家庭的权威已经向他灌输了一套社会流行的思考方式，教他男孩应该如何学习，其实这在某种程度上误导了他。当索珊娜了解到孩子真实的特点之后，她说："我的儿子没有问题，这真是太令人欣慰了。"

在阿莉西亚这方面，医学诊断报告显示她的生理周期不正常，尤其是黄体酮和甲基雌酚酮的水平显示出异常。这从生理基础上导致了阿莉西亚的情绪问题，也是她抑郁症发作的原因之一。和许多专家一样，那位锡拉丘兹的心理医生没有接受过女性激素生理方面的专业训练，而这其实是了解女性天性的一个至关重要的环节。尽管锡拉丘兹的心理医生推荐的百忧解的确有助于调节一些激素的问题，但新的心理治疗师还是额外开了激素贴剂的处方来帮她快速地平衡激素量。这个办法在两个星期之内就起效了，阿莉西亚的抑郁状况减轻了，体重也开始朝更健康的方向变化。

随着时间的推移和坚持不懈的治疗，布兰登和阿莉西亚都在进步。由于关注到了每个孩子的核心天性，也就是他们由内而外的本质，他们的家庭关系也得到了改善。阿莉西亚可以不再服用百忧解了，布兰登也转到了一个新班级，这个班级的老师更了解男孩的天性，这对布兰登来说非常适合。随着对每个孩子的天性不断加深了解，萨姆、索珊娜和他们的孩子一起都重新认识了自己。

用天性教养理论记录孩子的成长

我们需要通过在家庭和社区这样的“实验室”里去试验，来确认科学手段在治疗慢性应激上有效。合理运用科学手段，它就会成为父母了不起的帮手。在信仰、直觉、家庭生活、社区等强有力的帮助下，萨姆和索珊娜还在他们的生活中加入了基于天性的教养理论、新科学和新见解。

为了将新科学和基于天性的教养理论融合到应用中，各位家长需要做的第一件事情就是：**坚持记录下你对孩子核心天性的认识**。我建议你从现在就开始记录孩子的成长，鉴别出对你的家庭而言最为重要的问题，并对你将要采取的行动做出计划。

我给我的每个孩子都保存了一份教养日记，这份日记记录了我在做父亲的过程中做出的调整和取得的进步，以及我对于孩子核心天性的感知。如今，加布丽埃勒和达维塔已经是青少年了，我给她们俩看了日记里的那些片段。可以和女儿们一起回顾她们核心天性的发展历程是一件让人欣喜的事。等她们长大了，我会把整个记录交给她们。我希望这样做可以帮助她们理解自己孩子的核心天性，也会帮助她们了解自己。

在你逐章阅读这本书的时候，我希望你也可以开始坚持这样的记录。以日记的形式去做就很理想，但是请千万不要把它视为强制性的任务，也不是说你不做记录就跟不上这本书的思路。也许你会在电脑上写下你的想法，甚至是运用视频、录音等新方式来记录。我在这本书里会经常提到“你的日记”，但即使你只是在阅读这本书的同时在页面的空白处写点什么，也足以帮助你实现书中提到的大部分愿景了。

不管是以什么形式，一旦你开始坚持记录，你就会像我的很多来访者一样，忽然发现寻常的日子里充满了“啊哈！”和“哇噢！”这样的感叹。这些记录会让你确信，你的孩子身上的确有些东西是不会改变的，但与此同时，孩子也在不断地发展、变化和成长。

当我们可以自信地说出“我的孩子从出生时就是这样的风格”，或者能够说出“我会培养和支持孩子与生俱来的所有先天优势、天赋和技能，也会努力帮助他去完善那些先天优势并不明显、需要外界帮助的部分”，那么身为父母的我们就已经做到最好了。

保存这份日记能帮助你看到什么是孩子的核心天性，包括核心天性中所有的优势和劣势，也可以帮你看到什么是错觉。社会和它的严苛假设所塑造的观念让你的思想受到了流行系统的制约，以为养育孩子长大就必定要去适应某种模板，这其实是儿童白板说的误区。

以天性为本，孩子天生并非一块白板

基于天性的教养理论出发点是这样的：**我们的孩子出生时并非一块白板，不需要用各种颜色的笔在白板上为他们画出自我。如果我们可以超越这种白板说的观念，就能更好地针对自己的孩子来为其设定努力的目标。**这段话非常重要，因为很多家长受到社会的支配而陷入了白板说的误区，觉得我们的孩子天生就是白板一块。白板说误区是社会流行教养文化的关键，它如此根深蒂固地植入在我们的思想当中，我们在很多时候甚至都意识不到它的存在。比如，有一位家长说“我知道蒂姆不是一块白板”，或者“我当然明白卡丽真的很爱争强好胜”，紧接着又补上一句“但那是社会化的结果”。

这些对话中隐含着一种强烈的观念：在人格发展方面，社会化因素的影响要远远大于遗传因素。因此在塑造孩子的过程中，社会潮流和外部榜样比孩子自身的天性更强有力。天性与教养之争在这个社会中已经持续了相当长的时间。凭直觉去想，我们可能都会理解一个孩子会同时受到天性和教养两方面的影响。但是最近几十年，社会流行教养文化过多地引导父母关注教化，关注社会环境对孩子的要求和影响，让父母们认为社会教化才是影响孩子现在或者未来的最有力因素。在过去数十年里，我们在这条路上越走越远，甚至忘了透过孩子的眼睛去了解他们的内心。

这样一想，你就会理解这种白板说对你的家庭和社区影响之深，你需要认真考虑一下如何解除这种影响。这对于建立一套以天性为本、又易于操作的教养计划来说十分关键。

弱化天性的白板说的神奇逻辑

按照白板说的思路来看，孩子还不具备明显的核心天性。儿童就像是一件空的容器，一张未曾着色的画布，他们刚来到世上时具有的那部分天性根本不足以作为自我的基础，他们只是本来无一物的虚空，他们的存在主要是为了按照文化既定的模板来填充。**走入白板说误区的家长，认定他们的孩子基本没有内在固有的自信，而是像白板一样，因此家长应该紧紧抓住孩子的手，将其拉向尽可能多的方向，只有这样才能让孩子找到自己的位置。**家长把孩子填进各式各样的社会模板，并且让孩子通过这种方式适应社会、获得自信和成功。如此这般，作为家长才会觉得自己功德圆满。

在人类社会历史上，我们也曾放慢过脚步，审视自己孩子的内心，遵循着他们的核心天性，帮助他们去追求属于自己的自信和目标，而我们又是如何走到今天这步的呢？我认为工业革命无疑是这个变化的转折点。纵观历史，人类在其诞生以来的大部分时间里，不是在打猎、采集，就是在农业社会中耕种。他们生活在小型集体里，家庭和部落保护了成员 DNA 的传递、基因的延续、天性的继承和社会的兴盛。他们的犯罪率比较低，个性发展比较单一，性别角色区分清晰，每个个体在族群中的目标也很明确，但是他们过早夭折，缺乏良好的医疗条件、生活在情感和社会关系都相对沉重的社会中。

19 世纪的社会工业化带来的好处在于给了人们一个全新的开始。男人开始可以掌控他们自己的命运，女人则较晚加入进来。人类得以从过去中走出来，家庭也可以从沉重的社会体系中分离出来，建立新的开端。我们不再因为物质需求而依赖整个家族，一个企业家或一个工人都可以给他的子孙提供物质资源。社会开始越来越公平地对待女性，使她们不再受到压迫。

工业革命是人类百万年历史中最宏大的变革之一，是一场带领我们进入现代文明的革命。尽管如此，因为这场革命本身需要制造出大量的工人，这些工人能够不断扩大工业生产力，人们开始视孩子为白板，目的是让孩子将来更好地适合工厂流水线的工作和团体协作。**白板说让所有父母开始像用模具制作饼干一样培养出一群毫无个性特点的孩子。**时至今日，家长结束了一天的辛苦工作回到家中，他们残存的精力还够做些什么呢？花钱买来外界加在孩子头上的成功标准，把自己的孩子和其他人或想象中的工业化“小明星”做比较。尽管现在早已步入新世纪，我们却仍然说着这样的话：

“如果不能学会玩小卡车，她就不可能成为工程师。”

“他怎么就是坐不住？”

“他不喜欢谈论自己的感受，他会变成科隆比纳高中枪击杀手那样的人吧。”

“如果他还是不能阅读，那他一定是哪里不对劲儿，因为他的朋友都能做到。”

“她太争强好胜了，将来不可能培养好自己的孩子。”

“他不能充分谈论自己的感受，也不会成为一个好丈夫。”

“她有问题。没有人喜欢她。”

“他有问题。我们必须现在就开始解决。”

回顾人类历史，你会发现大多数时候，人们都认为孩子的遗传基因和生物天性是极其神圣的。他们将自己的生物天性理解为人自身固有的，而工业化文明则质疑这种观点。工业化文明算不上这种教养现象的病根，但是它的确伤害了孩子，因为它把工业化实用主义的理念强加在教养过程中，让人们只关注孩子在经济结构中的可用性，把这种理念凌驾于其他要素之上：高于家庭情感联系、个性发展、情感发展和心灵的愉悦。众多家庭不知不觉地屈从于白板说，从童年时期开始，就将孩子在情感、心理和民族文化等方面的安全感拱手让出，期待这样做能让他们在步入成年社会时的政治和经济地位有所提高。

我们这代父母必须面对这样的历史背景，才能意识到我们已经把自己独特的孩子“工业化”到了令人吃惊的程度。想要寻求改变，我们就必须去倾听内心的声音：**“我的孩子是带着他的核心天性来到这个世界上的，核心天性里有他的人格、气质和内在的目标感，他并非白板一块。”**如果我们回想一下，自己年轻的时候是多么精力旺盛地去努力尝试过自己的生活、找到自己独特的位置，我们就能够逐渐走出白板说的误区。我们能感受到其实每个人都比白板要丰富得多。**我们每个人都有一个本真的自我，一直试图在家庭和社会生活中体现自己的价值，我们的孩子也是一样。**我们能从心底感受到这点，在日常生活的点点滴滴和经历中体验到这一切。

脱离白板说，重获教养自信

祖辈提起我们的童年，常会这样说："别担心，这对咱们家的孩子来说是再正常不过的啦。"这种说法出于一种本能和真情实感。也许你自己也曾经说过类似这样的话："哦！我的孩子们有着如此与众不同的性格，他们每个都这么难对付……虽然他们在同一个家庭、同一个社区长大，但是第一个是美梦，第二个是磨难，到了第三个……简直就是现世难寻的小魔王！"很多妈妈告诉我，她们可以理解自己的孩子，从他们出生前那些行为方式就能知道，他们具有特定的个性和脾气。

大多数家长从孩子出生时就积累起对孩子核心天性的认识，避开白板误区意味着要留意倾听这些经验。举个例子，这意味着如果你的孩子发出了害羞天性的信号，而你不会再去担心害羞的天性将导致他在"这个社会"中失败。**假如你不能让孩子保持他原本的样子，而是督促他在很多不同的方向上耗尽精力，那么孩子最终将会放弃努力，甚至会对你怨恨终生。若想避开白板说误区，就意味着你不要再去这样督促孩子。**

脱离白板说的教养方式意味着家长对孩子逐渐获得一种新的自信，能够认识到我们不必把孩子放进模具里去塑造成一个所谓成功的孩子。正如一个"圆形"的孩子并不一定要改变自己的形状去获得生活中的成功。比尔·盖茨、玛利亚·蒙台梭利、查尔斯·施瓦布（Charles Schwab，美国钢铁业大亨）、奥普拉·温弗利（Oprah Winfrey，美国知名主持人）都没有这样做。数不胜数的成功人士之所以成功，是因为他们脱离了社会潮流，朝着革新和个性的方向前进。他们为什么这样做？他们为什么会成功？

我们良好的直觉再加上现在的新科学，足以回答这些问题。**科学证实，孩子的核心天性是先天固有、与生俱来的，是人格发展和成功潜能的独特源泉。**

7门新学科帮你理解孩子的核心天性

接下来我将介绍7门新学科，你可以用这些方法记录下你所观察到的现象和自己特别关注的一些问题。无论如何，你要始终牢记：**了解这些科学信息是相对次要的，而你对孩子的教养直觉才最重要的。**

1. 遗传学

2001年，科学家破解出了人类基因组图谱，因此这一年成了生命科学界的一个里程碑。相比于以前，现在的父母能够对构成孩子人格的诸多先天因素认识和理解得更加深刻。

孩子的基因组在300万位DNA片段中编排成有次序的变化，我们把这种有次序的变化称为单倍型块（haplotype blocks），科学家已经可以识别出一些单倍型块，它完全揭穿了白板说。孩子们有着极为深刻复杂的核心天性。现在，科学家们甚至可以分析出孩子核心天性中的特质是来自母亲还是父亲。这个标记双亲来源信息的过程被称为基因组印记（genomic imprinting）。DNA单元上带的化学基因被称为甲基（methyl），它具有“开”和“关”两种状态，可以控制父母的DNA在孩子身上的作用。

根据哈佛大学的生物学家戴维·海格（David Haig）的说法，这些核心天性的不同表现将会在日后影响人类个体各种各样的社会行为。剑桥大学的劳伦斯·威尔金森（Lawrence Wilkinson）通过一些研究指出：“目前基因组印记和行为之间的关系是研究的前沿领域。”

遗传学的双胞胎研究机构比较了具有同样基因编码的孩子，有些双胞胎虽然从出生时就分开了，但是仍会表现出令研究者惊奇的印刻行为（imprinting behavior）。例如，无论两个孩子在哪里、用何种方式养大，他们仍然具有某些共同的性格特征，甚至是像冲厕所的方式、微笑或皱眉的程度之类的特征细节都十分相似。类似的研究还显示：**个性和脾气，包括这个孩子是外向还是内向，争强好胜还是内敛害羞，走路、说话和跑步的风格，甚至身体和心理的优势和障碍等，很大程度上都是由先天决定的。**

在孩子的基因结构中，每一种遗传特性的激活程度各异。比如，某些孩子身上的注意缺陷多动障碍的遗传力较低。也就是说，孩子会携带着这种基因组，但是可能需要一种具体环境、有害因素或者慢性应激压力才能把它激发出来。而性格的内向或外向与此不同，它们遗传力较高。这通常意味着，不管你的孩子是成长在怎样的环境中，他都会成长为本来的人格类型。

像“外向”和“内向”这类词对于遗传学研究而言非常有用。这两个词来自迈尔斯－布里格斯人格类型测验（Myers-Briggs personality assessment）。凯瑟琳·布里格斯（Katharine Briggs）和伊莎贝尔·迈尔斯（Isabel Myers）是一对极具创造性的母女研究组合，她们发现 16 种不同的基因组印记人格类型，而且是高度可遗传性的。保罗·蒂格（Paul Tieger）和芭芭拉·巴伦－蒂格（Barbara Barron-Tieger）是迈尔斯－布里格斯人格类型测验的资深咨询师，他们总结了这个研究：“儿童生来就具有一定的人格类型，而且会终生保持不变；父母和自己小时候的人格类型也是一致的。我们的人格类型影响着我们生活的方方面面，包括我们蹒跚学步时的玩耍方式，我们在学校感兴趣或厌恶的科目和活动，以及在成年之后找到让自己满意的职业。”

他们注意到，这些人格类型普遍与家族谱系一起发展。我们可以从神经化学的角度来验证，当给孩子们呈现一个正在体验某种情绪的面孔时，易害羞的孩子在大脑的思维中心有较低的血液循环流动水平，大脑活动水平也随之降低，而在大脑的焦虑中心则有较高的血流水平。也就是说，易害羞的孩子更容易感受到周围人的焦虑，同时不像外向的孩子能够快速地解读出情绪信号。

害羞或内向的性格只是先天的、遗传的，并不是“自卑”的表现，也并不是一件坏事，那些只是社会流行教养文化带给我们的误导，而实际上，内向的性格

是这类孩子在生活中的一系列力量之源！

试一试

通过下列办法，你将逐渐了解孩子的基因优势。这些内容需要你花一些时间，你可以根据需要把这些项目分散到几个月的时间里慢慢尝试：

- 和你的另一半讨论，哪 5 项主要遗传特性可能是孩子的核心天性，这几项特性即为高遗传力性状。你可以这样问："如果我们有一个基因组图谱，它可以解读我们孩子染色体的方式，你觉得据它显示，我们的孩子一定会从父母身上遗传的是哪 5 种特性？"
- 请熟悉孩子的亲戚和朋友们列举出你的孩子身上的 5 个核心特性。这些特性当中有一些也可能会在其他家庭成员身上出现。
- 向你信任的朋友、家人以及孩子的老师询问："在你的印象之中，我的孩子是什么性格？他都把时间和精力投放在什么地方？"请他们说出听到问题时首先想到的答案。请记住，即使你的孩子已经是青少年，这些问题仍然非常有用。
- 密切观察你的孩子在各种情境中的行为，并对此做出记录，列出他们反复出现的动作、特性和兴趣。哪些活动特别吸引你的孩子，让他学得特别专注甚至到入迷的程度？他的热情都投注在哪些活动上？通过回答这些问题，你开始探知孩子在行为遗传学上表现得最多的是哪些基本特性。你的家庭和当前环境是观察孩子遗传学基础的最佳地点。
- 向你的孩子询问他如何看待自己，他认为自己是怎样一个人，以及他最重要的兴趣所在。如果你的孩子不再年幼，你还可以和他深入聊聊。谈话对青少年而言尤其有效，还能带来美妙的亲密时刻。

回顾以上信息，将它们和你所知道的亲戚和祖辈的信息去匹配，看看他们都对什么感兴趣，他们是如何运用自己的个性的，他们都是什么样的人。

2. 精神创伤学

了解孩子与生俱来的核心天性和人格特质的遗传学基础非常重要，同样关键的是要认识到，一旦将孩子置于恶劣的物理环境、心理环境或社会环境中，包括核心天性、天生的性格和脾气在内的遗传特质都会受到影响。实际上，新的遗传学研究显示：**孩子在经历精神创伤后，其自愈能力的水平源自他的遗传基因预设。**科学家现在可以通过研究一个人的 DNA 分析出他从不同压力源中获得恢复的先天能力。这对父母来说是值得高兴的事情，如果你可以确定孩子的遗传性格优势，你就可以大致了解如何帮他合理应对精神创伤。

你有没有琢磨过为什么我们本能地试图去保护孩子免受痛苦。这其中有很多原因。首当其冲的就是我们的本能，这已经得到了科学的证实。**孩子的核心天性可能会被持续不断的精神创伤拖离原来的轨迹。**通过正电子发射断层扫描技术（PET）、磁共振成像技术（MRI）和单光子发射计算机化断层成像技术（SPECT），这些新型的大脑扫描研究技术，家长可以理解积极和消极的童年经历对孩子的遗传结构造成的影响，特别是对大脑的影响，甚至可以定位到具体的大脑区域，如杏仁核、海马和控制情感的大脑边缘系统。医学博士丹尼尔·亚蒙（Daniel Amen）①，同时也是一位神经精神病学家，他的亚蒙诊所曾经做过 3.5 万例大脑扫描。他写道：“大脑曾经被认为是一个黑匣子，复杂难解，但是神经科学家正在用惊人的速度不断揭示出大脑的功能。在大脑中，有很多系统在协同工作，形成了我们的人格、喜好、梦想和志向。”如果你的孩子在行为、情绪或学习上存在障碍，那你更需要在日记中记录下来。

通常，专业的大脑扫描可以准确地向家长呈现出大脑中的“空白点”或“暗点”。尽管大多数人还无法直接通过社区获得这样专业的扫描检查，但是这些科学研究积累起来的知识也可以帮助很多人，帮助他们更好地了解自己的孩子以及

① “美国大脑健康之父”亚蒙博士倡导：要想身心健康，必须先大脑健康。他所著的系列丛书“亚蒙脑健康五部曲”中文简体字版已由湛庐文化策划，浙江人民出版社出版。——编者注

孩子可能面对的精神创伤。它还能够帮助家长区分“**一般性精神创伤**”和“**真正严重的精神创伤**”。

我曾经谈论过这种大脑扫描对于像萨姆和索珊娜这类家长的帮助，他们支付不起大脑扫描的费用，而且在他们的案例中，大脑扫描并非必要。但是他们可以通过观察问题相似的孩子的大脑扫描结果，从白板说误区中走出来，脱离社会流行教养文化的控制，使他们的孩子远离慢性应激。

3. 性别研究

得益于大脑和生物化学研究的新进展，家长们了解到尽管男孩和女孩有相似之处，但也存在着先天的差异。父母现在可以根据孩子的性别采取不同的养育方式，不必受制于性别刻板印象。在本书中，我会帮助你逐渐了解大脑扫描传递给我们的信息，进一步了解从天性上看男孩和女孩会以怎样不同的方式成长、学习和互动。此刻，你可能会在你的日记或其他地方写下你对儿子或女儿天性的“第一直觉”，尤其是他们的共性和差异。每个孩子都从新的一页开始不断积累，通过询问你的配偶和其他亲戚朋友，你可以了解到应该对某个性别的孩子做些什么。

注意到性别差异，并不意味着要向社会上的性别刻板印象或社会潮流中的性别歧视妥协。在我们的基因组中，性别认同和相应的行为构成十分复杂，变化范围很宽。**注意到性别差异是真正了解每个孩子核心天性的一个方面**。了解到男孩或女孩在哪些方面是先天预设的，可以帮助我们解决孩子在学校、社区和家里遇到的很多问题。同时，它也是孩子将来作为一个领导者、配偶和家长能够获得成功的关键因素。

4. 依恋关系和亲密联结

我们要感谢与儿童依恋关系有关的最新的脑科学研究，现在家长可以了解到孩子们渴望亲密联结的天性，以及亲密联结是如何帮助孩子的遗传模板在世上成长、发展并获得成功的。现在，当我们认为孩子缺少特定种类的亲密联结和依恋关系，可以通过神经成像技术得知孩子大脑中的特定区域表现得不够活跃。一些像阿兰·舒尔（Allan Schore）这样的科学家，能够运用脑成像技术解释婴儿与其主要照顾者之间建立起安全的依恋关系是多么必要。安全的依恋关系有益于孩子的大脑左右两个半球之间形成充分的关联。如果这种关联发展得不够充分，孩子将难以在生活中获得成功。

人类对亲密联结的需求是与生俱来的，它可以帮助孩子发展核心天性。花时间建立这种亲密联结也给了我们更多机会去了解孩子的样子。**实际上，当你和孩子建立亲密联结的时候，也正是孩子隐藏的核心天性最频繁地在你眼前闪现的时候。**这是一个很好的机会，供你记录你所了解的有关家庭亲密联结的信息，包括联络感情的时间、形式和机会。

请花些时间考虑一下你家庭中的各种关系。

- 你的家人是如何协同工作、解决问题、休闲娱乐和互相帮助的？
- 家庭成员们是如何一致对外的？
- 你是否感觉和你的孩子十分亲近，拥有真正的亲密感？
- 你是否感觉自己对某个孩子比对其他孩子更亲近一些？

你可以先把最初的回答存在脑海里，不断深入阅读本书。等到你读完这本书，我希望你已经找到了与亲密联结有关的各项问题的答案和建立家庭亲密联结的方法。

5. 生物学

通过对人类内分泌系统的新研究，家长现在能够更加了解先天遗传在孩子的情绪和行为上的表现，特别是处于青春期的孩子。

这项关于男孩和女孩激素水平的新研究，可以帮助你更好地应对养育青少年时遇到的问题，无论他是否容易相处。在本书的各个章节中我们将会深入讨论这个话题，这是一个崭新又广阔的科学领域。你可以认真考虑一下孩子是否需要内分泌系统检测。如果必要，你还可以寻找专家和心理治疗师帮你的孩子进行检测。要记得向他们提及“内分泌系统”和“情绪”这些关键词。作为专业人士，他们应该能够告诉你这种激素评估能否帮到你的孩子。如果他们认为这样的评估没有必要，但是你的直觉告诉你，孩子的情绪问题可能与激素水平有关系，你可以再去另一家询问意见，不必有所顾虑。

现在，你可以通过记录孩子的表现来运用这种新的科学研究方法，比如，过度的忧郁、情绪上的波动或攻击行为等。如果把“我的孩子是怎样的人？”这个问题比作一幅巨大的拼图，那么你对孩子的每一次观察都是拼图中的碎片，你应该将它们收集起来，带着它们深入地去看这本书。如果你的孩子正面临着情绪问题、严重的行为问题、饮食障碍或抑郁，那么把激素作为潜在原因来考虑尤为重要。

如果你决定要去咨询受过激素生物学训练的医学专家，最好让他们看一看你的日记，或者你已经识别出来的与孩子遗传特性和核心天性有关的所有信息。我在咨询中遇到的一些孩子，如果不是因为他们遇到的专家、了解激素在青少年的核心天性和当前行为中扮演的重要角色，恐怕很难将他们从青少年期的自戕行为中解救出来。

6. 青少年脑科学

一些针对青少年大脑扫描的新研究使得家长可以了解更多信息。比如青少年的大脑是在何时以何种方式在遗传预设特定的路径上发展的。对于那些正试图激发青少年冒险精神的家长来说，这种新的科学研究格外有帮助。我们将会在第 7 章到第 9 章更多地谈论这一研究。现在，你可以先在网络上看看那些青少年的大脑成像图片。如果你搜索“青少年的脑成像”，你会发现很多网站都展示了保罗·汤普森（Paul Thompson）在这一领域首创的扫描图片，以及一个名叫《你想要哪个大脑？》（*Which Brain Do You Want?*）的视频，视频为我们呈现了青少年大脑的扫描图像。这些图像将给家长们带来一定的启发，让他们获取青少年大脑正常发育状况的相关常识，进而保护孩子免受伤害。这些图像还可以引发家长们的思考，去判断大脑扫描对自己的孩子是否有帮助、是否可行。

7. 人类应激学

男孩和女孩的应激状态有何区别？怎样的应激环境对一个成长中的大脑而言是健康的？关于儿童应激的新研究展示了许多令人震惊的现象。应激研究与之前提到的精神创伤研究有一定的重合，但它的研究领域更广泛，积极应激研究也涵盖其中。

在本书各章中，我们将会看到如何理解孩子可能正在经历的应激。我会帮你想办法来缓解孩子的应激反应，当孩子在生活中需要更多的积极应激时，我们也有增强应激的方法。

NURTURE THE NATURE 试一试

增强应激要从分辨不同的应激源开始，打开你的日记，在第一个空白页上记录，你会逐渐感受到应激研究的益处。在这一页上，写下“生活中让我的孩子产生消极应激的 5 个领域”。考虑 5 种左右可能导致你的孩子将来患上慢性应激综合征的应激事件。

在第二张空白页上，记录下 5 位除了父母之外的照顾者，或者可以通过积极养育和亲密联结影响到孩子的人，可以把他们视为“缓解应激”的影响来源。你是否可以让祖父母更多地参与到孩子的生活中，哪怕只是通过网络的方式？你是否能找到其他可以照看小孩的人或导师，而他们也乐意充当祖父母这类角色？你是否能让年长的孩子去做更多事情帮助你培养年幼的孩子？你是否可以让更多值得信赖的成年人照顾你的孩子？随着阅读的逐渐深入，你也许会决定联系这样一些人来帮助你。他们会琢磨出特定的方式来指导孩子，提高孩子对消极应激的应对和缓冲能力，前提是你可以简要概括出孩子的核心天性。这些照顾者对孩子的训诫、指导和监督可能更多是从直觉本能出发，用他们自己的方式为孩子提供积极应激，并且帮助孩子在生活中对抗消极应激。

6 项测评还原孩子的核心天性

一位 4 个孩子的母亲在信中写道：

> 我是一家生物技术公司的首席执行官。当我开始以我工作所接触到的科学优势去观察我的孩子们时，我看到了孩子们不同于以往的模样，看到了他们独特的性格和天赋，看到了他们所需的完全不同的生活方式。我不再像我父亲教育我那样强迫我的小女儿沿着我的脚步发展。花费了大概一年时间，我才开始真正了解我的每个孩子究竟是什么样子的，这也是我这一生中感觉最自由和解放的一年。

为了适应孩子的核心天性而调整家庭生活的家长众多，这位母亲只是其中一位。现在请让我们一起努力，和你的孩子发自内心地去做出改变。通过了解 7 门揭示孩子奇妙核心天性的新学科，为家庭生活打下科学基础。现在让我们进一步了解一些更为实用的测评，这些工具不需要大脑扫描或基因组图谱之类的高科技手段，而且在家里就可以使用，借助它们能够帮助你发现孩子的核心天性。哪位家长不希望如此呢！

我曾经和一些在实践或工作坊中遇到的家庭一起运用过这些测评，也在自己和自己的孩子身上做过尝试。我总是提醒那些参与训练的家长，包括我自己在内：培养天性的系统并不仅仅是一种技术或学科，而是一种借由不同科学技术和社会意识形态打造的世界观，但是并不局限在某个单一领域。如果局限在单一领域，它就有成为另一种社会潮流的风险。**只有将科学方法融入到日常生活实践当中，我们才能够不断去检验这些理论，同时也可以通过科技以外的方式逐渐了解孩子的核心天性。**对于核心天性的发掘，最好的测评只需要一张纸和一支笔。

第一项：遗传性格测评

孩子的很多性格特征都与他的基因相关，随着你对孩子的核心性格的不断了解，一个关键问题展现在眼前，即哪种先天遗传因素在孩子的成长中表现最为活跃。本章前面的“试一试”专栏提到了这个问题，现在不妨进一步思考一下这个问题。在此之前，我需要提醒你，在你运用这些测评时，要根据孩子的年龄进行调整。举个例子，一些测评中提到的问题并不适用于婴儿。孩子遗传性格特征的突出表现会发生变化，有时候会表现出在其儿童早期不曾被看到的一些新特点，因此你可能需要每隔几年再次利用这些测评来对孩子进行新的评估。

如果你选择现在就开始，请写下自己所有能记起的祖辈的名字，包括现在仍在共处的长辈。在阅读本书的过程当中，逐渐了解你的家庭历史并记录下来，这对培养孩子核心天性的冒险历程来说意义重大。

探索孩子遗传特性的另一种途径是通过参考照片来分析比对。你会发现你的孩子看起来更像某位家人，都有相同的咀嚼习惯、非常害羞、有一样的情绪波动、有说话太多或太少的倾向。你会不断发现一代又一代人都受到某些相同基因的影响，这种影响可能来自家庭的每个分支。

当你仔细端详孩子相册里的那些照片时，一定要注意孩子在特定时期表现得较为活跃的性格特征。比如说，你的孩子现在已经 10 岁，你可以一边回顾她最初这 10 年的生活，一边在你的日记里记下诸如“当我们参加她的幼儿园派对时，她是多么想要藏在我的后面”。在这条记录旁边，你也需要回想她当时的表现具体是什么样的，思考并记录下来。也许那时的她非常外向，藏在你的身后只是一次例外的反常表现，那正好反映出她害羞的性格。她和朋友在一起时更倾向于什么样的表现？她在幼儿园是内向还是外向，或是介于两者之间的某个程度？这些思考和记录不是要给你的孩子贴上标签，而是借助这些照片来帮你对自己孩子的性格有更深一层的观察和理解。

也许思考以下问题可以帮助你进一步证实自己在照片中回忆起来的内容，印证你对孩子遗传特征的感觉。请从各组表述中选出与你的孩子更接近的表现。

我的孩子：

- 在接触陌生人和新环境的时候，看起来能自然融入 / 在接触陌生人和新环境的时候，看起来有些害羞；
- 渴望和别的孩子一起玩耍 / 需要一些鼓励，才能融入其他孩子中一起玩耍。

通过对孩子这些年回顾的整体评估，你从中看出了什么？问问你的配偶、孩子的祖父母以及其他和孩子比较亲近的人，让他们告诉你自己对这些问题的看法。人格测评工作中常用的迈尔斯－布里格斯人格类型测验不仅可以很好地反映“内向－外向问题”，也适用于感觉、感情、直觉和感知等维度。

你可以运用心理家谱这种参照方式，以及你在日记中的观察思考，逐渐了解孩子的先天性格。别着急，慢慢来。多和家人谈论这些信息，听从自己的直觉，同时仔细观察孩子，你已经成了一个“育儿专家”。随着对孩子的了解逐渐加深，你会喜欢上他的核心天性，而不是将外界不断变换的观念强加在孩子身上。这种教养方法的效果一定会带给你惊喜。

一位 4 个孩子的妈妈在工作坊告诉我：

> 对于我来说，这真的非常美妙，我开始通过遗传的视角关注到每个孩子的性格，两个领养的孩子也在这种关注中受益。其中一个领养的女儿，我没有关于她父母的任何记录，关于她祖父母的情况我也无从问起，尽管

如此，只要经过数周的仔细观察，一样可以看到她的遗传性格在一清二楚地展现出来，这对我和我先生来说特别神奇。我们曾带她参加过一些活动，对于舞蹈课程，我们得逼着她去参加；而在攀岩项目中能够看到她充满热情，全然不像她在讨厌的舞蹈课程中的表现，显然攀岩更适合她。

尽管我们在本书中提到了遗传学研究，但我其实并不感兴趣也并不赞同运用遗传学研究去预先决定“我想要一个什么样的孩子”。遗传学和其他学科研究新发现的最大贡献在于，我们可以把这些知识融入与儿童成长发展有关的新学科当中，帮助我们认识人类每一个个体内在的独特性，而不是试图从外部控制它。

第二项：精神创伤测评

如果有什么事情让你的孩子偏离了原本的遗传性格发展道路，那很可能是持续的精神创伤。有许许多多的家长从未发现自己的孩子曾经经历过精神创伤，而孩子的核心天性却已经因此受到影响，朝着消极行为或功能障碍的方向发展。**由于没有意识到孩子童年时期的精神创伤，以及这种精神创伤在核心性格发展方面的深远影响，家长经常会把大量时间耗费在责备自己或归咎外因上，但这些做法是徒劳的，根本帮不了孩子。**

影响核心性格发展的精神创伤主要有两种类型：

- 由事故引发的大脑损伤，比如，头部撞到坚硬的物体；
- 其他环境创伤，通常是一些持续时间相当长的细微影响，比如，受欺负、遭受身体或情感上的虐待、时常目睹暴力行为、营养摄入不良、营养不均衡或与孩子的生理需求不匹配、沉迷于电子媒体、药物滥用、亲子依恋关系存在障碍、持续的学业失败或社交挫败感等。

精神创伤会影响孩子的大脑，它会促使皮质醇（压力性激素）达到很高的水平，而且会持续一段时间。这种压力性激素经过大脑，会改变正常的化学递质水平，包括肾上腺素在内，也会影响到大脑正常的发展，如大脑情绪中心和思维中心之间的联系，并且会以下面两种方式改变核心天性的发展：

- **大脑中心重要区域发生萎缩和神经元削减。**比如，造成负责自我控制的大脑前额叶皮层原有的功能减弱，因此使得大脑失去一些对抗冲动、暴怒或咒骂的决策能力。
- **全面激活孩子独特基因组中先天预设的遗传易损性（genetic vulnerability）。**比如，抑郁症的遗传性通常只是携带在基因中，但是对很多目前已经罹患抑郁症的孩子来说，如果他们没有在子宫里受到某些化学物质损害，那么这种遗传易损性本不会对他们的大脑功能产生剧烈影响。遗传易损性被激活的原因也可能是：童年早期受到过某种危害；在早期成长的几年间和主要照顾者之间缺乏依恋关系；受到过身体虐待、情感虐待或性侵害；某种大脑损伤；其他持续的社会或家庭精神创伤。如果不是因为某一种或多种创伤，这个孩子本来可能只是会表现出某些轻微的抑郁倾向，而不是显著的病理特征。

一位母亲告诉我，她的儿子在学校里表现总是有问题：

在我拿到他的大脑扫描结果之前，我总觉得是自己以前在家里的一些错误做法导致了他的这些问题。直到看到扫描结果，我才意识到在他大脑中发生的状况。医生给我指出在他的大脑顶叶有一个奇怪的空白点。他说这可能来自孩子早期遭遇的一次大脑损伤，而我们对此都没有印象。

看到他的大脑的确存在问题真的改变了我们的生活，改变了我们的期望，改变了我们帮助他恢复正常的意愿，也改变了学校对待他的方式。我们的家庭和学校了解到他表现得出格并不是因为他是个坏孩子，而是因为以前对他的那种教育方式不能帮助他顺利学习。我们给他请了家教，学校把他安排到一个适合他的特殊教育项目中，我们也找到了适合他的药物治疗方式。我们还尝试过类似大脑体育中心的“大脑发展训练”。我的儿子现在表现得好多了。

这个男孩的大脑可能正好有过生理创伤，而创伤的后遗症在多年之后才显现出来。胎儿酒精综合征（FAS）、早期身体受虐待和其他外部的生理应激源也可以对大脑产生类似的影响。在大脑扫描图像中，我们可以看到这些创伤表现为某些大脑区域的萎缩或功能异常。

NURTURE THE NATURE **试一试**

为了确定你的孩子在生活中是否有显著的精神创伤，请回答以下问题：

◎我在怀孕期间是否健康，是否戒烟戒酒，是否滥用药物？

◎我的孩子是否有过严重的头部创伤？他是否曾撞到头部或被其他人数次撞到？

◎我的孩子是否曾经失去过父母、兄弟姐妹或祖父母等至亲？

◎我的孩子是否得过严重的疾病或在相当长的一段时间里因病卧床？

◎我的孩子是否遭遇过性侵害？

◎我的孩子在生命的最初 3 年里是否得到了足够多的拥抱、抚摸、照顾和对话交流？

◎孩子的人格发展是否受到了父母离异的影响？

如果你并不确定孩子因创伤引起的大脑损伤或异常，那么请考虑一下是否需要为孩子做大脑扫描。

第三项：性别测评

孩子的性别和心理性别真的很重要。成长为一个男孩或一个女孩是预设在他们大脑中的一个主要部分。尽管核心天性会受到社会化的影响，在一些文章中也对性别特征存在异议，但不可否认的是心理性别的很多方面隶属于核心天性。我正在治疗的一位男士回忆起他儿时和 5 个姐姐们玩装扮游戏的往事，那时他还是个 4 ～ 6 岁的小孩子，长大后他成了大学里的橄榄球明星，而且他在妻子的眼里和他自己的心目中非常“男性化”。他能够谈论起自己小时候的这一面，也体现出人们如今对心理性别认同和行为表现可以更加理解、宽容和体谅。在他富于想象力的生活中，玩装扮游戏是非常有趣的部分；但是他的核心天性，在心理性别方面依然是非常“男性化”的。

遍及整个世界，在丰富多样的文化习俗中，男性和女性的基本性格特征最终会表现得五花八门，程度各异。

为了帮助你确定孩子的心理性别，这里有一些关于孩子的陈述，请你考虑一下并记录在你的日记里：

（1）真的很在意输赢；

（2）喜欢取胜，但是看起来更享受游戏本身；

（3）对环境中其他大人和孩子的情绪能够有反应；

（4）对他周围人的情绪不是很感兴趣；

（5）在结构稳定一致且有一定限制的环境中感觉最舒适；

（6）看起来很适应变化，在没有很多外部制约的环境里依然按部就班；

（7）每天有很多读写活动，喜欢“煲电话粥”；

（8）阅读和书写都不是很多，也不怎么主动和别人谈话。

如果你的孩子符合（1）（4）（5）（8）项描述或至少满足其中两个，而且他在儿童时期的不同阶段始终表现出这些特点，那么就某些生理特征和大脑谱系先天预设的心理性别特征而言，他会更倾向男性一端，即睾酮水平更高，大脑情绪中心活动更少，前额叶语言通道活动更少。有些女孩也可能存在这种倾向，特别是在人生中某个特定的阶段。当然，其他性格因素也会参与其中。但是从整体上看，**很多可以被界定为“男性”和“女性”的特征都是先天预设在大脑中的。**

在女孩的大脑中，对刺激的反应更多来自我们称为“语言—情感反应”的区域；男孩的大脑中则有更多我们称为“空间—机械反应”的区域。因此，女孩更倾向于对周遭的言论和事物发表看法或倾注感情，她们会更喜欢玩过家家、医院和动物诊所等游戏。男孩子则更倾向于将事物视为可以来回移动、拆开重组或与之竞争的对象，有时连他们自己也包括在内。

你会很容易发现：**女孩大多喜欢同时对多个任务进行处理，而男孩则倾向于一次专注一件事情。相较于男孩，女孩更能长时间安静地坐着，而男孩比女孩更具身体攻击性。一些情感上的琐事也更容易让女孩念念不忘。**

在本书后面的章节，你会看到专门描述男孩和女孩发展差异的介绍，从出生开始，一直到25岁。这些差异不仅影响男孩和女孩核心天性的发展，也会影响到成年人的婚姻和育儿风格。现在看看你的孩子，花点儿时间观察他身上先天预设的性别差异，这可以为你的“教养工具箱”又增加一个新工具。

第四项：依恋和情绪类型测评

一般来说，每个孩子都倾向于以他自己的方式去体验、处理和表达情感。我们所有人都会在孩子身上投射自己的希望，希望他们以特定的方式表达情感，这样做肯定会有好处，因为我们帮助他们扩展了情感能力，即情感识别和表达能力。但是当孩子拒绝我们的投射，或因为试图取悦我们而失去自我的时候，我们往往也能直觉地意识到。

开始观察孩子在情绪方面的核心天性之前，先花点儿时间考虑以下各组描述。

我的孩子：

- 倾向于谈论很多有关情感的话题 / 倾向于安静地处理情感问题；
- 和妈妈一起处理这些情感问题，和爸爸一起处理另一些情感问题，还有一些情感问题会和同伴一起处理 / 主要和一个人处理情感问题；
- 需要通过高强度的身体运动来宣泄情感，情绪才会得到控制 / 在情感中沉浸较长时间，有时候甚至对一些“小”事都需要几天才过得去；

- 能很好地读懂别人的情感并且准确地反馈给别人 / 会因为别人的情感而困惑；
- 天生具有积极的态度 / 非常苛求自己，并且容易把一些事情夸张地视为灾难。

这些情感体验、处理和表达的描述无所谓好坏与对错，它们只是人们核心情绪天性不同的表现方式。菲利普·拉什顿（Philippe Rushton）在加拿大西安大略大学对双胞胎和其他儿童进行研究，向我们揭示了孩子与生俱来的遗传情绪类型。

在双胞胎研究中，有些同卵双胞胎由于携带同样的遗传编码，即使从出生时起就分别养育在不同的家庭，且这些家庭有着截然不同的情感方式，但同卵双胞胎在处理和表达感情的方式上还是非常相似。拉什顿指出，尽管社会和环境等诸多因素存在差异，而且这些因素必定会给孩子带来影响，但双胞胎还是会在情感方式上保持一致，这说明孩子的深层情绪类型取决于先天预设。

他把这种在情绪方面独特的核心天性称为孩子的“社会黏合剂”。拉什顿说：“即使从明天开始终止教育系统、停止家庭教育和说教，孩子仍然会带着这种‘社会黏合剂’继续成长。”**孩子的情绪系统就是把他和这个世界紧密结合在一起的胶水，而他的情绪类型主要是先天决定的。**

现在来看看你的家谱，你可以记录下孩子的情绪和社会关系类型，再看看他与各位家庭成员有哪些相似之处。这样做有助于帮你更好地认识孩子的情绪天性。这样做可能会花费你一些时间，但是家庭讨论会让你们受益匪浅。

也许祖父或祖母对有关情感的话题总是闭口不谈。你的儿子或女儿在应对情感方面是不是有点儿像这位亲人？

也许你的女儿对姨妈的性格或生活感到特别好奇和亲近。这种亲近会不会在某种程度上是因为在她和这些家庭成员之间有一种“情绪舒适感”。也就是说，你的女儿在对事物的体验和情感方面是否很像这位姨妈？

也许你的儿子总是被某位叔叔特定时期的生活经历所吸引，总想要听到有关他的故事。他向往这位叔叔的生活是否反映出他对异域文化的渴望，或是由于这位叔叔具备某种令他感到情绪舒适的性格？

祖先以数不尽的形式影响着孩子的情绪世界，任何一种形式都可以帮助你逐渐认识孩子的情绪天性。

在你寻求答案的过程中，发掘出家谱中的情绪优势，听从直觉来品评孩子的情绪天性时，你可能会发现：**曾经的自己那么热衷于塑造孩子的脾性，而其实并没有这么做的必要，更没必要盲目听从社会流行教养方式的引导。在你为孩子建立起来的安全稳定的情绪氛围中，孩子会根据自己核心天性的需要学会管控自己的脾气。**

身为父母的关键是要记住，孩子听我们的话并不是为了让我们去改造他们的性情。而且我们应该在发现孩子本来模样的时候由衷地欣慰，进而主动去寻找能够从最根本上帮助孩子发展核心天性的事物。父母对孩子的影响是发展核心天性的首要因素，但要记住我们并不是他们。带着这个观念审视孩子，你会看到你的女儿并不像你以前认为的那样，她也许不需要花那么多时间去谈论情感。或许你会发现，跟你的儿子现在习惯的方式相比，他需要以更多样化的方式去表达情感。孩子情绪的核心天性发展需要你的干预，干预的方式不需要那么五花八门，一两种就足够。

一旦你开始了解孩子的核心情绪天性，神奇的事情就会发生：**你能够通过直觉了解该如何鼓励他独特的情感生活。了解孩子的情绪如何运转，并且鼓励他按自己天生的情感方式发展，这才是家庭生活的自然状态。**

在孩子的情绪问题上，社会潮流观念形成的目标思维方式是毫无意义的。社会潮流理论使我们总是担心孩子身上特定的情绪模式，然后把它们列为需要改变的对象：人们告诉我们男孩子应该哭或不应该哭；女孩子不可以轻视自己的尊严；男孩子必须谈论他们的情感才能得到充分发展。与这种目标思维观念相反，孩子的天性发展是先天的，而且其天性的蓬勃发展能否得到引导取决于他的照顾者能否付出耐心和智慧去理解孩子。

第五项：激素测评

女性激素发展专科的医生黛博拉·西奇尔（Deborah Sichel）在一项研究中调查了数千名女孩和成年女性，揭示出激素生物学是“情绪健康的基石”。她的著作《女性的情绪》（*Women's Moods*）帮助人们从生物学的观点去理解女人的情绪究竟是怎样的。

理解激素是如何影响健康和情绪的，绝对不仅仅是女孩和女人的需要。家庭治疗师杰德·戴蒙德（Jed Diamond）专注于男性激素发展问题，他在美国和斯堪的纳维亚地区进行了一项研究，结果揭示出了激素在男孩和成年男性的情绪发展中的重要作用。尽管男性激素生物学不像女性的那么复杂，但在青少年和中年这两个特定的时期，它也是行为和情绪最有力的决定要素之一，是核心天性的一个关键部分。戴蒙德在《男性易怒综合征》（*The Irritable Male Syndrome*）一书中对于男性激素失去平衡会带来哪些影响，做出了强有力的说明。

如果你的孩子已经 9 岁了，那么你很快就需要向专业人士咨询有关激素水平和激素平衡的意见了。大部分的激素波动和相应的情绪体验都来自孩子的核心天性，而且这部分天性会受到食物摄入的影响，其他直接和激素水平相关的发展因素也会影响孩子的天性。

我们的社会太过关注社会潮流，以这种方式去看待孩子的情绪很容易忽略核心天性的生理和化学因素。如果没有进行血液化验，我们很难发现天性中的化学因素。在本章开始所讲的案例里，这种生理化学因素对阿莉西亚来说就至关重要。麦克拉里一家的案例也是如此。

麦克拉里家有 3 个女儿，其中两个在学校里不能集中注意力，情绪抑郁，还经常出现愤怒行为。经过研究后，我们发现这两姐妹每次经期开始的时候都会因为黄体酮和雌激素两者发展不平衡而备受折磨。实际上，当家长和专家发现这两个孩子的问题时，他们也发现了孩子的祖母和姨妈曾遭受过同样的困扰，而孩子的祖母在一生的大部分时间里不得不时常进出精神病医院，直到后来自杀离世。幸运的是，这个家庭能够通过运用雌激素和黄体酮贴剂来帮助这两个女孩，使她们可以正常地生活下去。

当你回忆起孩子情绪开始动荡的时间点，可能会发现这与激素有关，这时你需要请儿科医生帮孩子做一个简单的激素检测，咨询青少年激素生物学方面的内分泌专家或神经性精神病科的医生。

第六项：优势及弱点测评

你已经开始了对孩子核心天性的探索，为了孩子能在自己的世界里更好地去生活、去爱、去工作并获得成功，现在是时候来确定他的核心天性中有哪些先天的优势和弱点了。请花些时间来考虑以下描述中哪些情况更符合你的孩子。

我的孩子：

- 经常选择积极型的游戏：艺术活动、过家家 / 经常选择被动型的游戏：电视、电脑游戏；
- 喜欢阅读而且可以在阅读时安静地坐上相当长的时间 / 在阅读或听别人讲话的时候需要一些活动或运动；
- 有特别爱好的活动，并且经常重复这些活动 / 喜欢变化，总是尝试新的活动；
- 有着生动的想象力，并且喜欢讲故事 / 大部分时间活在当下的现实世界里；
- 喜欢专注于完成一项任务之后再去做另一项新事务 / 喜欢同时应对多项任务。

哪些因素会让孩子的某一种特质成为优势或弱点？你的孩子可能会度过一个消极生活的阶段，尤其是当大脑发展经过一段时期的快速变化的时候，但是他们大多会向着积极的生活方向转变，并且在之后很多年都保持积极的状态。或许你的儿子在某个阶段曾喜欢安静地坐在那儿读书，但是当他的生活被青春期占据之后，受睾酮激素的影响，他又开始需要更多的身体运动。在这些情境下，**核心天性施展着它的魔法，它促使孩子尝试各种新的生活方式，并从中获益。所有这些都可能成为优势，也可能成为弱点，但这些都只是相对于某一段特定时期而言。**这样来看，这些特质还会令父母担忧吗？

一般不会。但是如果这些行为直接妨碍了生活，那确实会成为令人担忧的问题，比如孩子的成绩突然下降、不再坚持他擅长的运动项目或变得抑郁，那么我们刚才分析的那些行为就可能是症状的表现，甚至可能是触发疾病的诱因。现在我们想请你来看一看，问题是来自孩子，还是来自他在自己的核心天性成长过程所处的社会体系，如学校、社区、家庭。如果你的孩子存在上述的某种状况，请在进一步深入调查之前，先花点儿时间做些记录，考虑一下社会体系在这种状况里可能扮演着什么样的角色。

和你信任的人分享你的评估记录，或许他们会说“等一下，你觉得这是弱点吗？而我觉得它恰恰是个优势”。

这种探询可以在家庭和社区范围内引出精彩的讨论和亲密联结。如果孩子能够理解，你也可以向他展示这些工具，让他们也参与讨论，这对青少年来说特别有用。一位妈妈给我写信说：

> 我认为儿子到了青少年时期变得不太愿意表露情绪了。这是个弱点，但是当我问他的时候，他过来抱住我叹了口气说：“哦，妈。”我说：“怎么啦？”他微笑着说：“我不像你（那么善于表达），但是我其实还好，真的。”他在生活中做得很好，所以我觉得他说的是对的。

我的女儿达维塔对绘画非常有兴趣，随着成长，她的画作也越来越复杂。她不会在空闲时间里挑一本书来读，而是会去她房间里的“艺术角”创作她自己的图像艺术。这是她的核心天性，非常明显的优势，这就是她原本的样子。与此同时，我和盖尔作为父母也会去预测孩子们身上可能存在的弱点。我们能看到学校非常重视阅读能力，绘画在学校教育中所占的比例太无足轻重了。看到达维塔的优势同时也会成为她将来进入社会的弱点，我和盖尔确信要帮助达维塔专注于平衡艺术时间和阅读时间，这样她才能够完成作业。同时，我们也理解她在图像艺术方面的核心天性，因此并不会担心她没那么擅长阅读就一定会在生活中失败。我们知道她有自己的才能，那天赋就掌握在她的手中。

制订专属于你的天性教养计划

本书已经对天性教养的方式进行了初步的介绍，我希望可以帮你深刻理解孩子的核心天性。现在，你可能已经对调整教育方法跃跃欲试了。

- **改变自己的期待，重新看待孩子的行为。**你可以从天性教养的视角来审视自己以往对孩子的期待，你会发现那不过是社会流行教养文化的不合理要求。
- **也许你曾因为在孩子身上看到的某个“缺陷”而责备自己。现在你知道这些算不上缺陷，你也没必要自责。**即使真的存在缺陷，也可以换一种方式去解读，而不是对孩子彻底放弃。
- **改变自己和其他人关爱孩子的方式。**明确父母、家人、朋友和同伴在依恋关系、亲密联结和监督管理中所要扮演的角色。
- **发现孩子对意义、目标、使命和道德的追寻。**这些是孩子的核心天性得以立足于世的根本。
- **身为父母，你会获得更多安全感和自信心，你的幽默感也会因此得到提升。**

现在你已经开始了解孩子的核心天性，还有它的变化、可塑性和适应性，你可以对它加以监督管理、引导和指点，也可以退后一步，放开手。你现在可以自信地说：“不需要任何掩饰和保留，这就是我的儿子（这就是我的女儿），我知道怎么帮他们找到‘我是谁？’这个问题的答案。”

任何教养皆须绕行天性的“灯塔”

有一个八年级的女孩，我在她所在的学校听她讲了一个非常好笑又让人获益匪浅的故事。她说是从网络上看到的，也有人说广播里曾播放过。我同很多家长和专业人士分享过这则故事，将它作为有关核心天性的深层比喻。

美国舰艇：为了避免撞击，建议你向南方转 15 度。

加拿大回复：建议你向南方转 15 度。

美国舰艇：这是美国海军舰船。建议你转向南方 15 度。

加拿大回复：了解。但是，仍然建议你转向南方 15 度以避免撞击。

美国舰艇：这是美国监管的珊瑚海域。我们是美国海军的巨型舰艇。立刻转向南方 15 度！

加拿大回复：这里是灯塔。你自己看着办。

当然，这个故事里的国家可以变化。对于我来说，重要的是灯塔这个隐喻，这是一个对人类天性的绝妙比喻。

灯塔始终在那儿，就像人的天性，它移动的可能性远比舰艇小。舰艇则更像社会潮流，可以根据风向或新的刺激而不断向前，不断改变方向。为了让世界继续存在、安定繁荣，舰艇和灯塔都是必不可少的，但是如果舰艇认为它自己是全能的，我们的天性就必须时时提醒自己：在黑夜的海上，指引我们安全的光亮来自灯塔。

我在一次工作坊分享了这个故事，一位来自弗吉尼亚州的名叫艾米的妈妈，写下了一段关于她儿子的事。这个男孩的故事围绕孩子的核心天性展开，心灵灯塔投射出的光引领着所有关注它的人，让我用这个奇妙的故事结束这一章。

我是一个 13 岁男孩的妈妈，我儿子的名字叫蒂姆。从出生开始，蒂姆就一直在建造各种东西，不是在搭建乐高积木，摆弄旧的拖拉机、摩托车和各种电器，就是在读和这些东西相关的说明书。他热爱这些机械活动，而且把这些活动当作“工作”。在学校标准测验中他的机械活动课成绩在 90 分以上，他还受邀去参加《谁是谁》节目和约翰霍·普金斯儿童论坛，他在学校表现得非常聪明……但是他的家庭作业竟然不及格！当我们收到阶段成绩报告的时候，上面写着他有 15 项家庭作业没有交。想要完成整个单子上的所有作业，对他而言 1 个小时就足够！但是他觉得那些作业太无聊了，干脆不愿意做。所以他的总成绩总是在及格线边缘。

我们经常大发脾气，屡次惩罚他，禁止他参加太多活动，甚至不惜为他提供物质奖励。在威逼利诱之下，他才能勉强通过考试。我是这么管教他的：为了惩罚他不交家庭作业，我让他走两千米，我们称之为“行走悔过”。而他走完之后告诉我的却是他每秒钟可以走多远！这次的惩罚看起来变成了挑战！如果这些都不是蒂姆的灯塔，我不知道什么才能为他指路。

这个孩子只是在以他先天的方式去探索他自己的道路，他就是这么自我。而我们作为家人必须理解：学校不足以扶持他的天性。我们也注意到，总体上他和其他男性的关系更好，特别是那些拥有机械工作技能的人，他显然更喜欢通过制造东西和建造东西来学习，而不是通过阅读和勤奋地做家庭作业来积累知识。

为了不让我们自己疯掉，也为了让蒂姆适应这个社会体系，我们试图把他解救出来，从而让他有机会继续受高等教育。我们带动全家一起鼓励蒂姆追随他对机械和摩托车的热情。我们住在农场附近，所以能帮他好好利用资源拓展他的兴趣。现在我们对蒂姆说：“如果你按时完成作业，就可以到农场去，帮助农民修理他们的拖拉机。”这可解决了大问题。实际上，现在他都能按时完成作业，然后再去做各种他想要做的事。而且我的先生也更加慷慨，给蒂姆更宽裕的时间，甚至邀请自己的一些朋友过来一起进行这类活动。我们尽自己所能建造了一个新的教养体系，让蒂姆既能够符合学校体制的要求，同时又能成为他自己。

NURTURE
THE
NATURE

建立依恋和亲密联结

0～1岁的天性教养

母亲和孩子之间的情感联结正如卡尔·荣格确信的那样，“如魔法般不可思议”，每个孩子都以他特有的方式依赖着母亲。研究证实，当孩子不能从母亲身上获得足够的关注和陪伴时，其核心天性的发展就会受到影响。你有足够的时间陪在孩子身边吗？

当加布丽埃勒还在盖尔肚子里的时候，我常常觉得自己能听到她在小声地跟我说话。“爸爸，你准备好了吗？”“爸爸，我要来啦。”“爸爸，我需要你。”这种神秘的体验让我对这个未出生的孩子和妻子盖尔倾注了巨大的热情。在随后几个月的时间里，盖尔非常辛苦，而我会在她晨吐之后进行清理，与此同时，我担负着更重的工作任务，要去学习新课程，正着手写第一本关于父母和孩子的书。这个未出世的孩子对我说的悄悄话，激励着我更深情地投入这个世界，释放自我，成为有用的人。加布丽埃勒出生后，当我抱着她、照顾她时，我仿佛变了一个人，变成了一个充满爱和希望的人。当我和盖尔照顾加布丽埃勒和后来的达维塔时，我强烈地感受到：是孩子在激励我们承担起使命。她们使我想要成为一个更有创造性、有成就、能帮助其他人的人。孩子的婴儿时期让父母们拥有了普遍又必不可少的生活目标。

0～1岁 孩子天性教养的基本目标

本章至第 9 章，我们会探讨各年龄段孩子天性教养的基本目标，孩子天性教养的 7 个要点，男孩和女孩的天性差异这三种关键内容，在逐章讲述的各个生命阶段当中，这些内容对所有孩子的核心天性发展而言都是必不可少的。我们还会在这几章进一步介绍相关学科知识和有研究基础支持的技术，讲述经验和个案轶事，帮助你在培养孩子的过程中将基本发展任务融入进来。我希望能够通过这种方式为你提供养育孩子必要的背景知识和前沿信息。需要牢记的是，如果我们想要完成培养孩子天性这项伟大的任务，就必须将个体的独特性作为重点要素考虑进来。

这一章我们主要讨论婴儿期，我希望你千万不要忽略以下三项基本发展任务：

- **了解你的孩子。**当你跟随本能，关注到指引孩子的灯塔，开始试着去了解你的孩子，那么穷极一生的教养之旅就此开启。在孩子生命中的每一个阶段，甚至在他出生之前，你就能感受到与其核心天性相关的特征、气质、性格、希望和梦想。随着你对婴儿付出关心，你会接收到这个孩子在世上照射出的灯塔之光，也会发出惊叹并感到欣喜。
- **让你的孩子了解你。**逐渐了解孩子的核心天性是建立亲密联结和依恋关系带来的自然结果。这个过程会充满许许多多的感动、抚摸、拥抱、慰藉、歌唱、欢笑和亲吻。亲密联结和依恋关系不仅会促进孩子的大脑发展，还会帮你激发出一个新的自我。这个自我已经在你的心中静候多年，如今终于得以完全活跃起来，它的名字就是“父母”。
- **保护你的孩子。**养育路上，你要保护孩子免受环境的毒害和社会潮流的误导。要成为一个敢于变革的家长，对儿童安全和健康发展相关的新信息保持开放态度，但是同时也要敢于表明：“除非我认定这适合我的孩子，否则没有什么信息或活动能随随便便进入我的家庭生活。”

这三项就是最基本的任务，从养育新生婴儿开始，我希望你能够始终把这些记在心里。你在这一章了解到的每一件事，都将帮助你完善这些基本任务。

0～1岁 孩子天性教养的7个要点

我和古里安研究所的团队一起收集了大量以天性为本的信息，其中的许多内容有益于帮助家长从婴儿期开始观察自己的孩子。作为一名专业人士，同时也身为一位家长，我按照不同年龄阶段选择了7条关于大脑和身体发育的重要知识，帮你理解自家孩子独特的核心天性。以下就是家长在孩子婴儿期需要了解的7个要点。

第一，婴儿出生时大脑细胞的数量已经接近成人，当孩子得到你的爱和关注、与你建立起亲密联结和依恋关系时，大脑中大量沉睡的脑细胞才会被激活。你关爱宝宝的一举一动都会激活神经元之间的突触。这些突触把神经元“黏合”在一起，让它们协同“合唱”。你的孩子并不是一块白板，对应着气质和性格的大脑细胞早已就位；他的遗传优势和先天潜能也已预设待命。你可以通过对孩子的拥抱、扶助、交谈和照顾来帮助他激活这些性格、优势和潜力。孩子的大脑细胞里已经预设了天性的优势，如果父母能为孩子提供基本的亲密联结和发展上的支持帮助，他将会自己照料自己长大。这一观念是革命性的，用婴儿期发展心理学专家莱斯利·科恩（Leslie Cohen）的话来说：“婴儿是天生的学习者。你尽可以让他们做你的向导。”这句话蕴含着奇妙的、甚至是颠覆性的观念，也就是说，父母与孩子亲密联结的作用非常强大，它甚至可以让我们读懂孩子的神经信号。我们不必再任由变幻莫测的社会流行教养文化摆布，无须它来告诉我们要如何与“任意一个孩子”形成亲密联结。当我们与自己的孩子建立了充分的亲密联结时，我们就可以读懂他出生时带来的“藏宝图”，并跟随着它找到孩子天性发展的珍宝。

第二，婴儿的大脑在自然发育的过程中生长得非常迅速，在你的关爱下，会生成大量的突触，甚至超过实际需要的数量。随后，多余的突触会被削减。孩子的大脑、身心和精神将会去探索、感受并体验喜怒哀乐，他会在这些经验中做出重要的抉择，考虑哪些事对他的核心天性而言是有用的，哪些是没用的。小宝宝的大脑会修剪掉那些他不需要的突触，他会悄无声息地告诉你：“非常感谢你带给我各种各样的刺激，我将留下这些，而不是那些，我正在用自己的方式寻找真正的自己。”当父母爱着孩子时，孩子的大脑会根据自己的天性做出必要的选择。突触削减的过程一路将孩子引往先天预设的发展方向——“我就是我”，这种日渐独立的发展将把孩子带入健康的成年期。

第三，现代脑科学向我们揭示出依恋关系和亲密联结不仅非常重要，而且像食物、住所和衣服一样，是人类生存中不可或缺的根本要素。缺乏依恋关系和情感联结，可能导致宝宝大脑中某个特定的关键区域不能形成足够多的神经突触，比如前额叶皮层。前额叶皮层主要负责行为控制、学习能力、进取心、情感表达能力和融入社会的技能等部分。不用担心给孩子的爱过多，而是要提防关爱不足。婴儿期缺少关爱将会在孩子成年后以各异的方式逐渐显露出来，焦虑、易怒、孤僻都是缺少关爱导致的。

第四，情感表达能力和孩子的特定情绪类型很早就可以显示出来。你是否注意到有些宝宝比其他宝宝更爱哭？有些宝宝哭的时间更久，情绪更激烈；另一些宝宝几乎从不哭泣。每一个宝宝都有他自己的“哭声信号”，这就是核心天性早期显现出来的迹象。宝宝发出尖锐的哭声可能吓到我们、激怒我们，甚至激发出我们不愿面对的那部分自我。另外，宝宝的哭声也是他求助的自然信号，可能是宝宝在吸引你共情、关注和依恋的方式，也可能是宝宝排解紧张和压力情绪的一种方式。

通过关注和爱，你会逐渐懂得宝宝表达不满的微妙信号。你会分辨出什么样的哭声是宝宝的核心天性在说，“此时此刻我最需要吃东西”“我发现这类接触过于刺激”“也许别的宝宝不会被那种玩具熊吓到，但是我会”或者“我现在需要通过大哭来传达我的核心天性”。

第五，宝宝刚刚出生的时候，通常每天睡 16 个小时左右。当然，婴儿在睡眠方面也有各种各样的表现。在普遍睡眠需求的基础上，每个孩子会有自己特定的睡眠需要。这些长时间的睡眠一般会分成几段短期睡眠，而且通常是在喂奶之后，每段 3 ～ 4 小时。在随后的数月或数年间，这种时间规律将会随着宝宝的核心天性而变化。如果你的宝宝没有获得适量的睡眠，仅靠依恋关系和亲密联结恐怕不足以保护大脑建立必要的突触。在生命的后续阶段中，健康的睡眠模式对儿童和青少年也至关重要。

第六，宝宝摄取的食物对他的身心和大脑发育非常重要。对于有些宝宝来说，食量没有别人那么大也属正常。每一种核心天性都带有它自己遗传决定的新陈代谢方式。如果孩子抗拒喂食或不能有规律地进食，你可以向医生请教一下这个问题，也应该问一问参与喂养的其他家长。

对于建立一生良好的饮食习惯而言，婴儿期至关重要。美国母乳喂养委员会的副主席露丝·劳伦斯（Ruth Lawrence）博士提供了一些关于婴儿期母乳喂养的信息：与那些没有持续哺乳的妈妈相比，坚持母乳喂养的妈妈在返回工作岗位后（预先泵奶或现场哺乳）拥有更好的出勤记录。因为妈妈母乳喂养的宝宝能够获得初乳，以及母乳中的其他天然化学物质，这些都可以让婴儿少生病。因此，她们反而不需要像非母乳喂养的妈妈那样，花费更多时间请假去照顾孩子。不可否认的是，导致婴儿生病的原因有很多，但是我们这里所说的是一种观念，我们可能都会凭直觉明白：这是天性使然！婴儿期非母乳喂养只适合某些特定案例，但是社会流行教养文化却告诉我们，人工乳制品和母乳一样好，这是缺乏自然科学基础的。令人欣慰的是，现在的父母普遍了解到母乳喂养可以帮助孩子更加健康快乐地成长。

第七，让你的婴儿免受电子屏幕侵扰。在过去的几十年间，社会潮流趋势已经向我们抛出了各种电子设备，它们带来了大量的视觉刺激。这些刺激对婴儿的核心天性发展而言是健康的吗？它会促进婴儿生命所需的突触发育吗？还是会起到反作用呢？从孩子的婴儿期开始，这个问题对大脑发育而言就极为重要，也是我们需要毕生关注的问题。

NURTURE THE NATURE 天性教养小课堂

2岁之前的宝宝不要看电视

◎在生命的第一年，宝宝的大脑通过交互关系生长出一系列独特又必要的联结。换句话说，通过在环境的激发下与生物或客体之间的互动，大脑神经突触在不断生长。孩子天生需要触摸和被触摸、听到和被听到、看到和被看到，闻气味、尝味道或通过啃咬来认知事物……电视、电脑等屏幕刺激可能会削减大脑的这类发展，因为它们有违自然和本性！美国医学会和其他研究过此问题的医学会都坚定不移地认为，在宝宝2岁之前，最安全的照顾办法就是避免与屏幕接触。每隔几年，就有给婴儿看的新电视节目出现。你必须判断这些社会流行的教养产品是否会伤害你的孩子。如果没有科学证据表明这档节目适合你的孩子，就必须对它保持警觉。当然，你所依据的科学佐证其来源必须独立于制造这些节目的公司。

◎虽然宝宝还小，但你也要确保从现在起就开始关心这个问题，在孩子的儿童期和青少年期更需要你有策略地关心这个问题。在与屏幕接触的问题上，需要你作为权威去保护孩子的核心天性。

选择并突出强调这7条了解和培养宝宝核心天性的基本要素，主要是出于两个原因：首先，从一般意义上说，它们将我们引向更美好的爱和关怀；其次，这7条要素都将反映出宝宝核心天性的微妙信号，这些信号会引导你和你周围的社会群体打下良好的基础，让这个独特的孩子能够在未来发展得更好。**在婴儿期这段无眠、忙碌、困惑但又充满希望与爱意的时光里，如果你能始终牢记这些基本要素，不仅可以提升孩子的健康状况，还能让他的遗传优势和人格气质得以在这个精彩的世界上绽放。**

当你促成了这个奇迹，你会很快注意到自己怀抱中的不仅仅是“一个孩子”，而是一个独一无二的男孩或女孩。伴随这种对性别角色的区分而来的，是孩子独特核心天性中一系列完全不同的本质特征。

0～1岁 男孩女孩的天性差异

即使宝宝还没有出世，有些妈妈也会说，“我知道这是个女孩，我就是可以分辨出来”或者“我知道他是个男孩，你看他动来动去的，多欢实”。即使在孕育时期，人们也可以通过肚子里宝宝的活跃程度，非常自然地感受到男孩和女孩在某些方面的不同。除了能感受到这种差别的存在，我们也能感受到男性特征和女性特征表现程度的差异，这恰恰将成为孩子独特核心天性的巨大财富。

虽然我们所有人都了解男孩与女孩间存在差异，但是在这本书里，我会带着你进一步探索关于各个年龄阶段男孩和女孩的科学信息。这些科学概括的数据可以让我们更清楚地了解男孩和女孩间不同的特征，也可以帮他们选出自己理想的职业。去感受孩子们在胎儿期或婴儿期的性别差异并不是为了谈论“性别角色”，而是为了发现男孩和女孩的核心天性在发展中的差别。他们的神经突触、他们大脑中的各个部分，还有他们的激素发展过程，这些都在以不同的方式存在和发展着。**在培养孩子的过程中，我们需要从一开始就考虑这种性别差异，这对于家长和孩子来说非常重要，同时也极具革命意义。我们必须通过关注孩子身上男性或女性的“特质”来为孩子的人格设立基础。**

让我们来看看胎儿期和婴儿期阶段，男孩和女孩的绝妙差别：

- X染色体和Y染色体已经将性别差异先天预设在了孩子的大脑中。
- 染色体信号会在子宫里通过激素的增加来刺激胎儿，使其发展出男性或女性的大脑。
- 男性和女性的大脑有纷繁多样的差异和变化。在社会流行的教养文化中，所有的女孩被刻板印象定型为一种样子，而所有男孩被刻板印象定型成另一种样子，这并不科学。因为每种性别的规律都有例外，不管怎样，从2005年起，科学家们已经识别出超过100种男孩和女孩大脑间的结构差异。这并不是刻板印象，这正是人类天性的多样性。
- 尽管出生只有几天，与女孩相比，男孩与照顾者之间的目光交流时间会更短。

这种差别会持续一生，女性会比男性保持更长时间的目光接触。

- 从出生开始，女孩的听力就普遍好于男孩。这种差异会持续一生，大多数女性比男性听力更好，一直到老年仍是如此。
- 从出生开始，男孩就倾向于更加躁动不安，无论是在父母的怀抱里，还是在婴儿车里的婴儿期，或是坐在教室椅子里的儿童期。因为男性的 5- 羟色胺在大脑额叶部分流量水平比较低，男孩和男性在整个生命过程中都倾向于更加躁动不安。
- 从出生时起，女孩的眼睛里可能具有更多的 P 细胞，而男孩的眼睛里则是 M 细胞更多。这些细胞与我们的视觉能力相关。P 细胞与特定色彩的视觉相联系，M 细胞主要负责观看环境中移动的客体。从出生的最初几天开始，大多数女孩便会更倾向于加工色彩信息，而大多数男孩会更倾向于加工身体运动信息，这种差异会持续一生。

在本书接下来的 6 章内容中，我们将会讨论到最新的科学研究，深入了解男孩和女孩的差异。随着孩子成长，通过获得更多关于“男孩特性”和“女孩特性”的科学信息，你会获得更多有助于照顾孩子特定天性的工具。社会流行教养文化会告诉你男孩或女孩必须长成某种特定的样子，而这些工具可以帮助你抵抗类似这样的理论，帮助你为孩子的成功建立生活基础。通过不断凝视孩子的内心，不断去问自己“这个女孩需要什么？”“这个男孩需要什么？”你将能够驾驭学校、家庭、媒体、购物、对抗、情绪、工作、玩耍等种种状况，你将能够更好地保护他们，同时也帮助他们学会如何保护自己。通常，男孩需要适合男孩的资源，女孩需要适合女孩的资源，在帮助孩子寻找和提供这些资源的同时，你会感受到照顾他们的乐趣。那不仅是随便照顾某个孩子的心灵所带来的乐趣，还有照顾眼前这个特别的男孩或女孩的心灵所带来的快乐。

性别是个颇具讨论风险的话题，而当你怀抱着小宝宝时，又会相当乐于谈论这类话题。孩子的心理性别、如何照顾男孩或女孩的天性需要，这些正逐渐成为革命性的话题和任务。**性别差异是先天预设在婴儿的大脑中的，既复杂难解，又十分关键。**在接下来的 6 章内容中，随着你对孩子的奇妙天性逐渐了解，并且慢慢去培养他的天性，我会和你一起仔细探讨性别差异。

当孩子还是婴儿时，我们就必须仔细考虑下面三项内容：

- 妈妈和爸爸的绝佳优势；
- 父母以外的家长所拥有的绝佳优势；
- 保护母婴依恋关系。

这些至关重要的内容，不仅是帮你应对孩子核心天性发展的要素，还可以保护你的孩子在此后一生中免受慢性应激的折磨。

妈妈很重要，爸爸也很重要

盖尔曾有一次对我说："迈克尔，你是一个好爸爸，但不是一个好妈妈。"她并不是在调侃我，她是在说教养中的性别分类（gender typology）：性别分类是保证教养体系天然多样性的一个关键要素。**对一个家庭而言，如果我们想要充分培养孩子的天性，就必须从孩子出生那天起保护性别分类这个关键要素。**盖尔想说的是，男人和女人的优势在婚姻中是互补的。社会流行的教养文化中所谓父亲和母亲角色可以互换的观点其实并不是基于天性，尽管父亲和母亲常常可以"跨界"，站在对方的角度去看待世界、生活和养育子女，但有研究显示，父亲和母亲在教养过程中会自然地显露出各自独特的特长。你理解了这些不同的特长之后，就会更加清晰地理解为什么培养孩子的核心天性需要父母双方的努力。

一项在《婚姻与家庭杂志》（*Journal of Marriage and Family*）上发表的关于父母神经反应的研究为此提供了例证，可以帮助我们理解男性和女性互补的优势。这项研究显示，**在亲子关系中，女孩的父亲会比男孩的父亲受到更多的神经应激压力，而男孩的母亲会比女孩的母亲受到更多的神经应激压力。**显然，父亲和女儿在一起也有很愉快的体验，同时父亲和儿子之间也必然存在紧张的状态。同样，母亲和儿子、母亲和女儿之间的状况也与之类似。这个研究通过应激激素和神经应激水平揭示出人类在成长和发展中固有的一种性别差异。这不是性别刻板印象，而是性别分类，这其中有很大的差别。刻板印象是社会流行教养文化的产物，人们假设男性和女性“应该成为某种形象”的观念。性别分类是对男性和女性真实面貌的科学研究，其中包含着各种变化多样的假设和解释。

还有不少关于母亲和父亲各自优势的有力研究。我特别推崇人类学家苏珊·赫迪（Susan Hrdy）和海伦·费希尔（Helen Fisher）的研究，她们发表了两部极具创见的著作，《母亲天性》（*Mother Nature*）和《我们为何结婚，又为何不忠》（*Anatomy of Love*）。心理学家谢利·泰勒（Shelley Taylor）随后出版过一部非常有影响力的书，名为《抚育本能》（*The Tending Instinct*）。正是因为这些科学家的研究，使我们得以探索母亲和父亲的优势。那些关于男性和女性大脑差异的研究也可以为我们提供指引，供我们直接在家庭中实地应用。在过去 30 多年古里安研究所进行的实践智慧研究中，有很多关于父母性别差异优势的观察。

汇集过去和最新的研究，我希望你能看到我和我的同事们所教授的均衡教养方式（symmetrical parenting）的意义和价值。当然，你可以选择制定适合你自己家庭的独特教养方式，来满足你的孩子的核心天性和发展需要。

当你用心思考父母的优势如何才能自然地传递给孩子时，一个真相呼之欲出，在养育过程中，单方面地接受父亲或母亲的影响是不够的。虽然世事无完美，但是正如依恋关系专家、大脑发育专家帕特·克拉姆所指出的那样，**“如果孩子能在童年时期汲取到父母双方的优良品格，那么他将茁壮地成长”**。

结合这些关于父母的信息与对孩子核心天性的认识，你会发现父母双方对孩子的影响都十分必要，而父亲和母亲提供的关键元素也很重要。我把这种元素之间的平衡称为“均衡养育法”。父母并不需要完全具备这些教养能力，而是可以通过父母双方的养育资源来实现平衡，有时候必须从其他亲属那里获得这种资源。此外，在孩子核心天性发展的过程中，为了让孩子获益更多，父母的养育资源应彼此相当，互相协作，而不是彼此竞争。

NURTURE THE NATURE 天性教养小课堂

父母不同的教育方式

母亲倾向于：

◎通过大量的拥抱、抚摸和交谈，在长时间的接触中、在生理上和情感上形成和孩子的亲密联结。

◎坚持事必躬亲地去满足新生儿和幼儿的需要，从而建立起依恋关系。

◎强调孩子成长过程中的感官能力，尤其是复杂问题的解决和多任务的并行处理。

◎持续亲切地教孩子如何用语言表达他的情感。有些父亲也和孩子谈论很多亲密的话题，但是母亲普遍会比父亲在这方面做得更多。

◎当有人受到伤害的时候，教孩子表示出同情，即使以其他的目标、游戏、任务或工作为代价。母亲比父亲更倾向于鼓励孩子即刻去理解和减轻外界带来的伤害。

◎为了照顾孩子的各种需要而放弃个人日常的独立性。母亲常以复杂的方式同时完成多项任务，随机应变的时间表、时刻转换的注意焦点，这些都是为应对孩子即时的需要而存在。

◎将孩子视为母亲自身的情感延续，出于这个原因，当孩子做错事的时候也会与孩子感同身受。

◎强调通过语言的鼓励促进孩子的技能和天赋的发展。母亲偏爱和需要大量的语言鼓励，她们也倾向于尽可能多地给孩子以语言鼓励。

◎努力帮助孩子尽快解决内心的情感矛盾和压力，这样可以让她感受到与孩子之间良好的亲密联结。孩子对于痛苦和焦虑的即时感受会触发母亲大脑中某些化学递质的释放，特别是催产素，这会使她想要尽快地缓解这些症状，从而促使她主动去帮助孩子，而不是坐视不管。

父亲倾向于：

◎在瞬间爆发式的接触中与孩子形成生理上和情感上的亲密联结，比如“短暂的拍抚”，混战类的游戏等。

◎注重教给孩子秩序化、模式化的思维方式和礼仪。爸爸通常不那么关心孩子需要的细枝末节，而是更关注孩子在未来生存可能需要的技能和大方向规划。

◎过度“强调”行为表现而对感情轻描淡写，甚至可能因此伤害到孩子的感情。从生理激素和神经系统方面来看，男性都更倾向于直接对行为进行奖励，同时他们也更乐于以这种方式来激励孩子发展。

◎促进孩子在成长过程中进行冒险和独立的活动。有不少妈妈也倾向于促进孩子独立，但是普遍来看，爸爸会比妈妈更快地推动孩子从家庭中独立出去，也更乐于鼓励孩子“长大”。

◎期待孩子有纪律，并且会去强制执行规则，倾向于提供竞赛和技能测试。爸爸比妈妈更有竞争意识，特别是他们坚信孩子未来成功的关键在于能够在技能测试中胜过对手。

◎教孩子对抗个人和群体的弱点。男性的大脑用于情感加工的血流量低于女性，父亲倾向于隐藏任何情感脆弱的表现，也更倾向于通过快速解决问题来避免这样的弱点。

◎教导孩子牺牲他自己的想法来顺从“权威的思想”，直到孩子能够证明他自己的核心天性已经足够成熟可靠。尽管确有一些例外的情况，但相比于母亲，父亲大多倾向于采用专制的教养方式，并且会把这种权威延续到孩子成年，直到孩子证明他自己值得被当作成年人去对待和尊重，这在养育男孩方面更为突显。

◎教导孩子在更大的社会群体中探寻自我价值。其表现为，较少鼓励孩子反思内省，更鼓励孩子快速直接的行动。

◎努力从长远上帮助孩子变得更强大，即使孩子在当时感觉不那么舒服。父亲不像母亲那么关心孩子是否“感觉良好”。父亲更希望看到孩子身强力壮。这种倾向在他们对儿子的态度上表现得特别突出。

你是否也曾在自己的生活中察觉到这些父母在养育上的差别？也许你的孩子在他们想要充分感受情绪的时候总会去找妈妈，特别是他们想要用言语谈论这些感受的时候。**女性大脑的语言处理能力比男性大脑更丰富，语言中心与情感中心的联系也更多，所以母亲不仅擅于处理和谈论她们自己的感受、情绪和人际交往经验、体验，比起父亲，她们也更倾向于帮助孩子去感受和表达他们的体验。**

与此同时，如果将父亲的养育方式比作大海，我们会发现其中偶尔也有些参与情感讨论的“小岛”。比如，如果女儿和爸爸关系比较亲密，在她遇到一些跟青少年男性交往的问题时很有可能会去向爸爸求助。

心理学家凯尔·普鲁厄特（Kyle Pruett）在《不可或缺的父亲》（*Fatherneed*）一书中提出，在管教方式上也需要注意父母的平衡。他写道：“母亲倾向于通过强调不良行为导致的人际和社交成本来管教孩子；而父亲则倾向于通过强调不良行为带来的直接后果来管教孩子，在整个管教过程中父亲会跟孩子拉开情感距离。”

普鲁厄特指出，妈妈可能会对孩子说：“你对苏斯说了那么刻薄的话，你有没有考虑过她的感受？”妈妈的风格是想要让孩子直接从情感的角度去思考。而父亲则相反，他可能会说：“你要是再这么做就没收你的手机，下不为例。”父亲式的教养通常会更直接地指向后果，很少停下来“把情感考虑进去”。父亲和母亲的这两种方式都有助于孩子核心天性的发展。父亲不必像母亲那样去养育孩子，反之亦然。父母亲可以均衡地将各自的优点发挥出来。再次重申，我们这里只是概括描述这些母亲和父亲的特性，而你的家庭会有你们自己独特的养育模式。

现在，尽管你的孩子还是一个小婴儿，但如果你观察一下邻居家那些大一点儿的孩子，也许你会发现，在缺失或削弱父母某一方元素的情况下，孩子的核心天性可能不会充分展现或得不到很好的发展。**如果母亲或父亲长时间不在孩子的身边，那么这个孩子的情感表达、自我发现、人格动机等天性发展的诸多领域可能都无法展开。**

“替补爸妈”让天性更开阔

无论你们家附近是否住有其他亲属，与亲友们经常交流和往来都十分必要。孩子的天性发展不仅关系到父母，而是同时关系到 5 ～ 10 个人，这些父母以外的长辈将会守护孩子的核心天性，对其发展核心天性而言也是举足轻重的。从孩子的婴儿期开始，你就应该尽快锁定那些潜在的“替补妈妈”和“替补爸爸”，这些富有爱心的亲友可以组成你的“家庭团队”。

奶奶也许会说：“买这套房子之前，你要检查一下它否合乎居住标准。”爷爷可能会说：“你给孩子的表扬太少了。”叔叔或阿姨可能会说：“你在那个年纪也这么干过，所以别太苛求小孩子。”

NURTURE THE NATURE 天性教养小课堂

生活中的“父亲”和“母亲”

◎在我们的文化中不乏关于性别角色的严肃讨论，对父亲和母亲在养育孩子过程中应该扮演的角色也有诸多研究。我们都能意识到，很多父亲经常做的事情母亲也可以做到，而父亲也可以完成很多传统意义上隶属于“母亲的工作”。性别角色如今更加灵活，彰显父母双方的优势才是关键。

◎与此同时，母亲和父亲还是存在“先天差异”的，他们在孩子的生活中都是“天性的需要”，去掉父母中任何一方的核心优势都可能出现问题。比如，科学家曾研究过在缺少父亲积极参与的情况下孩子的生活会发生什么状况。他们发现，这些孩子发生心理、情绪和社会行为问题的可能性都更高一些。

◎如果父亲在男孩的生活中长时间缺席，这些男孩会更容易犯下暴力罪行。与那些和父亲生活在一起的男孩相比，其犯罪可能性高出 70%。而且，和父亲相处的时间每减少一年，这个男孩未来被监禁的概率就增加 5%。

◎生活中缺少父亲陪伴的女孩在青少年期出现早孕问题的概率更高，与有父亲陪伴的女孩相比高出150%。缺少父亲陪伴的女孩在日后更有可能经历婚姻破裂，这种可能性高出双亲养育的女孩92%。

◎缺少父亲养育的男孩和女孩与那些由双亲养育的同伴相比，更容易遭受性侵害。

◎这并不意味着所有的父亲或母亲都会对孩子产生很大的影响，也不是说单亲家庭的孩子就一定有缺陷。很多孩子在单亲家长的养育下也成长得很好，人们在生活中都勇敢地适应着环境。不过，尽管单亲养育值得钦佩，但是为了全面培养孩子的天性，我们仍需谨慎。

父母以外的家长可以提供多种多样的生活模式供孩子参考。孩子的天性可以接触到更多样化的社交和参照物，通过这些参照物他得以发展天性的不同方面。人类的天性是多子代（polyfilial）而非单一子代（monofilial）的，这意味着基因表达发生在一个“多家庭”的系统。孩子们现在有很多时间不在父母身边的，比如放学之后、父母回家之前的这段时间，在孩子的成长过程中更多的时间是和父母以外的家长一同度过的，这些父母以外的家长在传递价值和推动情感发展上甚至会更为关键。随着文化的发展，孩子们接触到的科技刺激越来越多，它们大多为人工制造却无须人为介入，因此信息过滤和对孩子的基本监督管理就越发需要人们的多样的介入。

父母以外的家长应如何保护和培养孩子的核心天性发展呢？一项关于亚裔家庭的研究显示，如果某位家长被认为“太严厉”，即他的期望和管教方法太过苛责，有可能会损害孩子的核心天性，想要改善这种情况并不需要让这位过于严厉的家长退出管教行列，而是让另外一位家长和其他家庭成员更注重与孩子之间的亲近感、亲密感和不同形式的依恋关系。这些人的作用就在于平衡那些不好相处的家长对孩子的影响。

请花点儿时间思考一下如何为你的孩子打造他的家庭团队，即“三重家庭体系”。在你的日记或你们的思考和讨论中，看看要如何与孩子生活中的其他成年人建立同盟。

- **核心家庭（第一重家庭）**。与孩子的父母、继父母、兄弟姐妹和其他真正关心孩子的人持续联系，他们关心并且能够帮孩子发展核心天性。
- **扩展家庭（第二重家庭）**。与祖父母、姑姑阿姨、叔叔舅舅，还有其他关心孩子核心天性的亲属保持联系，通过互联网和电话也可以。如果某位亲戚并不是真切关注着孩子的核心天性，那么他对孩子来说就是有危害的，或许现在他对孩子没有明显的伤害，但你可能会希望与他暂时保持距离。但不管怎么说，在我们忙碌生活的今天，大多数扩展家庭成员都是未经发掘的宝藏。
- **社区导师**。在家庭所在社区的成人当中寻求指导和支持，特别是一个人抚养孩子或对孩子的养育感到特别困惑的时候。作为父母，你可以“领导”这些关系，通过集体教养的方式和你的社区形成亲近的联盟。不要盲目听从那些专家所提供的只言片语的建议，他们并不了解你的家庭和孩子的天性。
- **学校老师**。与能够理解孩子核心天性的老师保持联系。学校里遇到的多数老师都会对孩子的核心天性很友善。但是，如果某个老师或整个学校系统都无益于发展孩子的核心天性，那么对家长来说，首先要做的就是向老师提出改进的建议，如果有必要的话可能还需要把孩子转到其他学校。
- **兴趣导师**。帮孩子建立起专门的协同指导关系。如果孩子表现出某种正在逐渐形成的兴趣，如绘画、学习、阅读、运动、对动物的喜爱等，就应该让他在空闲时间花些工夫和一位该领域的导师保持联系。通过建立这种关系，孩子不再把大量时间花在电子娱乐产品和其他为了排遣无聊的方式上，转而花更多时间与自己的导师相处，这样做能够鼓励孩子的核心天性得到更充分、更自我的表达。

母婴亲密联结，天性教养的基石

卡尔·荣格曾在定义母亲和婴儿之间的天然联系时写道，母亲拥有“女性不可思议的管教权威，超越理性的智慧和激烈的情感，所有那些慈爱和支持，如同命运一样无可逃避”。他说的是所有的母亲和所有的孩子，因为**每个孩子都以他特有的方式需要着他的母亲**。荣格强调，母亲孕育着孩子，也是孩子主要食物和天然营养的最初来源，母亲和孩子的生命之初密不可分，复杂地关联在一起。一个小生命在她身体中成长，随后又从她体内脱离。

《抚育本能》一书的作者，加州大学洛杉矶分校的心理学家谢利·泰勒采用新的科学方法研究催产素和大脑其他神经化学递质的作用，她提出：“母子愉快地相处这种早期温暖的抚育关系是儿童发展的关键，如同钙质对骨骼生长的作用一样重要。”在妈妈子宫里、在初生时、在婴儿阶段、在整个儿童期，如果孩子能得到妈妈很好的照料，那么在步入社会后他所表现出的社交和情绪技能都会更高一筹。

在母亲孕育孩子的过程中，她可能会这样想、甚至大声说出这样的话：“一切都无法和我的孩子相提并论。”为了保持强大的母婴联结，她会做出巨大的牺牲，戒酒，戒烟，做医生嘱咐的任何事情。**她知道这个胎儿的健康就是她的动力，就如同两棵树的树根现在已经完全交织缠绕在一起。**

等到她生下孩子，她会再一次感到这种本质联结的巨大力量。她仿佛和孩子完全融为一体。即使是收养的婴儿，母亲和孩子必不可缺的亲密联结仍会激发母亲产生催产素，即与亲密联结相关的化学递质。**她非常清楚，她的所作所为真正影响着这个婴儿，了解她对这个幼小的身体、这个灵魂的崇高责任。**有些母亲可能会错过这种联结，或者在日常不能时时刻刻与孩子形成持续的亲密联结，她会感到失去了那种无尽的联系带来的幸福感。身为母亲，她可能会悲叹哭泣，就好像她突然失去了孩子，失去了她自己的一部分。她可能感到自己魂不守舍，就因为她的孩子在一天当中有 6 个小时、8 个小时或 10 个小时不在她的怀抱里。

当我的孩子们处于婴儿期，我和妻子也经历过这种情况，所以我从专家和家长的双重身份体察到了这一切。随着孩子们的降生，我们努力想要捍卫这种和孩子之间的亲密联结，同时也为此备受折磨，尤其是盖尔。我们当时收入微薄，所以我们两个人都不得不离家出去工作，于是我们选了一家高品质的日托中心来照顾孩子半天时间。这段经历让我们真切地体会到，在我们的社会文化中，母亲要跟自己的小宝宝分开需要承受多么大的压力。我们开始理解了我们所处的社会流行教养文化，为了工作的需要而不得不牺牲母婴之间的亲密联结。

后来，我和盖尔尝试去改变现状，我们尽力争取与日托中心和其他照顾者进行亲密联结，带动我们身边的很多父母联合起来。关于母婴联结和依恋关系的知识指引着我们的直觉，让我们学会用科学的武器来赢取保护孩子核心天性这场斗争。

在过去几十年中，有许多专门探讨亲密联结的惊人研究成果。研究证明催产素和垂体后叶加压素都与母婴联结有关。在一项发表在《美国国家科学院院刊》(*Proceedings of the National Academy of Sciences*)上的研究报告中，威斯康星大学的塞斯·波拉克（Seth Pollak）博士向我们展示：与婴儿的亲密联结通过这两种激素令婴儿大脑中的神经突触暴增。**如果婴儿与母亲或其他“替代”母亲的主要照顾者之间缺乏足够的亲密联结，那么孩子的天性就得不到充分地发展。**

神经精神病学家阿兰·舒尔采用脑成像技术准确地显示出，在缺乏母婴亲密联结的情况下，婴儿大脑的特定区域，如前额叶，几乎没有明显的突触生长。神经突触生长匮乏，可能导致孩子在今后的生活中产生慢性应激、社会和认知能力发展迟滞或缺少学业专注力等不良反应。

如果你在婴儿胸前放置一个心律监测器，你会发现当母亲长时间的离开，或没有他依恋的其他家长替代的时候，婴儿会变得非常紧张。当婴儿不能得到妈妈的哺育、扶助、拥抱或听不到她的歌声，也不能和妈妈一同散步、进行语言交流或目光接触的时候，婴儿的内心会变得焦虑不安。这种不安会影响肾上腺素、皮质醇和其他神经递质的正常分泌以及大脑皮层的发展。

尽管偶尔离开妈妈几个小时并不是什么危险的事，但是如果在连续数天或数周的时间里，每天都有两三次睡眠周期和喂食周期见不到妈妈，就可能会对婴儿的突触发展和应激水平产生深远的影响，也就是说，会影响到孩子核心天性的发展。当我们探索亲密联结这门科学的时候，最重要的是记住：**"母亲"这个概念可以同时意指其他照顾者。如果母亲去世，其他照顾者将替代"母亲"的角色。**在孩子的婴儿期，那些变成"妈妈"的爸爸也可以给婴儿提供很多东西。当孩子与祖母或者其他照顾者同住，这些"替补妈妈"也可以与婴儿建立起类似母亲的亲密联结，并且因此成功地成为一位父母以外的家长。

与此同时，我们会对这些照顾者用到"像妈妈一样"之类的表述。这种说法对父亲而言意义非凡，特别是在婴儿期的那几年。在绝大多数情况里，照看婴儿的最高标准就是健康的母亲式照看。然而身处社会潮流当中，我们对母亲的根本尊重都成问题。一次，我遇到一个案例，但我拒绝接手。有一位父亲，我相信他从心底里是个好人，他有能力、善良、辛勤工作，但是他向法院起诉了儿子的母亲，孩子刚出生不久两人就离婚了，他要求每个月中有一周由他来照顾这个 3 个月大的男婴。他以当前崇尚父权的社会理论为由，争辩说他应该拥有和母亲同等的照顾权。

我相信这位父亲一定会因为我拒绝了他的求助而感到十分震惊。我对父亲的权利主张和对母亲一样，并不将他们双方视为竞争对手，而是把他们看作均衡的资源。在这个案子里，我之所以拒绝是出于我对母婴亲密联结的科学研究的理解。如果他的孩子再大一点，我或许会为这位父亲努力争取。在后面的章节会提到关于父亲和青少年的亲密联结的科学研究，我们需要以更具革命性的眼光去看待父亲与青少年建立亲密联结的权利。我告知这位父亲，尽管婴儿确实需要父亲，但由父亲单独照顾一个 3 个月大的婴儿，这与婴儿的天性需求是背道而驰的。小婴儿在这个阶段更需要妈妈的母乳喂养、扶助、抚触和持续的接触，与此相比，每月一周和父亲在一起生活是远远不够的。

我们必须成为革命者，力挺母婴亲密联结。科学与直觉都在支持我们。想想看，母亲和孩子之间的情感联结是否正如荣格确信的那样“如魔法般不可思议”。是否大部分孩子都在以各自的方式渴盼着母亲？如果必须长时间与孩子分离，是否大多数母亲都会感到痛苦？是否大多数父亲都能感受到母亲和婴儿分离所带来的痛苦？

也许这些文字对于建立新生家庭时的你而言，不能解决所有问题，但是我希望它们至少可以为你和你的家庭带来帮助，让你们从内心去感受母亲对孩子的直觉是多么重要且意义深远。只有我们的文化愿意接受和遵循这些直觉，我们才能够真正说出，“我们关爱我们的孩子”。

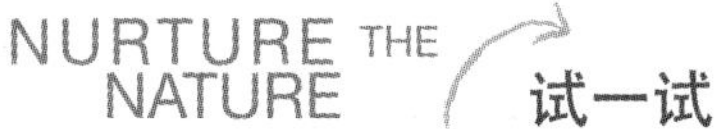

试一试

在你的日记里或在你自己的思考中，问自己这么几个问题：

- 作为母亲，在孩子的需要和周围文化的要求之间我是否感到左右为难？
- 我是否没有足够的时间在孩子身边给予他所需要的，是否对孩子照顾的不够好？
- 我的小婴儿是个核心天性“相当独立”的孩子，还是比别的孩子更需要妈妈在身边？如果是后者，我是否花了足够多的时间陪伴这个孩子？
- 我身边是否有两三个其他照顾者可以帮助指导我、帮着抱孩子、跟孩子保持目光接触、提供亲密联结，使我不必费力单独一人养育孩子？
- 我每天是否有足够的时间去了解我的小婴儿的核心天性？

等你回答完这些问题，如果你看到自己的母婴亲密联结有什么问题，希望你不要责怪某一个人，不论是你自己还是你的配偶，甚至是整个社会文化。实际上，身为父母，我们正该不断去反思自己的所作所为，这能够帮我们看到自身的缺点和瑕疵并做出改变。我希望你能从问题中受到启发，并因此力争做出改变。

我和盖尔很早就开始这样做了。在盖尔结束两个月的产假回去上班之后，每周有 4 个上午我们将孩子交给高质量的日托中心，其余的下午我们俩轮流照看孩子。盖尔缩减了她的工作时间，改为兼职。我们在孩子的婴儿时期靠着微薄的收入生活，但是我们从没有后悔过我们为了陪伴孩子所做出的改变。

热门话题：接种疫苗会不会伤害孩子？

我经常被问到，婴幼儿接种疫苗到底安不安全，特别是疫苗中所含的硫柳汞，是否是导致大量大脑功能障碍的原因，比如现在比较常见的自闭症。

一位名叫帕特里夏的受过专业培训的母亲向我提出这样一个问题："现在给孩子接种疫苗的数量剧增，这与自闭症和学习障碍的数量增长直接相关。这些疫苗中含有硫柳汞，而硫柳汞中含有 50% 的乙基汞。汞是神经毒素和细胞毒素。"这位妈妈还向我提供了网站链接来验证这种假说，辅以各种令人信服的证据。

你是否要给孩子接种疫苗？肯塔基大学生物化学家博伊德·黑利（Boyd Haley）博士曾指出，男孩接触硫柳汞可能引发毒性反应的风险更大，因为睾酮会加剧其化学反应。男孩的妈妈是否更应该拒绝使用疫苗？

在过去几年里，我曾看到公众和科学家在不断讨论自闭症和学习障碍增长的可能原因。是因为疫苗、遗传或诊断工具增加从而让我们可以识别出更多有这类障碍的孩子，还是这些症状被过度夸大了？他们的行为是否其实只是一种范围较宽泛的正常表现，而不是真正的自闭症？

我向纽约大学的哈罗德·科普洛维茨（Harold Koplewicz）博士、底特律圣约翰医院的霍华德·丘宾（Howard Schubiner）博士和亚蒙诊所的丹尼尔·亚蒙博士请教，他们都是古里安研究所顾问委员会的成员，同时也都是著名专家。他们就疫苗问题给出了相同的答案："你可以放心给孩子接种疫苗。"

亚蒙博士指出："以目前的科学技术制造出的疫苗，其中汞的含量是微乎其微的，但是自闭症的比例并没有降低。"他进一步驳斥了硫柳汞假说。科普洛维茨博士和他都一致认为，自闭症和学习障碍诊断数量持续上升，特别是在男孩中间，这一现象的原因还需要更多的研究来解释，而硫柳汞现在看来并不算是主要的触发因素。此外，疫苗的成分中也已经不再含有硫柳汞。

我很乐于听到这样的信息，因为我的孩子已经完成了所有疫苗的接种。

我希望你在做决定的时候可以咨询儿科医生。疫苗对孩子的健康非常重要。对疫苗过度反应、未经查证就认为它们是有害的，没有经过对科学的充分理解就抛弃一些非常有价值的东西，这其实也是受社会流行教养文化影响的做法。尽管如此，对任何基于科学的养育方法加以质疑和检验都非常重要，正如前面所提到对疫苗的讨论，毕竟，多亏有帕特里夏这样关心疫苗问题的家长，现在多数疫苗的成分才不再含汞了。因此我也非常感谢他们。

NURTURE THE NATURE

智慧实践

养育孩子，父母的自我修行

我一直认为，探索人类天性的精神活动正如我们对宇宙的探索一样是无止境的。因此，当你的双臂抱起一个小婴儿，你踏上的这段教养旅程也是心灵的探险之旅。培养孩子的天性是一份“神圣的工作”。

作为一名家长同时也是专业人士，我每天提醒自己去深入体会孩子的内心，探究那里究竟有些什么，观察婴儿的天性以及孩子的神奇之处。我和盖尔每天都怀着谦卑之心，学着在广袤的神秘系统中找到各自的独特位置，养育孩子使我们相互联系起来，就如同祈祷或其他心灵修炼一样。

在你从婴儿期开始不断前行的养育路上，可能会时常听到或看到那些社会流行教养文化给出的建议，他们教导你要照着某种在你看来很可疑的方式去塑造你的孩子，我希望这时候你能先停下来，暂时缓一缓。我希望，随着你和孩子一同成长，你能始终留意倾听来自孩子的奇妙心声，观察他的行动和他发出的各种信号，让他告诉你，“非常感谢你，在这个安全又健康的家里帮助我发展核心天性”。

NURTURE
THE
NATURE

UNDERSTANDING
AND
SUPPORTING
YOUR CHILD'S UNIQUE CORE
PERSONALITY

04

在玩耍中建立秩序

2~3岁的天性教养

学步期的孩子是一个移动的麻烦制造者。他需要玩耍，也需要秩序；需要混乱，也需要纪律；需要喧闹、生机和活力，也需要安静的时间。当他以自己独特的方式去认识这个世界时，你正好有机会关注他需要的是什么样的秩序和管教。

两三岁正是孩子们拥有无尽能量去认识这个世界的年纪，他们抱着、攥着、甩着、扔掉或举起各种东西，他们倾听各种东西发出的声音，他们对各种事物微笑，就好像那些事物也会对他们报以微笑一样。这个还穿着纸尿裤的孩子，这个能走能说、发起脾气就乱扔东西、睡着了又很沉静的小家伙，想要触摸树叶和风，想要捧起咸咸的泥土，想要捉住大树在阳光下投射的影子，他渴望投入自然世界的怀抱。

这正是一个两三岁孩子内在和外在的天性。这种混沌而美妙的内在天性使得**这个阶段的孩子需要目标，同时也需要关注很多东西；他们需要自己拿主意，可是如果没有大人的帮助，他们还做不成什么事**。在学步期，孩子的核心天性会逐渐展现出来，尽管这难免会让父母有些筋疲力尽！

2～3岁 孩子天性教养的基本目标

- **继续观察和学习，更加了解你的孩子**。你的孩子究竟是什么样子的，对此你可以在心里多琢磨、多思考，同时也为你的家庭团队持续积累更深入细致的档案描述。他开始学习走路和说话、接受如厕训练、逐步社会化、开始接受分离，在这个学习曲线骤升的阶段，你要为孩子的天性提供适合的游戏、秩序和管教。

- **保护孩子免受伤害，为孩子提供健康的营养和安全的环境。**在这里，保护孩子也意味着你要意识到自己作为父母的“阴暗面”。学步期这个阶段的孩子经常会引得成人暴怒，而我们的自我意识可以帮助我们，确保自己或身边的人不会让孩子核心天性的发展受到精神上的伤害。
- **持续加强亲密联结和依恋关系，即使孩子已经开始蹒跚着与你拉开距离。**给你与孩子的亲密联结系统添加一些适合的新鲜刺激。为你的孩子单独量身定制适合他的激励方式，在这个阶段尤为关键。而这个阶段同时也是社会流行教养文化裹挟着大量传统期待向我们施压的时候，它们会对孩子的行为表现提出要求，而我们必须坚持专注于自己孩子的本性。

2～3岁 孩子天性教养的7个要点

在孩子的学步期，你会领略到他的大脑和身体不断成长的神秘与奇妙。你可以帮助他以自己独特的方式展示他的天性，以下是针对孩子的学步期你需要了解的7个要点。

第一，学步期孩子的大脑就像海绵一样。孩子会吸收几乎所有的东西，同时，他们也会忘掉他们刚刚吸收的大部分东西！正因为如此，你需要不断用动作和语言对他们重复自己所要表达的意思。

学步期孩子的大脑在一个加速发育的过程中，不断制造新的神经连接，随后又削减连接，接着再制造……两三岁孩子的大脑就像指纹一样，没有哪两个是完全相同的！你的孩子会学习、记忆，用他自己的方式不断重复，有的孩子比其他的孩子需要更多的重复。这个阶段孩子的独特核心天性就开始显露出来了。比如说，你家的“小小观察者”在某些情况下可能与别人家的“小小积极参与者”表现得很不一样。

第二，学步期孩子的发展很容易受到外界环境中各种神经毒素的影响。有些孩子生来就皮肤敏感、有过敏反应、有过瘦或超重的倾向或其他遗传病，而且所有的孩子在遭遇严重的环境毒素时都是脆弱的，比如铅或氡。此外，还有我们谈论较少的神经毒素，比如垃圾食品、长时间接触电视或其他电子产品。每个孩子会有他自己的耐受度，同样是吃垃圾食品且缺乏体育运动，那些新陈代谢水平高的孩子可能就不会那么容易超重，但有些孩子就是会比别的孩子更容易发胖。在你为学步期孩子营造家庭环境、安排各种资源时，要仔细检查他所处的环境。

第三，依恋关系和亲密联结对学步期孩子来说非常关键。现在你的孩子不再是个婴儿了，依恋关系和亲密联结不仅体现在牙牙学语和慷慨的拥抱中，同样体现在冲突和管教上。

第四，学步期孩子的大脑发育通常需要各种有益的营养元素。比如鱼肉当中的 Ω-3 脂肪酸、各种蛋白质、铁、维生素 B_3 和锌。有些学步期孩子的大脑不像别的孩子那么需要这些营养。与别的孩子相比，你的孩子可能消化蛋白质要慢一些，那么就要控制蛋白质的摄取量。因此，一定要密切留意孩子对于有益大脑的特定食物的需要。

第五，食物过敏会影响孩子身体成长和行为发展。社会流行教养文化对于食物过敏问题的重视程度远不如我们预期的那么高。科学研究现在正在考察各种食物，比如小麦和酵母与孩子行为之间的关系，同时也在考察食物对人类心理健康的总体影响。如果你的孩子在学步期正经历着严重的行为问题，毫无疑问，你要把医生和其他专家纳入你的家庭团队，你可以向他们请教，看看孩子是否存在食物过敏的问题。

第六，学步期孩子极易受到情绪和行为标签的伤害。一项在幼儿园进行的研究发现，这种伤害对男孩特别明显。对于那些没受过专业训练而对孩子无计可施的专家来说，他们很难理解孩子的核心天性，这些专家可能会给孩子贴上各种标签——注意缺陷障碍，注意缺陷多动障碍，对立违抗性障碍或学习障碍等。每年，有将近 5 000 名这样的孩子被幼儿园除名，其中很多孩子并没有什么行为障碍，他们只是不符合学校的期望，而学校又没有时间去应对每个孩子的核心天性罢了。

第七，细菌对学步期孩子来说既有益，也有害。如果你的孩子对宠物过敏，那么他接触宠物可能会出现严重的反应。在这种情况下，你要对他多加保护，哮喘症状或长时间流鼻涕都可能是这种遗传性过敏症的前兆。同时，社会流行教养文化倾向于过度保护孩子、避免他们接触细菌。工业革命以来，我们获得的医疗保健不断增加，这种过度保护也是顺理成章的结果。但在这个过程中，我们也丢掉了孩子日后抵御疾病所需要的重要财富。科学家已经发现，在学步期，如果孩子能轻微暴露在细菌环境中，以后就不太容易出现哮喘和其他呼吸问题。实际上，**轻微的细菌接触可以帮助学步期孩子的免疫系统更强大，从而对抗细菌。**

2～3岁 男孩女孩的天性差异

你可以尝试一下这个实验：如果你有个女儿，给她3个铁皮卡车去玩；如果你有个儿子，给他3个芭比娃娃或别的什么毛绒玩具去玩。在这一天中，每过一段时间就观察一下孩子的活动。考虑到所有可能的例外情况，在没有刻板印象的情况下，我可以断言，大多数情况下，孩子们只会玩一小会儿。很快，男孩就可能开始想要拆掉娃娃的脑袋、把娃娃扔到空中、一边大笑一边跟小朋友们在房间里蹦蹦跳跳或者把娃娃当成武器。而女孩呢，她们则会跟卡车说话，把卡车拟人化，让卡车充当一种亲密联结游戏的道具，然后和朋友们一起玩，比如让卡车扮演医院或过家家中的角色，她甚至可能会把卡车撇在一边，继续回去玩她的娃娃。

这种差异在学步期孩子身上表现得非常明显，尝试过这个实验的家长在孩子长大一些后回想起这个实验都会哈哈大笑。

“我当时到底在想什么呀？”一个男孩的妈妈告诉我，“我难道真的觉得我的儿子会像女孩那样玩娃娃吗？”她本能地认识到学步期的男孩和女孩有多么不同，尽管如此，当她看到儿子对待娃娃如此“恶劣”，甚至可以说是“邪恶”时，还是有些担心。她记起来，当她儿子把娃娃的脑袋扯下来的时候，她甚至在想：这孩子心理是不是有什么问题啊？对她来说，娃娃是人类的象征，但是她后来意识到，对于学步期的男孩来说，娃娃通常并不是“人类”，它们只是塑料做的玩具罢了。

有一名做外科医生的妈妈告诉我：“我女儿在两三岁的时候对娃娃那么着迷，我甚至没法让她做任何跟科学沾边的事情。我想过，她身上遗传的到底是谁的基因啊？而如今，她正在为成为一名科学课老师而用功读书。我想，我当时真是担心过头了。”

就像这两位妈妈发现的那样，**学步期的男孩或女孩其实没有什么特定的玩耍方式，他们只是在用自己的方式玩耍**。对于男孩和女孩来说，最关键的同样都是要玩、玩、玩！他们会玩，也会做很多其他事情，不过在某种程度上都存在性别的差异。

NURTURE THE NATURE 天性教养小课堂

你知道男孩女孩的大脑差异吗？

- 男孩大脑中负责机械和空间操作的区域发展得比较早，而且比女孩大脑中的相应区域发展得更充分。因此他们更喜欢玩积木和卡车，更爱运动。
- 女孩大脑中负责语言流畅性和识别熟悉面孔的区域成熟得更早，与将来的写作和情感交谈相关的区域也是如此。而且与男孩大脑中的相应区域相比，它们发展得更充分。
- 在学步期以及更大一些时，女孩精细运动技能的发展比男孩更快、更充分：手部对小物件的操作更多样化。男孩大脑对应躯体运动技能发展出更多联结，以便进行更多样的全身性活动。
- 人类的孩子和其他动物的幼崽一样，都具有这种性别特异性的大脑差异，这更加说明性别差异是一种源于自然的天性。

◎总体来说，女孩的大脑在负责情绪的杏仁核和掌握词语的区域发展上早于男孩，因此，即使在学步期，女孩已经能比男孩更好地“说出”她们的感受。这种差异会在青少年期、青春期及成年期不断增加。这就是为什么妈妈们本能地想要让男孩把想法讲出来，成年人总是竭尽所能地鼓励小男孩“用语言表达自我”，也是这个原因。

◎大人在学步期女孩的游戏区里放一些积木之类的玩具还是很有必要的。玩娃娃当然也没有问题，但是不妨对那些对积木等建构类玩具欠缺喜爱的女孩子说，“来，你能不能让芭比搭座桥？让我搭给你看看”。这可以帮助女孩发展大脑中的联结，形成更好的空间感知能力。

当你慢慢接受并开始欣赏学步期孩子的性别差异时，你可能想要帮助这个男孩或女孩去完善在你看来他们不太擅长的领域，比如语言技巧或空间技巧。这样做对孩子的发展是很好的。有的孩子不容易从生活中特定领域的优势习惯或偏好中走出来，但这并不意味着我们不能帮他们尝试发展其他能力。**核心天性包含一系列丰富多样的天赋和技巧。只要我们尊重孩子的本性，顺从我们的直觉，为孩子提供各种可能弥补其潜在弱点的机会。**孩子到一定的时候自然会掌握主动权。比如，如果你给孩子玩了 20 次积木，而他还是不想玩，那么，至少在当下这个阶段，这个孩子的核心天性可能是在说，“让我们玩点别的吧，积木实在不能让我集中注意力。”

我们建议让孩子来主导游戏。不少父母经常会担心如果学步期的女孩没有足够的空间技巧或男孩没有足够的语言技巧，那么孩子将来可能会在某些方面受挫。以社会流行教养文化的观点来看，如果不能在童年期消除性别差异，那么它极有可能成为潜在的危险。我们还不清楚这一观点从何而来，但它可能源于这样的观点：男性如果不在社会化过程中学着更像女性一些，就有可能在长大以后虐待或者欺压女性；女性如果不能变得更像男性，将来就无法在经济地位上和男性竞争。这可能也是对旧时认为女性地位低于男性的一种补充观点，因为“差异”

在这里似乎意味着“次等”。天性为本的理论与社会流行观点的不同之处在于，它拒绝了自然性别差异“造成”不平等的假设。在我收集性别动力学研究的23年间，我注意到男孩和女孩或男性和女性之间存在的天性差异，努力推进了在工作、家庭和全世界中的男女平等。**性别压迫的根源不在于男女之间的差异，而是对不同性别的天性优势缺乏尊重。因为我们不理解对方，所以会尽力控制对方，试图把对方塑造成我们自己的样子，而不是滋养他们与生俱来的天性。**

你会注意到学步期孩子以有趣而不同的方式进行游戏、感受事物和思考问题，如果你对他们在未来能否胜任自己的性别角色而忧心，不妨用科研结果来安慰一下自己。有很多像我一样的父母，他们的女儿在学步期一直玩娃娃，但到了青少年期，孩子们也能在科学课上取得好的成绩。没有证据表明，女孩在学步期对男孩玩的游戏不感兴趣，会导致她们将来缺乏科学洞察力。

跟从你的直觉，去帮助你的孩子，让男孩更会表达、让女孩更善于空间感知，然后放手让孩子自己去玩吧。孩子们会教会彼此很多东西，包括他们需要了解的那些与性别和大脑有关的知识。

玩耍、秩序、纪律，一个都不能少

学步期的孩子是一个移动的麻烦制造者，他们需要玩耍，也需要秩序；需要混乱，也需要纪律；需要喧闹、生机和活力，也需要安静的时间。在这几年间，孩子核心天性的发展经常是矛盾的，所以父母经常纠结要如何跟上孩子这些自相矛盾的信号和需要。我们看着孩子独特的矛盾表现，常常会彻底晕头转向。养育学步期的孩子同时也是在为养育青少年做演练的绝佳机会，青少年的行为有时候就像学步期的孩子一样。

来自萨克拉门托（Sacramento）的一位妈妈跟我讲了她的3个孩子的故事：

乔纳还在学步期的时候喜欢自己一个人玩很长时间。相反，帕蒂自己一个人只能玩很短的时间，然后她就得找朋友一起玩才行。托尼处在他们俩中间的状态。作为家里最小的孩子，托尼喜欢和哥哥姐姐一起玩时那种被关注的感觉，但是我接着又想，他有时候也受不了那么多关注，有时他也会独处一会儿。

用心感受学步期孩子的生活，你会注意到你的孩子在做游戏和遵守秩序时也有预设的内部模式。另外，你要仔细留意观察孩子在游戏和探索时，自律与遵守外部预设规则的内在区别。

有时候，学步期的孩子会玩得太疯，接着又不好好睡觉。他可能会“不规矩”，对你推推搡搡，不听指挥。他在玩的时候可能会想要去做危险的动作或是毁坏东西。当孩子以他自己独特的方式去认识这个世界的时候，你正好有机会关注他需要的是什么样的秩序和管教系统。你可以带领家庭团队集中思考一下，你的孩子适合什么样的管教系统。

孩子的屁股，打还是不打

大多数美国家长都打过孩子的屁股。我从没打过，以后也不会打。我觉得自己小时候被父母打得太多了，所以我选择不再延续那样的习惯。可是，在孩子的学步期，当她们无法无天或是要做危险的事时，盖尔曾经打过她们的屁股。我和盖尔代表了很多家庭，打与不打，这的确是普遍存在的教养争议。

社会流行教养文化告诉我们，打屁股这事可以被当作“非黑即白”的问题来解决：打屁股不是对，就是错。这种简单化的思维方式还是没有把孩子多样化的天性考虑进去。尽管体罚甚至虐待对孩子的发展很危险，它应该在道德层面受到谴责，但对孩子的基本体罚确实也符合人类发展的部分天性。

盖尔从没有虐待过孩子。她打得还算适度：屁股上打一巴掌，不借助什么

“武器”，不羞辱孩子，不扒掉裤子，只是手掌用力拍到孩子的屁股或裤子上，为的是让孩子更懂事，知道什么是安全的。在孩子学步期那几年里她一整年也不会打几次。**她知道，过分强调体罚会有两个风险：让打屁股变成虐待或变得无效。她也知道当小孩频繁地被打屁股，孩子可能会发展出暴力的性格和对父母的敌意，甚至对任何形式的惩罚都满不在乎。**

毫无疑问，打屁股不是体罚的唯一形式。密歇根的一位妈妈写信说：

> 我决定不打孩子的屁股，但是如果孩子做了错事，我会把他们揪到自己的椅子上或房间里去关“禁闭”，也会用比我先生更严厉的口气跟孩子们说话。有时候这让我觉得很内疚，我希望自己能有绝对完美的耐心。现在，我的孩子们已经成年并有了自己的孩子，当我和他们回想起这些往事时发现，我当时对他们坏行为的激烈反应是很自然的。

身为家长的我赞同以天性为本的观点，与这位妈妈还有盖尔一样，我相信体罚是人类发展的一个自然的部分。你呢？等你的孩子到了学步期，这个问题可是你要考虑的关键。你是否准备用体罚来管教孩子呢？你是否已经做出了权衡抉择？在后文中，我们会讨论到作为一名学步期孩子的家长，你要如何把这些问题整合到自我意识中去，我们也会讨论到当孩子乱发脾气时要如何管教的策略。现在，你可以在你的日记里写下几条笔记，看看什么样的惩罚形式是你能够接受的，什么样的形式是你不能接受的。

制定家庭管教系统

在花时间考虑了有关体罚的话题后，你可以在你的日记里写下“管教系统”几个字。孩子学步期乃至一生中需要的管教应当是系统的而不是武断任意的，而且显然不只是打屁股那么简单。当你记录下你需要什么样的管教系统时，我希望你能仔细看看管教的核心部分，它能给学步期孩子的日常问题提供简单的解决方案，这些就可以实际降低惩罚孩子的需要。同时，我还有些进一步的建议：

- **如果孩子需要，应该帮助孩子多睡一会儿。**学步期孩子核心天性的发展中有很大一部分涉及能量的爆发和减退。如果不能得到充足的睡眠，他会表现得比实际上更“需要管教”。
- **帮助孩子养成良好的饮食习惯。**吃垃圾食品、两餐之间间隔太久、吃糖、接触致敏食物，比如奶制品、小麦、酵母、坚果等，这些都会影响情绪和脾气，进而影响孩子的行为，导致他受罚。

一个学步期男孩的爸爸写信告诉我，他儿子 3 岁的时候，只要吃了糖或喝了甜果汁，就得通过惩罚来管教：

> 我知道每个人都有自己关于糖的理论思考。有的人说它没什么影响，有些人说它影响很大。我可以告诉你：在杰里米身上，只要一杯苹果汁就可以让他特别兴奋、借劲儿撒欢儿。他妈妈和我决定把所有的糖都给他断掉。当我们这么做之后，天哪，他真的不再制造那么多麻烦了，无论在自己家、奶奶家还是幼儿园，他的表现都好了很多。

- **只在孩子准备好的时候带他学习新技能。**我们经常觉得孩子不符合我们的期望，所以必须管束他。一个妈妈写道：

> 我在女儿 3 岁的时候教她认时间，这个过程压力很大。尽管我很努力地教她，还是不断地受挫，她也是一样。我甚至觉得她在故意抗拒，于是罚她禁闭。我想我是怕她能力发展落后，而我猜她也受到了我焦虑情绪的影响，因为她会变得异常愤怒。
>
> 最后，我干脆放弃了，有好几个月都不再尝试教她时间。后来我脑子里突然间传来一句“是时候了！”于是我听从内心的声音，把钟放在她面前又开始教她。她只用不到 5 分钟就理解了！我从这里学了非常重要的一课：时机就是一切！我之前勉强孩子做的事其实是时机未到。

- **不要因为“勉强”导致过度惩罚和过度管教。**这可能会发生在任何一个家庭。在如厕训练这类育儿过程中，你可能很容易就看出孩子是否准备好了，也会注意到惩罚常常与“未准备好”息息相关。孩子的核心天性是根据它自己的时间表一点点地去发展大脑和身体。**你在孩子学步期教的每一件“小事”，对他这个小小的生活范围来说都是“大事”**。有些时候你不得不加速学习，如训练孩子使用便盆或想将孩子送入特定的托儿所。有时候这对你的孩子来说没什么害处，孩子必定要适应，必定会在生活中遇到需要尽力勉强去做的事情并且会遇到阻碍。不管怎样，如果你发现自己正试图让孩子加速学很多东西，那么现在你可能需要做出改变了。

- **尽可能避免“屏幕时间”**。对 3 岁以下的孩子来说，电视、电脑、电子游戏还有其他屏幕刺激可能会成为潜在的危险，即使是那些教育节目。华盛顿大学的研究人员弗雷德里克·齐柏曼（Frederick Zimmerman）说：“对 3 岁以下的孩子，即使是看很好的教育节目也是不好的。”屏幕接触和注意缺陷障碍或注意缺陷多动障碍之间存在联系。你的孩子当然有可能比他的兄弟姐妹或朋友对屏幕时间更有耐受性，尽管如此，你也必须谨慎对待屏幕的使用。屏幕时间过长不仅可能导致孩子阅读水平较低和短时记忆得分偏低，它还可能制造出更多的纪律问题。

  一般来说，父母不会让学步期孩子的生活跟屏幕接触一刀两断。电视似乎确实能安抚一些学步期孩子。可是，在行为、睡眠、未来的肥胖和道德发展等诸多方面，屏幕时间都可能对学步期孩子的生活产生非常不好的影响。

- **不要总是守在孩子身边**。让孩子用自己的方式去发展、游戏、学习，这非常重要。这样可以使你避免很多管教的问题。同时，你可以看到学步期孩子游戏和生活中真正需要管教的地方。

  哈佛心理学家杰罗姆·凯根（Jerome Kagan）曾耗费 20 多年的时间去研究孩子的核心天性，特别是孩子在气质方面是如何受到父母焦虑的影响的。在研究每个孩子焦虑水平的时候，他发现“孩子的焦虑正是源于父母的守候和他们保护孩子免于压力体验的企图”。他发现，大概 20% 的孩子是先天“高度紧张型”，通常心动过快。这种先天特征随后被相同气质的父母“叠加放大”，他们焦虑地想要保护焦虑的孩子，想要使孩子避免焦虑的情境，这样做反而激发了更多焦虑。当这些孩子因为父母的焦虑反应而做出出格的行为时，父母可能还没有意识到他们的孩子在说儿："请离我远一点儿！让我自己长大。"

- **尽可能随时教导孩子是非对错。**学步期孩子想要了解如何分辨对错，即使他们还小，我们也能看到孩子的天性就是利他的。在过去10年里，越来越多的科学家已经证实这一点。德国马克斯·普朗克研究院的费利克斯·沃尼肯（Felix Warneken）在《科学》杂志上发表了他对学步期孩子"掉落衣服别针"的研究。他和同事把衣服别针掉在地板上，然后观察学步期孩子走过去捡起来。他在每个学步期孩子身上看到"道德大脑"已经开始以自己的方式显现出来。
- **避免用抽象的词汇教导孩子。**在教导学步期孩子学习利他行为和道德的时候，尽量少用语言来强调，因为孩子并不明白大部分基于价值观的抽象词汇，而且要确保你说话的语气可以配合表达"对"和"错"。你的用词和语气要尽可能显示出行为对应的结果。比如，如果你的孩子用尖东西刺到你，你可以给他看看你皮肤上被刺到的疼痛的红点并说"好疼啊！"。如果孩子拽猫的尾巴，告诉孩子猫也会疼。如果你随时注意观察他们，你会发现日常生活中就有很多机会可以让学步期孩子拉开对与错之间的距离，而且你还可以根据孩子的特点酌情调整教导方式。
- **带你的孩子到大自然中去。**如果孩子在房子里把你快逼疯了，而你不得不常常惩罚孩子，那么把孩子还给树林、池塘和泥土吧。学步期孩子确实可以通过看电视节目或关注社会人际关系的动画片来安抚，但是他们在大自然里会更高兴而且更强健，大自然会让他们平静下来，因为大自然充满混沌与秩序、事物和人物、声音和视觉、情感、感觉和对本性的吸引，所有这些影响足以令孩子释放出所有精力。

如果能够把这些本能和以天性为本的管教理念融入对孩子游戏时间的管教系统中，随着学步期孩子的成长，你一定会看到令人惊叹的结果。改善孩子的睡眠安排、让他养成更好的饮食习惯或走出家门去融入大自然，即使只是从中挑出你的孩子最需要的一条来实施，都会使他不再承受那么多惩罚，同时也可以让孩子的生活更开放，减少消极应激，提升其自控的潜能。

父母的自我觉察：你的阴暗面在哪里

孩子的学步期对任何父母的忍耐力都是一个极大的考验，包括那些从不会打孩子的父母。现在就让我们诚实地面对这一点吧。勇敢一点，忘掉那些“我们必须成为完美家长”的说辞吧。

孩子的哪些行为会把你推到极限，成为令你坏情绪爆发的按钮？花点时间把这些事情记录下来。这种自我意识对于培养孩子的天性来说非常关键。你可以在日记上列出5个养育孩子过程中最大的挑战。也许当你希望2岁大的孩子听话时，他总是跟你对抗，大哭大叫着说“不！”。也许3岁的孩子总是乱抓东西、制造混乱、拿别人的东西。关注这些令人为难的状况并和你的家庭成员交流这些问题，这样做对你非常有帮助。其他照顾者也同样可以关注这些状况，学步期的孩子常常让人感到吃力，因此确保你不是一个人在独自应对这种情况尤为重要。

照顾难以满足的学步期孩子，也是父母观察自我意识的良机。**自我意识是我们给予孩子的最重要的礼物之一。没有任何人能避免把自己的天性带入养育孩子的过程中，包括我自己。**

我记得我也在孩子学步期那几年露出了自己的阴暗面。一个女儿把我非常珍视的一件东西打碎了，我对她气愤地大叫并且把她推倒在沙发上。完全没有意识到她当时只是一个2岁的孩子。

说真的，没有谁能够对养育孩子的阴暗面免疫。因为阴暗面也是天性的一部分，必然需要自我约束。如果我们不能从现在开始正视这样的阴暗面，很有可能会影响到孩子发展自己的核心天性。

现在，通过自我反思或询问他人，花些时间来记录和思考一下你的阴暗面是什么。

举个例子，你的日记可以这样开场：

- 我太严厉了，就像我的妈妈一样。
- 我变得像我爸爸一样冷酷。
- 大部分时间，我总是对孩子大喊大叫。
- 我太介意我女儿吮吸手指这件事了。

我们的配偶、导师、其他关心我们的人以及我们的孩子都会为我们提供帮助，让我们能够更好地理解自己的焦躁和不妥之处，包括我们的阴暗面。尽量多求助于你信赖的人。问问他们："你觉得作为家长我的缺点在哪儿？哪些地方是我需要真正注意的？"这会对你大有裨益。

热门话题：怎么对付发脾气的熊孩子？

你的孩子是不是会哼哼唧唧、哭哭啼啼，或者攥住拳头假装或真的去"砸墙"？这些行为都有可能会引发家长的阴暗面。家长可能会大喊："谁能告诉我到底怎么做才能让这孩子安静下来！"

孩子一旦发起脾气，他的大脑就像是着了火一样。部分大脑区域如杏仁核会在受挫的瞬间膨胀，杏仁核和前额叶之间的血流活动就会减少，如果没有明显的肾上腺素大爆发，也就是发脾气，他们很难平静下来。孩子的大脑需要不断应对愤怒、挫折、失败、饥饿、失眠以及生活中会反复遇到的各种触发他闹脾气的事情，同时，他也在这些事情带来的化学反应中不断探索、学习、寻求秩序。

闹脾气很正常，但是有些孩子在学步期闹起脾气会特别厉害。家长经常会认为孩子发脾气都是我们的错，特别是学步期孩子开始"失控"，用拳头捶地板，用他最高频的嗓音对着我们尖叫时，我们往往会责备自己。当然，如果我们和孩子之间没有建立安全的依恋关系，或者我们的孩子曾遭受过虐待及慢性应激的折磨，那么我们要对这些发脾气的行为负有一定的责任。但是在大多数情况下，我们必须尽量避免将孩子发脾气等同于他们在针对我们。**发脾气是孩子心理活动的一种外在体现，而在这个过程中，孩子正在以特有的方式了解自己核心天性的不同方面，发现自己的优势和弱点。**

从学步期开始，由于核心天性的存在，相较于其他孩子，有些孩子更善于利用各种机会操纵摆布大人；有些孩子天生就比较善于通过发脾气来对家长施压；有些孩子更倾向于通过躁动的身体和大喊大叫来宣泄情绪；有些孩子天性比较冲动。如果你的孩子有这样的核心天性，在家庭团队中建立一致的管教系统来应对发脾气的情况就显得特别重要了。**对任何孩子来说，分散注意力是很好的一招，但是如果你的孩子是那种更会操控家长或更容易发脾气的孩子，那么试着在他发脾气之前就分散他的注意力可能会比较有效。**

并不是每一次孩子发脾气家长都可以预防，而且学着应对愤怒其实也是孩子核心天性发展中很重要的一部分。如果你在车里，你可以说："嘿，看看那朵云！它看起来很像一头大象。"或者说："看，你想不想打开收音机？"尝试这类办法来分散他的注意力。有时候你需要绕开发脾气的问题，引导孩子做游戏或把注意力放在其他事情上。

总体来说，**如果你发现孩子学会了利用发脾气来让自己的目的得逞，你和你的家庭团队就需要联合起来抵制这种行为。**在一两个星期内，你可能需要坚持有意忽略孩子发脾气的情况，不与他进行目光接触，也不奖励他。坚持这么做也许很困难，但是这么做能让家里恢复平静，而且你也能给孩子的天性带去其所需要的挑战和方向，这样才能让孩子的自我得到充分的发展。

如果你要应付一个经常大发脾气的学步期孩子，试试这几招：

◎退后一会儿，甚至离开房间。让孩子在安全的地方做身体的释放，把脾气发出来。比方说，如果孩子躺在地板上哭叫、捶胸顿足，那就由他去。如果周围有危险的物品、环境不安全或不适合，比如在商店里，那么就把孩子扶起来，把他带到一个合适的地方去宣泄情绪。

◎在你的家里、车里等家长可以掌控的环境里，给发脾气的状况限定一个“安全时限”。比方说，凭借经验和直觉，你知道任由孩子在地板上发3分钟脾气会让孩子的能量释放掉，但是超过时限太久往往会加重发脾气的行为。这种情况下，你可以在大约3分钟的时候，把孩子扶起来，抱住他，与他平静地交谈。当然，3分钟并不是绝对的，有些孩子可能需要更久一点。

◎如果孩子在发脾气时说脏话，一定要对他进行指导和管教，这样才能保证孩子以后不再用脏字。责骂对于两三岁孩子的自律发展没有帮助。作为家长，我们必须自问：我的孩子是从哪儿听到这些脏话的？

◎不要让孩子在发脾气的时候打家长或其他任何有生命的动物，如宠物。他们可以打沙发或是其他安全的东西，那不会伤到他们自己，但是他们绝不可以打或伤害生物。

NURTURE THE NATURE

智慧实践

建立管教系统，享受亲子时光

即使你现在正面对一个很难对付的学步期孩子，也请尽享这些岁月吧。利用这个阶段建立起强有力的管教系统，营造一个可以去游戏和探索、值得尊敬、充满爱意的世界，一个保护孩子免于伤害的世界。要记住，这几年很快就会过去。我希望你自始至终都能坚持记录日记，坚持说出自己的想法，琢磨孩子核心天性中的哪个部分现在表现得更清晰了。如果你的孩子大声说出“不！”或“是！”，这正是在提示你要始终透过他的眼睛去看他的内心。我们无法预测那个狂野的或很害羞的学步期孩子最终会走向何方，但是如果你在这一阶段为他建立了一套健康的游戏和管教系统，那么他很可能会在未来让你感到无比骄傲。

NURTURE THE NATURE

在这个世界上，我是谁

4～6岁的天性教养

在这个年纪，“我是谁”这个问题真正开始在孩子心中清晰地呈现出来。他对这个问题的思考通常是无意识的，但他的天性迫切渴望有所归属，他急切地想判断自己的价值，以及对什么人有意义。你该如何引领他探索答案？

莱西的儿子杰森已经5岁了，因为学校教育系统无法理解杰森的天性，而莱西和丈夫需要与学校的教育体系抗衡，出于无奈，他们二人来学习如何培养孩子的天性。像所有4～6岁孩子的家长一样，他们不得不面对自己孩子的天性与教育环境之间的交锋。

起初，像其他家长一样，莱西夫妇也被这庞大的教育体系唬住了。但是莱西和丈夫想要守护儿子的核心天性，这种念头给予了他们与教育体系对抗的力量。在我看来，莱西和她的丈夫已经成了教育的革命者。

通过莱西发给古里安研究所教育小组的一封邮件，我开始知道了他们的故事。邮件的第一句话是："我写下这封信时一直在哭。"接着莱西写道：

> 我儿子就读于一所优秀的郊区公立学校，我先生和我刚刚去那里参加了一次家长会。在会上我们见到了校长、辅导员、阅读专家和我儿子的幼儿园老师。他们说我们5岁的儿子杰森需要退出幼儿园的正常班级，一向机灵的他应该转到补习阅读和数学的班里去。作为父母，我们意识到杰森的问题有好几个月了。
>
> 杰森平时在家是个开心、善良并且特别热爱运动的孩子，可他在幼儿园

时却总是闷闷不乐、兴致不高。杰森说他讨厌幼儿园，因为那里“一点儿都不好玩儿”。他拒绝做作业，不肯专心听讲。他不捣乱，不大声吵闹，也不制造混乱，他只是把老师的声音屏蔽掉。他自己开心不起来，功课上也落后很多。

今天，学校的干预小组建议我们带孩子去看看儿科医生，排除需要医疗帮助的可能性。可是，他才只有5岁啊！学校还建议我们找一位治疗师来帮助孩子解决他所谓的情绪问题。我们会去做这些事情，但是我了解我的儿子，他没有情绪问题。我们不理解，为什么他在幼儿园是一个样子，其余大部分时间在家里又是另一个样子。学校方面似乎认定他哪里出了毛病。请你们帮帮我吧。

我很同情莱西，我的同事们开始在她的居住地附近进行调查。我们每天都能收到很多类似的电子邮件，这让我们感到震惊。这些邮件说明，这一地区的教育机构与孩子的核心天性发展是不协调的。

在4～6岁这个年龄段，个体核心天性的社会化教育是孩子和家庭生活的中心。你可能亲身经历过这种不协调，孩子的核心天性在入学时已然存在，但是制度化的教育体系并不能与之相适应。尽管学校系统中有优秀的教师和员工，而且这个体系十分庞大，但很多时候，孩子的核心天性的确与学校教育体系格格不入。这促使教育机构的成员，甚至一些家长都在琢磨，能否通过药物或是采用不明显的排斥性惩罚方式来改变孩子的核心天性。

杰森带着核心天性进入幼儿园，他的先天特性决定了他倾向于冲动型的学习，甚至是在烦躁不安的状态下学习。他需要更多情感上的依恋关系，而这种需要往往超出了老师所能给予的范围。由于这样的天性在幼儿园受到排斥，因此杰森变得无精打采、不开心、退缩和抗拒，他甚至开始出现一些负面行为。杰森就像一场革命的领导者，他在用发泄的行为表达自己：“真正的我没法在这样的环境中得到我所需要的东西。想想办法吧！”

莱西知道杰森是个聪明的孩子，她知道儿子只是在用不同于学校提倡的方式学习。凭借着她自己和全家的热情，当然还有她所在社区的有利条件，莱西得到了大家的支持。6 个星期后，我们又收到了莱西的邮件：

> 过去的几个星期，我一直在担忧着我儿子注定黯淡的学业前途，但我已经采取措施了。我先是和学校干预小组的老师一起学习了男孩大脑发展的自然规律，了解男孩在幼年时是如何学习的，学校又该为他们做些什么。学校里大多数人欠缺这方面的知识，不过他们很乐于接受。
>
> 在我们所在的城市，我建立了一个区域互助网络来帮助解决教育男孩的问题。我给儿童保护中心的主任打电话咨询，他同意为我提供帮助。如果我的孩子只是在学校里表现不佳，作为家长，我应该要呼吁变革教育方式。碰巧的是，这位主任也是一个 6 岁男孩的父亲，他帮我介绍了这一领域的本地专家。
>
> 我已经看到杰森的情况有一些不错的进展。这次支持儿子的活动开始以后，我才发现自己所在的社区里就有很多资源。很多人都参与了这场变革。与 6 个星期前相比，我感到大有希望，我也看到杰森和他的老师之间有很多积极的改变。

莱西的故事与很多其他家庭的故事很相似。尽管她的故事中说的是男孩觉得自己不适应学校学习生活的诸多方面，不过处于这个年龄发展阶段的女孩也可能会有这样的感觉。**对孩子和他们的家庭来说，早期的学习阶段应该是一段健康快乐的时光。**

4～6岁 孩子天性教养的基本目标

- **用深刻而有远见的方式来处理孩子的教育问题。**无论是在家里、学校还是社区，孩子的核心天性都需要适合他的教育方式。很多时候，教育是在你的孩子与周围的人接触时发生的，比如邻里朋友、兄弟姐妹、各种指导者、祖父母等。任何接近孩子的人都是孩子的教育者，他们的核心天性可以很好地帮助你的孩子发展他独一无二的自我。

- **开始有意识地引导孩子的“目标感”**。孩子来到这个世界寻找人生的意义，他的核心天性会引领着他走上一条通向使命感和存在感的道路。长远地看，早期学校教育是一个打基础的阶段，家长和孩子可以制订一个为寻找人生目标[①]而进行的终身自我教育计划。
- **保护你的孩子免受物质主义和过度消费的伤害**。这个年龄段的孩子很自然地开始受到一些物质和各种各样社交刺激的吸引。我们保护他们核心天性的最好办法就是尽量让孩子接触到有教育价值的事物。

4～6岁 孩子天性教养的7个要点

在本章中你会经常见到教育这个词。蒙台梭利在理解这个年龄段孩子的研究著作中告诉我们，孩子天生就乐意把各种事物、关系和室内外环境变成“教育的契机”。

随着思维能力的扩展，大多数4～6岁孩子的核心天性已经为自我教育做好了准备。他们不再只是待在家里，只接触一两个照顾者，而是开始接触来自多方面的影响因素和各种社会风潮，所有这些都与他们的发展息息相关。以下就是养育这一阶段的孩子你要了解的7个要点。

第一，4～6岁的孩子神经突触的发育有自然的个体差异，因此即使你的孩子在学业上的表现不如其他孩子，你也不必担心。这个年龄段的孩子发展速度各不相同，他们的各种技能和行为存在着广泛的差异。例如，4～6岁的孩子很少会被诊断为注意缺陷障碍或注意缺陷多动障碍。如果学校暗示你应该带孩子去做出这类诊断或你自己被迫得出这类结论的话，很可能只是因为这个孩子所在的教育体系或家庭不理解他的核心天性。

---

① 想了解关于帮助男孩树立人生目标的教养方法，推荐阅读作者迈克尔·古里安的《男孩的人生目标大不同》，本书中文简体字版由湛庐文化策划、河南科学技术出版社出版。——编者注

第二，在这个年龄段，有些孩子已经开始确立自己的个性，而有些孩子的个性还不那么明显。这些 4 ～ 6 岁的孩子可以教会我们如何去了解他们。有位妈妈跟我分享：“我知道安娜从小就有自己的个性，但是她到上小学一年级时才充分展现出来。她成了一个领导者，一个受欢迎的孩子。在她还是个小宝宝的时候，我还看不出来这一点。”

第三，这个年龄段的孩子对学习有着强烈的好奇心和热情，然而孩子核心天性中的行为缺陷和神经缺陷也会表现出来。孤独症、阿斯伯格综合征、强迫症都可能在这个年龄段的孩子身上体现出来。如果你的孩子总是对一些小事反应过度，比如没能马上得到他想要的牛奶或者鞋带系得不好，无法直视别人的眼睛，沉迷于某种不健康的活动，不睡觉而是坐着发呆，或者沉浸在内心世界无法和外界有效交流，那么专业人员的帮助就必不可少了。这些专业人员会帮助你判断这究竟是孩子的病症表现，还是他的天性与当前所处的教育和生活环境不协调的结果。

我曾见过一个生活在山区的 4 岁小男孩，由于平时跟其他的孩子没什么交往，所以被诊断为孤独症。但是当他跟随父母搬到城里后，他开始每天和人打交道，两个月之后，他的孤独症症状消失了。这个家庭为了孩子改变了环境，这让他们发现其实孩子的天性并不孤僻。

第四，这个年龄段的孩子还可能存在尿床的问题。有时候尿床可以明显反映出孩子受到了巨大的压力，但尿床也有可能是这个年龄段孩子天性发展的一部分。约有 10% 的 6 岁孩子有夜尿症。夜尿症通常受遗传因素的影响：父母在幼年时都有尿床困扰的，他们的孩子有 77% 的可能会患上夜尿症。父母一方有过夜尿症的，孩子患病的可能是 44%。

第五，营养是这个年龄段儿童所在家庭中应该关注的一个重点。对于 4 ～ 6 岁孩子的生活而言，碳酸饮料、糖、食物过敏等都是饮食习惯方面的重要话题。要特别当心甜食、零食和垃圾食品的摄入量，不要让这些食品危害到孩子天性的成长。

你应该注意到了，有些 4 ～ 6 岁的孩子比别的孩子更偏爱某种食物，比如甜品。这种偏好的形成绝大多数都源于遗传因素的影响。如果你的孩子被那些阻碍他生长的事物“轻易吸引”，甚至“完全难以自拔”，你就应该通过这种表象了解孩子的一些问题。相较于其他家长，你需要更加努力地去阻止这些坏习惯的形成。

第六，每个孩子的大脑都在以自己的方式表达对某些视觉和媒体刺激的好恶。有些 5 岁孩子特别喜欢看电视，另一些同龄的孩子则觉得电视很无聊。

需要谨记的是，在生命的这一阶段，进入孩子大脑的任何事物都有可能对他起到教育作用。而且，这个时期孩子的大脑还不能够区分事实与虚构。暴力节目会降低孩子的敏感度，妨碍同情心的发展，并增加他们的暴力行为。如果你的孩子很“活跃”和“容易兴奋”，这个问题就显得更加突出和棘手。这样的孩子天生比其他孩子更具攻击性，千万不要用任何暴力节目来刺激他们。

当然，孩子本身的遗传特征也在起作用。有些孩子本身热爱体育活动，在消耗掉很多能量后，坐在电视机前对他们而言是一种对体力活动的平衡。

第七，对这个年龄段的孩子来说，电脑的利弊值得注意。科学研究揭示了孩子早期使用电脑的两方面影响。一方面，这个年龄段经常使用电脑的孩子与不用电脑的孩子相比，并没有表现出或是极少表现出明显的优势。另一方面，长时间使用电脑可能导致孩子缺乏户外运动和体育锻炼，缺少阅读和人际交往，进而造成大脑发育迟缓等伤害。这个阶段孩子的核心天性发展需要户外活动、体育锻炼、阅读和与人交往，这些都比长时间使用电脑有更多的好处。

4 ～ 6 岁 男孩女孩的天性差异

进入 4 ～ 6 岁这个阶段，男孩与女孩大脑的天性差异已经非常明显了。这种差异对他们的认知发展及学业表现有很大的影响。

- **男孩大脑的读写能力发育普遍比女孩晚 1 年半。**在 4 ～ 6 岁这个年龄段，男孩不容易像女孩那样对读写感兴趣。
- **女孩空间机械技能的发展通常晚于男孩。**这个年龄段的女孩在玩积木、乐高和其他空间机械结构类的玩具上，花费的时间较少。
- **男孩很自然地知道他们不能生小孩，了解自己是男孩而不是女孩。**学校或家长若是认为从感情上来说男孩和女孩都是一样的，或是接受双性化概念这种社会思潮，就说明他们不理解孩子自然的性别认同。在这个年龄段，每个孩子都是一个独特的个体，他们都会觉察到自己作为一个独特男孩或独特女孩的某些特点。
- **这个年龄段的女孩觉得男孩有些方面很“令人厌恶”，这很正常。**在女孩中间，对女孩的认同和对男孩的排斥对她们在未来构建女性人际关系很有帮助，同时也让家长有机会传授女孩之间的“友谊锦囊”，即我们能教她们怎么处理已经开始出现的小团体问题。纵观一生，女孩与女孩之间和她们与男孩之间的关系是不同的。女孩之间的竞争和她们与男孩之间的竞争也存在差异。
- **这个年龄段的男孩不像女孩那样愿意通过语言来解决他们的情绪问题。**你可能会注意到，上幼儿园的儿子比女儿更爱发脾气。这个阶段的孩子通常还不能像我们希望的那样用语言来表达情绪，而且男孩在这方面更困难些。
- **男孩更乐意一次只做一件事，女孩却可以同时处理多项活动。**在这个年龄段，男孩的大脑对很多活动的控制开始形成区域分化和单侧化，也就是说他们习惯用大脑中的某个特定区域而不是多个区域；女孩的大脑则开始对各种活动进行多任务并行处理，即在大脑的各个区域同时处理多项活动。所以，尽管男孩和女孩都有可能几个小时专注于某一项任务，但你会发现，与女孩相比，男孩更容易因为一连串的事情分心。
- **在这个年龄段，男孩和女孩已经开始以各自不同的方式发现他们的身体机能。**这对家庭和学校来说都是一个重大的挑战。一位一年级老师告诉我：“我抓住过一个和女孩扭打的小男孩，他冲女孩放屁企图恶心到她，这让小女孩很不舒服。我罚那个男孩停了学。”虽然我没在现场，可我得说，这个男孩和女孩在发展上没太大偏差，停学的惩罚对这男孩来说未免过于严厉了。

手足竞争，你该向着谁

如果你观察自己的孩子，尤其是有一儿一女的时候，你会发现在这个年龄段的手足竞争增加了。这段多少有些艰难的经历同时也是教育孩子和自我学习的绝佳时机：**你有机会了解两个或两个以上正在成长中孩子的核心天性为争夺资源、关注和支配权而针锋相对的情况。**

黛比发给了我下面这样一封邮件：

> 我有一个5岁的儿子和一个6岁的女儿，他们太不一样了，而且经常打架。我一会儿得阻止他们互相较劲，一会儿得给他们拉架，有时我索性离开他们的房间。我没想到手足竞争从这么早就开始了，可在我家里的确是这样的。我在想，到底是因为我的孩子性别不同，年龄差距太小，还是因为他们天生就像油和醋一样互不相容。跟同年龄的男孩不同，我的儿子非常爱说话。而女儿则特别喜欢自己待着，因此她嫌弟弟总是在她面前晃来晃去。

孩子与兄弟姐妹之间的关系对他们发展自己的核心天性非常有帮助。兄弟姐妹之间互相竞争也互相帮助，他们互相沟通也互相冲突，他们彼此教育并帮助对方成长。**手足竞争是孩子在一起生活和成长的自然组成部分，是男孩与女孩有不同需要的表现，是两个或多个成长中的自然个体为争取爱和关注导致的。**这个阶段孩子大脑的发育让他们开始有更强烈的自我意识。由于先天的个性使然，有些孩子往往会因为兄弟姐妹的嫌弃反而更强烈地肯定自我。

当然，有很多孩子会在晚些时候才出现严重的竞争，不过在你的整个教养计划中，现在已经是时候为应对手足竞争采取一些健康的策略了。我希望你能根据孩子的个性和需求，辩证地采纳我在下面“试一试”专栏里提出的建议。很多情况下，解决手足竞争要看你有没有静观其变的耐心，即**让孩子的个性互相碰撞，随后自行和解**。但需要注意的是，在紧急且明显危及人身安全的情况下，或在有严重心理伤害风险的情况下，绝对不要对手足竞争袖手旁观。

NURTURE THE NATURE 试一试

◎如果你需要介入兄弟姐妹之间的争端，就要有意识地让自己不要过多地卷入到他们争论的话题中。先假设他们的争执不是那样亟待解决，除非你确定其中一个孩子明显需要你帮他把自己的观点解释清楚。

◎尽量做到始终平等地对待每个孩子。但是当一个孩子做了错事或行为明显不当时，你必须要偏向另一方。你要记住的是，“保持公平”并不意味着偏颇对待某一个孩子，而是要按照“家里的规矩”办事。你介入争端是因为他们破坏了家里的规矩。

◎自由而坦率地使用家长的权威。必要时把孩子们拉开，在他们互相用语言攻击时要出言制止。这些手段对于在小空间里发生的争执尤为必要，比如在车里，或在父母可以掌控的其他地方发生的争吵。举例来说，如果孩子们在客厅出现了争执的情况，你可以对他们说，“到别的地方去解决”。他们可以去卧室或是室外，到你不必参与到冲突中的地方去。但如果孩子们在车里争吵并直接影响到了你，你就得行使家长的权利去干涉：“马上停止，否则后果自负。”

◎争执结束后，要求孩子们互相道歉。如果其中一个孩子的情绪还处在相当戒备的状态，他大可不必马上对其他孩子说“对不起”，但他仍必须为他蛮不讲理的语言和行为道歉。握手和拥抱也算是道歉的方式。手足之争是他们学习道歉的好机会。

◎不用操之过急，接纳每个孩子不同的核心天性和个性。可能其中一个或者两个孩子会对对方有保留意见，但只要在这个年龄段，“道歉和好”的模式能在家庭基本教育规划中贯彻下去，那么这个好习惯就可以从儿童期一直保持到青少年期和成年期。

◎如果手足之争在一段时期内闹得难以控制，那么除了道歉和握手言和之外，还要给他们找些能一起做的事情。如果他们想不出来能做什么，你要给他们拿个主意，并让他们立刻去做。也许他们能一起收拾客厅，比如一个扫地，另一个收拾报纸，按照他们自己的兴趣来分工就好。

手足之争永远不会完全停止。实际上，我们并不是真的想让它消失。手足之争是一种具有教育意义的成长体验，符合孩子的核心天性。每个孩子都用自己的方式制造“手足之争”，若干年过后，作为家长的你可能会发现，有的孩子真是伶牙俐齿，有的则以体力见长。你可能注意到，某个孩子对所有事都特别爱较真儿，那么手足之争可以让他学着不那么“死要面子”。

“我是谁”中的生存价值和意义

从幼儿园到一年级这个年龄段，从手足关系中学习是孩子们开始人生自我教育的起点。孩子们的认知能力和情感能力已经以他们独特的方式逐步成熟起来，使他们可以开始感知外面广袤的真实世界。

在这个年纪，一个问题真正开始在孩子心中清晰地呈现出来：**我是谁**？当然，我们把他们送到学校就是为了让他们找到这个问题的答案，但是有时候我们并没有真正体会到这种自省的重要性。因为孩子对这个问题的考虑通常是无意识的，我们有可能很多年都注意不到。然而，事实上孩子一直在问着“我是谁”。

也许你曾留意到，你的孩子会跟大一点儿的哥哥姐姐做比较。

也许你不曾听到你的孩子大声说出他们的惊讶和疑虑，比如“我是个好人吗？”，但你曾看到他坐在秋千上专注地沉浸在自己的内心世界中。

当你 6 岁的儿子痴迷充满英雄气概的电子游戏时，你是否曾感觉到了他的渴望？也许他的天性想要有所归属，想要成为英雄，想要冲破层层阻碍从而发现自己，想要成为对别人有意义的人。

当你 5 岁的女儿沉浸于她和幼儿园小朋友的关系，琢磨着谁喜欢她、谁不喜欢她、谁只看到她的缺点、谁不和她玩、谁对她说话粗鲁无礼的时候，你是否告诉过她，你能理解她的感受？这正是女孩人生中最初级的一场战斗，她们会在其中赢得归属、判断自我价值和对他人的意义。

每个孩子对自我的精神探寻都是在大脑充分发育的基础上进行的。在 5 岁左右，孩子们会无意识地去琢磨人为什么会存在于地球上、他该如何寻求归属、什么样的人是英雄之类的问题。这些关于意义的问题，经过大脑接下来 20 多年的充分发展思考，能够为每个孩子发现自己未来的生活目标奠定坚固的基础。正因如此，我们当前的提问就显得尤为重要："我该如何引领孩子对人生意义和目标的渴望，如何帮助他去寻求'我是谁'这个问题的答案？"

通过故事开启孩子的自我探寻

花些时间考虑一下，你的孩子"内心最深处的思想"从何而来，有意识地琢磨一下他为什么兴致高昂。有时候，通过以下日常活动观察孩子无意识地寻找目标会带来意想不到的效果：

- 通过在大自然中的教育，引领他发现周围的世界；
- 利用想象力，包括身体和心理的假扮游戏；
- 拥有精神上的信仰；
- 进行道德决策、在家庭和社区组织中讨论价值观；
- 在成年人的训练指导下进行身体和心理的锻炼；
- 关注孩子与家庭和社会的关系；
- 注意学校或其他环境中的学业教育。

如果你怀疑在某些活动和环境中孩子不能发现自己的独特意义，你可以做个小实验来确证一下。给孩子讲个充满想象力的故事，看看他们是否会为之所动。**故事是引领这个年龄段的孩子去寻找意义和目标的绝妙方法。**小孩子很容易认同故事里的人物，跟着各式各样的角色经历故事里的旅程，最终得出他们自己对“我是谁”这个问题的答案。

我曾应邀给女儿班上的学生们演讲，欣然投入地做了一位引领者。我给他们讲了个故事，这个故事来自中国古代的一位思想家——庄子。庄子说：“我梦见我是一只飞来飞去的蝴蝶，随后我在床上醒来。现在我醒着，好奇地想：我是刚刚梦到自己从一个人变成了蝴蝶呢？还是我其实就是一只蝴蝶，现在梦见自己变成了人？”

我在班级里，向一群6岁的孩子提问：“好啦，你现在是个孩子在想着一只蝴蝶呢？还是你是只蝴蝶现在在想着一个孩子？”为了引起孩子们的注意，我停顿了一下，然后问道，“还是说，你可能两者都是？”

每个孩子在思考这个小故事的时候，他们脸上的表情都各不相同。有些孩子歪着脑袋，有的孩子则闭目凝神。我原本担心这个故事对于6岁的孩子来说太复杂了，不过我担心的情况并没有出现，这个故事引发了孩子们异常精彩的讨论。

一个小男孩说：“我想要成为蝴蝶，但是没有魔法我就做不到。”

一个小女孩说：“我喜欢蝴蝶，但我还是更愿意做我自己。”

我女儿说：“我爸爸讲这个故事肯定是他想要我们思考什么事情。”

一个小男孩看起来好像真的被突然闯进他脑海的想法吓到了，他想到自己可能不是一个小孩，而可能是一只蝴蝶。

那天下午晚些时候，老师在美术课上让孩子们把自己对这个“蝴蝶故事”的想法画出来。有些孩子画了蝴蝶，有些画了像蝴蝶一样飞着的人。在这一两个小时的时间里，人类对“深刻事物”和“自我”的探寻就这样以不同的艺术形式进入了每个孩子的心中。

看到这些孩子的核心天性因为被激发而表现出充满活力的想象，思考着生活中各种各样的可能性，这真是震撼人心。**养育4～6岁的孩子，你需要花点时**

间安排好家庭和社区的教育资源，找到生活中那些关注潜在意义和目标的故事，帮助这个独特的孩子不断发展自己的核心天性。

“捡勺子”行为中的责任和意义

一位妈妈养育了两个女儿，分别是5岁和6岁，她在信中写道：

> 你曾在工作坊里建议，如果孩子在用餐时弄掉了勺子，家长需要让孩子自己把勺子捡起来。作为妈妈，我的第一反应就是会替孩子去做这样的事情。这很难改变。我觉得学校的功课和家庭作业，甚至只是成长本身就已经够孩子们忙碌了，而我希望尽我所能地为她们做些事。所以，我承认自己是那种经常为孩子捡勺子的妈妈。但是，我想你的意思是说，如果我总是替孩子捡起勺子，我的孩子们就无法实现她们本该实现的目标。

这两个孩子非常幸运，有这么一位如此关爱她们的妈妈。“替孩子做事”也是她们的家庭充满爱的原因之一。不过，她所说的帮孩子捡东西这种日常情境，也可以作为我们探讨人生意义和目标的一种隐喻。

孩子的核心天性需要通过承担责任找到它的意义。孩子的“意义”源自他必须有意义地去行动。从童年时期一直到长大成人，目标感就是从有意义的行为这颗小小的种子中萌发出来的。

6岁的孩子把勺子掉在地板上，妈妈俯身捡起来，孩子感谢妈妈并继续吃饭。孩子在此刻学到什么生活的意义了呢？孩子学到的是，他生活的意义是为了吃和继续吃。因为他的妈妈已经捡起了勺子，在这一刻孩子没有责任离开他的椅子，没有俯向地板，把周围乱七八糟的东西清理干净，并让它们恢复秩序。他失去了这样一个拥有意义的机会、一个有目标感的机会。他仅仅学到了吃。

尽管这位妈妈的行为没有错，但这却使得孩子的实际生活与发展中的核心天性切断了联系。这也许满足了她身为母亲的意义和目标，却没有给孩子机会去寻找自己的目标。当你仔细观察你的孩子萌发出对目标感和责任感的需求时，在家里讨论这类话题会很有帮助。

84 岁的萨姆在电子邮件中讲述了他的故事，让身为父亲的我选择更深入地关注这个话题。萨姆是一名已经从大学退休的化学教授，他记述了不同时代的孩子在寻找个人责任感和目标时的变化。

> 当我还是个小孩的时候，我拥有的东西很少，所以会特别珍惜。与其他孩子一起玩耍的时候，我们很快就自己建立起规则，并且遵守这些规则。
>
> “这块扁石头是一垒，这块板子是二垒，这个拴牛桩当三垒。”
>
> 我们也会争执，“我抓到你了！”“不，你没有！”“没错，就是抓到了！”“不，就是没抓到！”
>
> 我们会解决完争执再继续玩游戏。我们从中学到了：无论是什么活动或任务，要想做成什么事，就必须先解决异议争端再让活动继续进行下去，并且要承担责任。我们长大了，一边前行一边理解这个世界。父母对我们的照顾是帮助我们学会如何去照顾自己；父母对我们的责任就是让我们学会对自己负责。
>
> 我和妻子在养育孩子的时候，总是鼓励他们多出去和别的孩子一起玩。我们明白每个孩子都需要找到他自己消磨时间的方式。我们不太担心孩子会受伤之类的事情。我们刻意让孩子很早就开始自己做决定，这样他们就不会像受惊吓的兔子一样总是等着我们为他们做决定。
>
> 刚开始是这样：“你是想先洗澡，还是先让我给你读个故事？”长大之后，就变成这一类事情：“你是想把院子扫一遍，还是修车？”
>
> 那还是在 1960 年，我开车带着 18 岁的女儿去纽约生活一年，这样她可以成为纽约州的居民，只需要交州内学费就可以上纽约州立大学。我帮她打开行李，给了她一个拥抱，对她说：“克莱尔，你已经准备好了。去吧。”
>
> 她没有什么随身之物，只有少数几样能帮她适应生活的东西，但她知道

自己是谁。她很清楚地知道自己该做些什么。她从很小的时候就已经开始坚持寻找自己的生活目标了。生活已经对她考验良久，她都通过了。说实话，我开车离开时有些伤感，但是我并不像如今的父母那样担心。我相信纽约不会吞噬她，这孩子绝不会被吞掉，事实上她也确实没有被吞掉。现在她经营着自己的公司。她成长的过程中并不曾拥有很多，除了她从父母这儿获得的食物、住所和衣服等东西，然而她实际拥有的比人们看到的要多得多。

说到这里，我想要说的是，我认为孩子从很小开始就需要一种爱、一种能引领他们获得责任感的爱。他们需要家长给他们这种爱，而且他们也需要父母能对他们说："孩子，不管在这个疯狂的世界上发生什么，我相信你能明白什么是对的，什么对你最重要。"

我将这封邮件的内容贴在书桌旁边的墙上，虽然写信人年长我一轮，但我觉得在今时今日，这封信依旧很感人。

曾经的必需品，如今的过度消费品

萨姆的电子邮件提到了一组我在前文中提到过的词：食物、住所和衣服。萨姆谈到，他能够为孩子所做的事情就是给他们提供食物、住所和衣服等物质条件，以及用真心关爱孩子并教给孩子责任感。如今我思考这几个词可能意味着什么，我发现对现在的很多家庭来说其含义已经发生了改变。与20世纪50年代萨姆生活的时代相比，对今天4～6岁的孩子来说物质的含义已经变得更为复杂。

让我们停下来看看这些必需品的当下含义，也看看我们很多身为父母的人如今要面对的物质主义。

侵害天性发展的物质焦虑

给孩子提供食物、住所和衣服这类生存必需品，对萨姆那代人来说非常重要。这是一个人，特别是一个男人的安身立命之本。在萨姆的孩子还很小的时候，人们对衣食住行这类物质需求的性质和总量都有明确的定义和界限。而且在那个时代，人们会把物质与人生意义和目标联系起来。

对很多现代人来说，这种联系已经不复存在了。家长和孩子们要面对一个充斥着各种物品的世界，物质化的商品成为风尚和社会潮流的一部分，而这些通常不会与责任感产生联系。这种物质上的满足可能会带来一些快乐，但是也会带来巨大的压力。我把这种社会压力称为物质焦虑（material anxiety）。我确信，这种焦虑会侵害到孩子们核心天性的发展，这和那些非常富有的人反被物质焦虑所困是同一个道理。

请和我一起自问如下几个问题：

- 身为家长，对于你是否为孩子提供了足够的“东西”和对的“东西”，你会感到焦虑吗?
- 你的孩子是否会向你念叨别的孩子都有什么东西或者他没有什么东西，从而令你感到焦虑?
- 你是否会为了缓解你或孩子的物质焦虑而给你的孩子买东西（这一行为对你的家庭需求来说是不负责任的）?

可能我们当中的很多人都会对这些问题给出肯定的回答。如今这类物质焦虑对家庭而言是一种新的心理挑战，与传统的道德焦虑和信仰焦虑相比不相上下。这种物质焦虑会体现在物质获得上，如我们家能不能买到好的游戏机、汽车或数字电视。不仅如此，父母因为不能在情感上满足孩子的需求而感到持续的焦虑，于是觉得必须通过物质来补偿。

你可以现在就拿出日记，环顾四周，审视一下你的住所、邻里及社区，考虑一些更深层次的、更有启发性的情况：

- 孩子的天性是追寻意义和目标，这是否会被那些毫无意义和价值的娱乐和物质干扰?
- 孩子的内心是否已经满是厌倦? 他看上去只有不断通过得到新的物质才能被“治愈”，而我知道这种状况其实有更深层的原因。
- 我的孩子和我或其他人总是通过物质来联络感情，而不是通过更宽泛多样的可能，如前述的大自然、想象力和精神信仰去提升他的意义感。

一位两个孩子的妈妈在我们研究所的调查表上写道：“各种娱乐、各种商品，它们能制造多少乐趣，就能带来多少痛苦，想想这些物质能给孩子的生活带来的目标感少得可怜，你就会知道了。”在我们的调查中，相当多的父母发出过类似的声音，他们谈论着自己在孩子的物质生活和社交生活中感到的那种焦虑。这些家长感到孩子核心天性的发展受到了干扰，甚至是伤害，而罪魁祸首就是社会过分强调那些让人一事无成的娱乐方式，以及不健康的生活方式。

这难道不是一种暗示吗? 对很多家庭中的两代人来说，食物、住所和衣服等物质追求的内涵已经发生了巨大的变化。按照以天性为本的教养方式，父母应尽量避免在过度消费品上花费时间，因为它们会妨碍孩子的天性朝目标感和责任感发展。

正确引导孩子区分需要和想要

汉娜是休斯敦一所学校的校长，同时也是 3 个孩子的妈妈，在培养自己孩子的天性时，她做到了反社会潮流，她这样说：

> 电视节目乃至整个文化都在这样教导我们的孩子：在幼儿园他们要以特定的风格穿衣打扮，到了小学要有最可爱的伙伴，等到了中学要有最苗条的身材，还要有各种最流行的玩意儿。如果你没有，那么你就是个没有价值的人。我们的孩子从他们周围的文化中只学到了及时行乐。
>
> 有不少家长不是对孩子放手不管就是干涉太多。每时每刻都像打仗一

样，如果不给我们的孩子买个新玩具，那么我们连去趟药店的时间都没有。

因此，约翰和我变成了反社会流行教养文化的家长。我们勇于说“不”，我们让我们的孩子必须通过做家务、做作业、保持良好的态度来赢得新玩具。从 4 岁开始，每买一个新玩具，我们的孩子就必须送出去一个原来的玩具。到 5 岁，我们开始带孩子参加为老年人服务的志愿者活动。志愿活动的教育指导员向我们保证，孩子在学前班时开始做这些一点儿都不算早。她说的没错！从很小开始，我们就教孩子区分需要的东西和想要的东西。我们告诉他们：你会得到你需要的东西，但不是你想要的所有东西都是你需要的。在我们的第二个孩子长大到上学前班的年纪，我们已经成了反对物质化的家长。如果孩子想要什么东西，或者想要参加什么活动，却不能给出充分的理由，我们就会直接说“不”。

汉娜很明智地把焦点放在孩子“需要与想要”的区分上，这一点我们也可以借鉴。

每个孩子身上都有一股强大的动力，不仅要通过早期教育推动孩子尽可能多地学习，还要为他们设定一个方向，让他们拥有独立且有建设性的未来。每个孩子都面临着很多看似捷径的歧途。**身为家长，我们的使命是帮助孩子，给予他们正确的引导。**

少吃些垃圾食品、少接触电子产品或少买几件衣服这样的小事，对孩子的早期生活而言意义重大。在我们教育孩子并帮助他们学着自我教育的时候，有关意义、目标、及时行乐、物质消费的各种主题都需要我们透过这些小事去深入思考，这种思考至关重要。想想看，**当我们看到孩子的核心天性在蓬勃发展，充满目标感和责任感，也能合理安排适当的物质与他们自己相伴，那么我们一定可以感受到家庭的平静和更深层次的使命感。**

NURTURE THE NATURE 试一试

当你关注“需要”和“想要”，试图解决家里的物质问题或缓解物质焦虑时，我希望下面这些问题能对你有所帮助：

◎我和其他家庭成员是否对孩子及时行乐的需求做出了太多妥协？

◎我或其他家庭成员会不会用物质商品和财物来缓解我们对孩子的困惑和物质焦虑，因为我们常常不知道我们为孩子所做的是否正确？

◎我和其他家庭成员是不是总守护在孩子身边或过度教养，在孩子的核心天性应该尝试自己琢磨出解决之道时，我们却将解决方案强加给了孩子？

◎我们是否对孩子做了过多的规划？

◎我或其他家庭成员对孩子的生活参与得是否太少？如在某项有关意义和目标的领域对他的监督管理太少？

◎哪些物质商品、食物、电子产品或衣服已经危害到或无益于孩子的核心天性发展？

热门话题：如何为我的孩子找到最好的学校？

我们研究发现，只有先意识到每个孩子特定的需要，学校才可能建立起一种“天性为本”的学习环境，并与社会流行的学习环境形成对照。

其实，天性为本的教育是通过下列基本原则来运作的：

- 教育环境应当以科学研究为基础，特别是要以那些关于大脑和身体如何学习与成长的已有科学说明为基础。当然，这里也包括那些经过科学证明为合理的那部分社会流行教养文化。

- 学习必须调动整个身体参与。换句话说，学校课程不能仅仅只有阅读，也要有动手操作、运动、思想情感和体验方面的课程。
- 寻找意义是每个孩子发展的内在组成部分。老师们应通过讲故事、安排活动以及传达责任感来参与这一过程。
- 每个孩子的思想都有自己独特的形成方式，因此从每个孩子刚进学校那一刻开始，老师们就需要特别敏感地去体会每个孩子核心天性中独特的部分。
- 男孩和女孩的学习方式天生不同，而老师的教学要求和策略培训中如果没有包括针对男孩和女孩性别差异方面的理解，那么这样的培训就是不完整的。
- 在孩子专注于某个或某些任务的时候，他可以学到东西；而当孩子漫不经心开小差，甚至是涂鸦的时候，也一样可以实现学习的目的。
- 尽管孩子可以通过机械的死记硬背来记住知识，但“空间感”和“体验式”也可以帮助记忆。也就是说，记忆应当与世界上真实的事物、客体或操作相联系。
- 情绪确实会对学习效果产生很大影响，因此，如果孩子与老师之间欠缺紧密的情感联结，他们的核心天性就没法很好地学习，这在那些比较害羞或安静的孩子身上体现得更明显。
- 学习需要挑战和适当有针对性的批评。过度保护孩子的自我意识反而会伤害到孩子，可能和羞辱孩子带来的伤害不相上下。
- 教室内外都可以当作学习的场所。
- 在学习方面，每个孩子的核心天性都有自己的节奏。有时候我们会逼迫孩子加速学习进程，但是我们心里必须清楚，对于 4 ～ 6 岁的孩子来说，他们的大脑还没准备好去阅读、参与规则运动或其他固定模式的活动，他们的发育没有我们心里期望的那么快。

奉行以天性为本这一原则的学校应该考虑实行梅尔·莱文（Mel Levine）博士提倡的“因材施教”（a mind at a time）的教育方式。这种教育方式最适合培养孩子的核心天性。这样的学校未必是著名的，不拘泥于公立或私立，它可以是任意一所学校。因为那些有益于个体大脑发展的原则已经深入其中，家长们大可以安心，不必再为孩子将来会进哪所大学之类的问题而焦虑了。

学校是个奇妙的地方，充满了令人惊叹的专业人士，家庭团队中也常常藏龙卧虎，但是如果你的孩子所在的课堂并没有实行这些以大脑发展为本的原则，你可能需要像莱西那样，成为一个推动变革的人。万不得已的情况下，你也可以去看看其他备选的学校，看看他们是否遵循了上述原则。

谷歌的创始人们认为蒙台梭利教育促使他们成就了一番事业。蒙台梭利教育虽算不上是主流的教育方式，但在很大程度上以大脑和天性发展为本。谢尔盖·布林（Sergey Brin）和拉里·佩奇（Larry Page）相信，正是这种教育方式帮助他们发展了自身的独特性和创业精神。

关于是否要让你的孩子晚一点再上一年级的问题，天性为本的学校应该能帮助你做出正确的决定。其实，很多孩子都需要晚一点上学，基因决定了他们的大脑发展模式就是相对慢一点。比方说，有些孩子 7 岁之前其实并不需要学习复杂的阅读技能。在以天性为本的学校教育下，你会发现做决定的时候更加轻松，也更有方向感，“我会让这个孩子晚点再上学，而且我并不担心他有什么毛病。”

天性为本的学校教育也会让你了解很多帮助孩子学习阅读的窍门，帮助他们把天性中的潜能发挥到极致。如果你的孩子在阅读方面尤为困难，接下来的“试一试”专栏中有一些供你尝试的技巧和指导。虽然这些方法无法改变他的基因，但是能保证你的孩子对学校和生活做出更充分的准备，也能确保你更多去关注他的心智、天性、优势和弱点。

孩子的核心天性是最重要的。有些孩子可能会在规模较大的学校里蓬勃发展，因为这样的学校能提供非常多样化的环境；而另一些孩子则需要小一点儿的学校环境，这会让他们更专注于某个科目，比如科学、数学、阅读、音乐、户外运动或艺术。有些天性特殊的孩子需要特别的环境，而另外一些却能够很容易地融入主流环境，尽管他们可能存在学习障碍或是注意力不集中等问题。

究竟什么样的学校是最好的？我们没有一个固定的答案，任何答案都可能被证明是错的。但是，**如果你关注了学校在以天性为本方面的教育质量，如果你能感受到孩子的核心天性与这里的学校环境相匹配，你的决策之路会更容易，也能够为孩子带来更有意义的成功**。经过谨慎的思考，最终你也许不会把孩子送入一所别人看起来“最好”的学校，而是选择真正适合发展孩子核心天性的学校。

NURTURE THE NATURE 试一试

有些孩子天生就不像别的孩子那样喜欢阅读，尤其是在 4 ～ 5 岁甚至 6 岁的时候。家长和老师们通常并不了解这一点，而整个环境又不断在给家长和老师进而是孩子输送焦虑感，让我们对孩子的阅读能力过度担心。特别是这个时代，成年人的生活强烈地以阅读为导向。如果我们的孩子不能很好地阅读，我们就开始琢磨到底是哪里出了毛病。我们会担心他将来在工作中也不能很好地阅读，甚至不能自力更生。然而在大多数情况下，孩子并没有什么地方出了错，将来也错不了。与兄弟姐妹或小伙伴们相比，这类孩子的大脑只是天生在阅读能力方面发展得比较慢一点。

等到孩子 6 岁，你才能够评估他在阅读学习方面是先天发展比较慢，还是有学习障碍或阅读障碍的问题，前者无须过度担心，后一种情况才需要你进一步关注。你应当通过多位专家的意见来判断他是否确实有障碍，专家会建议你开始参加一些适应调整的课程。不管怎么样，如果你的孩子在 4 ～ 6 岁的时候天性就是阅读发展比较慢，这里还有一些实用小贴士可以通过有益天性的方式帮助你的孩子发展阅读技能。

◎引导孩子用眼睛去观察图画，然后把字词与图画联系起来。

◎和孩子一起大声读出字词，这样你们都会很开心，也会觉得很有趣。

◎像做游戏一样，帮助孩子把字词分解成他们自己熟悉的音节。

◎问问孩子字词里的哪些部分是他已经认识的，再把他认识的部分组合起来。

◎阅读时先跳过难认的字词，完成阅读后再专门学习难词。

◎通过孩子生活中的例子来解释字词。

◎大声朗读并让孩子模仿你。

关注孩子，并且向外界宣告，“**对每个孩子的独特性保持耐心是最重要的**”，如果家长和学校持有这种基于天性的教养思想，那么大家将会共同推动孩子的学习进程。社会潮流和社会期待不会被完全驱逐，学校也无法面面俱到，但是只要学校和家庭仔细倾听孩子的心声：“这就是我学习的方式”，并且将教育系统尽可能地向他们独特的天性倾斜，我们就能教好孩子。

NURTURE THE NATURE 智慧实践

让孩子的天性远离“细微伤害”

和你一样，我也在这种受名人指引的社会流行教养文化中养育自己的孩子。我知道这种文化背景具有很强的说服力和迷惑性。但如果我们坚持不断地引导孩子，就会发现这种文化不是邪门歪道，更不是本来就具有破坏性。只有当我们完全放弃对 4～6 岁孩子生活的控制，他们才有可能会陷入危险的境地。这种危险并非来自外界，而更多是来自对核心天性的“细微伤害”，这些伤害不但可能会令他们迷失于自己原本的道路，还可能让他们未来的生活继续陷于迷惘。

随着孩子不断长大，我希望你仍能把握好孩子的物质生活，确保这种掌控对孩子的核心天性发展是健康有益的，确保你是孩子学校教育的倡导者。在你为保护这个孩子所做的一切当中，在你的潜意识里有一股振奋人心的力量，它能够照亮孩子的灵魂并发出大喊：“我想要成为这世界上举足轻重的、有爱心的、有智慧的人，而且我想要现在就开始寻找那个目标。”

NURTURE THE NATURE

需要游戏，也需要人际关系

7～10岁的天性教养

这个年纪的孩子生活在人际关系中。他的大脑发育高度活跃，特别是负责与感情和人际交往相联系的区域。他需要新鲜事物、新环境、新游戏的刺激，同样也需要人际交往。

艾莉森是8岁的布莱特妮和9岁的布莱恩的妈妈，她给我写了这样一封精彩的电子邮件：

> 我很喜欢照看这个年纪的孩子。尽管他们每个人都有自己的问题，但是这几年间，生活中也有很多的爱。他们每个人的个性都在这时真正展现了出来，我的儿子相当害羞，而我的女儿则很活跃。他们没完没了地想要了解我、他们的爸爸、我们的家人还有他们的朋友。这时候孩子们还深爱着我们这些大人，而没有像大部分青少年那样把父母撇在一边！
>
> 我们一家人每天的日常生活包括家务劳动、学校作业、体育活动等，值得一提的是我们对孩子们看电视的时间会加以控制。我们非常确定，孩子们在看电视、玩电子游戏或电脑上面花的时间越多，他们和我们、其他家人及朋友的联系就越少。基于这个原因，我们选择维护好我们的关系，远离电子产品。有时候孩子们会抱怨，但是不会很频繁，他们也知道我们是为他们好。

孩子在7～10岁这几年和童年期是完全不同的。通过邮件来看艾莉森能够了解孩子们在这个阶段的特点。她明白，我们能把孩子留在身边的时间就只有这么几年，要让孩子们沉浸在各种人际关系、亲友的拥抱和家庭时光中；要让他们集中精力，而不是在虚幻的世界里浪费光阴，那只会阻碍人际关系的发展；要让他们多关注学校、自身的身体健康、他们的家庭和社区。

如果我们把婴儿期的那几年称作依恋的年纪，把学步期那几年称作秩序和游戏的年纪，把学龄前那几年称作教育的年纪，那么我们最好是把 7 ～ 10 岁这个年龄段看作生活在人际关系中的年纪。在这个年纪，人类大脑会高度活跃地发育，特别是与感情和人际交往相联系的边缘系统和负责我们思维的大脑皮层，它们之间的突触和联系在不断生长。

7 ～ 10 岁 孩子天性教养的基本目标

- **多留些时间愉快相处。**7 ～ 10 岁正好是孩子在核心天性中建立人际关系的年纪，所以，一边享受一边打磨你保护“亲子时光”的本能吧。这种本能是你作为父母的核心天性，它通过你对孩子深切的关爱强烈地体现出来。这种本能也是你最好的向导，让你知道做些什么才能帮助学龄期的孩子在生活中取得圆满成功。
- **尽力完善婚姻，如果有必要，要尽量妥善地对待离婚。**从统计上看，很多家庭离婚都发生在孩子 7 ～ 10 岁这段年龄或更早一些。不论一对夫妇是结婚还是离异，他们在孩子心里都还是“已婚状态”。我们会在本章探索一些方法，无论在结婚还是离异的情况下，都尽可能保护好孩子的核心天性。
- **缩减电视、电脑和视频等屏幕时间。**在孩子 7 ～ 10 岁这个年纪，要限制他们看电视、玩电子游戏和电脑，以及使用互联网的时间，这对保证健康的亲子关系而言非常重要。电子媒体对所有孩子的核心天性发展都会产生类似的影响，但对每个孩子的影响效果又大为不同，我们必须不断学习新的信息和技能，这样才能更好地控制孩子对媒体的使用。

7 ～ 10 岁孩子天性教养的 7 个要点

在孩子 7 ～ 10 岁这个年纪，大脑当中负责人际关系交流的部分在飞速发育。其中明确涉及大脑前额叶和边缘系统之间的联系，以及颞叶和边缘系统之间的联系。沿着这一思路，你也会注意到学龄期孩子的一些重要特征。以下就是这一阶段你需要了解的 7 个要点。

第一，孩子到了这个年纪，他的人格已经基本定型。这时，只有影响深远的重大创伤才可能会明显改变孩子的情感和人际交往模式。新的遗传学研究已经能够聚焦到部分大脑区域的特定基因，发现它们可以控制个体人格在情感和人际关系方面的表现。比如，家长现在可以通过了解自己某个孩子的遗传基因特性来认识孩子的情感发展过程。

第二，睡眠对于所有这个年龄段孩子的身体和大脑来说都很关键。不过，和他们生活中很多其他方面一样，每个孩子对于睡眠的需求也是不同的。如果你能够确保你的孩子得到了他所需要的充足睡眠，就能帮助孩子展现出更强的记忆力、学习力，以及多任务并行处理能力，也能更妥善地保护他的各种人际关系。

第三，你的孩子可能会开始面对肥胖症，这关系到他的基因、行为和人际关系。如果在父母身上已经能看到一些体重超标的遗传倾向，那你必须要对下列问题予以重视：

- **在孩子不需要高热量食物的时候不再供应高热量食物。**
- **让孩子坚持体育运动。**如果你的孩子每周花在屏幕面前的时间有 10 小时，就有可能会导致肥胖症。如果家中有体重超标的遗传倾向，那么孩子会增加患上肥胖症的可能。
- **检查胆固醇、血糖和血压。**你的孩子到八九岁的时候，若已经有了超重的问题，你需要向医生查问体重指数（BMI）的等级并寻求其他帮助。

第四，7～10岁孩子的身体需要规律用餐。有些孩子需要每天少食多餐，而另一些孩子需要大量的早餐、少量的午餐和丰盛的晚餐。没有唯一正确的用餐方式，也没有完美的用餐习惯。每种核心天性对食物的新陈代谢都是不同的。尽管如此，不管你的孩子有什么样的饮食习惯，都最好提醒他吃早餐。

第五，7～10岁孩子的身体可能需要某些特定的食物，以及环境中某些特定的化学物质。孩子的核心天性在这方面也可能会跟别的孩子有很大不同。当孩子到了学龄期，父母应该了解孩子从饮食和环境中获得或缺乏某些化学物质对他们的学业表现、体育运动及人际关系方面会造成哪些影响，这对父母很有帮助。

第六，9岁、10岁是青春期的前奏，家长很容易发现这个年纪的孩子脾气见长。如果你的孩子比别的孩子更爱发火或更容易被小事激怒，别忘了这是遗传个性的一部分，记住这一点会对你很有帮助。孩子的气质现在变成了“大事件”，他们逐渐长大了，更有自己的主见,生活圈子也在不断扩大，因此他们也在承受愤怒给人际关系带来的后果。

如果你的家里有太多的怒气，又或者如果你发现自己的孩子经常失控，那么你就应该寻求帮助，这样，孩子的青少年期才可能会度过得更平顺一些。这个阶段是孩子和父母都需要发展新技能的关键时期，尤其是孩子在盛怒之下对他人表现出不尊重的时候，你可能就需要把情绪管理之类的咨询排上日程。

第七，学龄期孩子的大脑就像海绵一样乐于吸收事物，然而它也可能会过载。负荷过载可能会给孩子和孩子的人际关系带来严重的应激压力。事实上，长时间过载还可能会导致抑郁、愤怒、畏惧和学业失败等慢性应激症状。

因此，超负荷运转对这个年龄段的孩子而言是值得关注的首要问题。一般情况下，一个7岁大的孩子同时进行3项运动训练是不健康的。你可以针对你的孩子来考虑这样做是否健康。

如果一个 9 岁的孩子在学校度过了漫长的一天后，还要进行 2 小时的课外辅导，再加上每晚 2 小时的家庭作业，实际上这很可能会让孩子的大脑细胞丧失活力，而无法帮助它发育出健康的突触。**对 7 ～ 10 岁孩子的大脑来说，"停机时间"非常重要。**即使是那些天生喜欢丰富活动安排甚至乐于面对高压的孩子，也应该给他们足够的停机时间。每天至少要有 1 小时的休息时间，可以让孩子在树下阅读、玩耍、听音乐或者干脆什么都不做。这对这个年龄段孩子的核心天性发展而言是健康的，也比任何随机选择的新活动、运动项目或学业追求更重要。和学龄期这几年生活的很多方面一样，你的孩子是否超负荷运转会在他的情绪和人际交往问题中得到体现。

7 ～ 10 岁 男孩女孩的天性差异

男性与女性的差异在 7 ～ 10 岁开始突显。当你的孩子到了 7 岁，逐渐开始进入前青春期，你很容易就会意识到男孩和女孩之间的巨大差异。

学龄期的男孩和女孩倾听、感知和思考的方式各异，甚至对赞赏的需要都各不相同。他们的大脑语言中枢和奖赏中枢也存在差别，比如大脑中部与赞赏相关联的尾状核。来自英国的研究显示，男孩不像女孩那么容易对过多的赞赏产生反应。你也许会注意到，男孩更喜欢"通过挑战赢得赞赏"，而女孩更可能喜欢"做得好！"这样的口头鼓励，这种差别来源于生物因素。

男孩在学龄阶段已经建立起了对身体和空间刺激的偏好，他们会更喜欢爬树、玩滑板、投入各种冒险活动。正因为如此，男孩更有可能会遭遇大脑方面的损伤。有时候，孩子面临的一些心理、情感和人际关系问题其实与脑损伤有关。神经精神病学家亚蒙博士告诉我："脑损伤的确可以改变自我的本来面貌。"在这个年龄段，这种创伤相当常见，尤其是它会对孩子的学习能力和人际交往能力产生影响。

女孩的大脑会通过右侧顶叶处理更多的血流，右侧顶页在大脑集中注意力的过程中非常重要。女孩倾向于在她们的人际关系中花更多时间关注别人。因为顶叶的这种差异，这个年纪的男孩经常会在这个阶段被诊断出注意广度（attention span）问题。

总体上来说，儿童期男孩大脑活动所需的血流量都少于女孩，这意味着男孩要想在学习、记忆、书写以及与人相处等各类任务中与女孩势均力敌，就需要进行更多的身体活动！有个早熟的 10 岁男孩，他的学校要求他早上跳绳，以此帮助他为一整天的学校学习做好准备。这个孩子告诉我："体育运动可以帮助我开启大脑的运转，帮我度过每一天。"这句话可以作为所有的孩子，特别是在学校念书的男孩的座右铭。你可能已经注意到，你的儿子在运动过程中或者运动之后，往往会比运动前更爱谈论他自己的情感。男性的大脑在进行情绪和人际关系加工之前，往往需要先通过体育运动来热身。

男性和女性之间一个本质的差别是男性的大脑倾向于"系统化"，而女性的大脑倾向于"共情化"。男性更倾向于以宏大的系统来观察世界，并且和别人形成具有等级的关系；女性则通过关注个体情绪来增强与社会关系的联结，并且认为这比大群体的系统化更为重要。这种差异在孩子 7 ～ 10 岁时会表现得非常明显，并同时影响到男孩和女孩的人际关系。

到了 7 ～ 10 岁，女孩和男孩已经和他们的父母建立了特定性别的关系。正如一位妈妈所说："我女儿在我身边容易放任自己，意志薄弱、犹豫不决，但是和她爸爸在一起就表现得更坚强。"这种正常的"分工"在核心天性的发展中是健康的。这是男孩和女孩与他们同性别和异性别家长分别建立情感联系的特殊方式。

如果你发现家中八九岁大的孩子希望父母双方用完全一样的方式和他相处，反倒要留心观察。此外，要确保你的孩子拥有多种多样的体验，鼓励他与人相处和表达自我也同样重要。这样孩子的大脑会印刻上许多不同的可能性，并且会为迎接生活中扑面而来的各种不同的人际关系做好准备。

到了上小学的年纪，男孩和女孩会以不同的方式学习数学之类的课程。比如，女孩可能需要用更多图解来辅助学习物理世界的概念，如电流或风力，这样能加深她们对物理现象的印象。在这个年纪，女孩的大脑会更多地投入到语言和情感任务中，因此会较少关注空间任务，在这方面男女的大脑差异可能会持续终生。有些学校会帮助女孩以及那些有需要的男孩，在他们的数学运算上使用更多的语言，这有助于提升他们的数学成绩。小组学习、人际相处和合作任务都可以减少这种大脑差异。

你可能观察到学龄期的孩子在很多任务中、甚至是很小的任务中都会表现出差异。正如加拿大多伦多的一位教师所写的："我在数学课上带着二年级学生做牙签和棉花糖搭建结构的作业，女孩通常会水平建造、形状多变，而男孩则会垂直建造、形状变化较少。"她还注意到，当任务完成时，男孩总是喜欢把他们做完的高塔破坏掉并且一起开怀大笑，以此来和小伙伴产生共鸣。女孩则倾向于给塔楼加上更多的色彩和装饰设计，和朋友们一起工作，并且保持高塔完好无损。

男孩和女孩的大脑有相当大的差异，而且这种差异可能持续一生。如果你想尝试一个有趣又有启发性的练习，可以从你的日记里留出几页，记录你在家里或者邻里社区观察到的现象，看看学龄期的男孩和女孩会以怎样不同的方式来完成他们面对的各种任务。

人际关系，孩子生活健康程度的体现

专栏作家德布拉－琳恩・B. 胡克（Debra-Lynn B. Hook）告诉我们，她 7 岁的外甥女在学校、钢琴课和跆拳道课之间忙碌了一整天之后突然大哭起来。她的儿子则生气地嘟哝着："我再也没有时间玩了！"作为姨妈和母亲，胡克完全能看到这些孩子所承受的应激压力，也想保护他们。胡克承认她就像我们很多人一样，把自己的“自由”时间和那些“多余”的钱财，用来硬拖着孩子参加他们可能不需要或不想要的各种活动、项目、课程和竞赛。她琢磨着：“我们为什么不拔掉这台跑步机的电源插头呢？”她确信，答案就是我们害怕孩子不及格！我们的孩子现在已经到了学龄期，我们感到他们必将在生命中面对无情的竞争。为了推动他们去抓住每个可能的表现机会或扩展人脉的机会，我们倾尽了全力。

你是否有过这种担心？看着你那正在读小学的孩子，你是否已经在担心他将来进不了大学、不会成功、无法生存？也许我们都曾屈从于这种对各方面的恐惧。也许我们都曾选择用某种“新活动”作为减缓这种恐惧的方式，这会让我们以为自己为孩子做了正确的事情，而且对此感到自信，尽管这种自信只能持续很短一段时间。当然，这也许恰好是正确的选择。但与此同时，还是让我们花点时间，用我们尚能唤醒的所有洞察力来琢磨一下“人际关系”。学龄期孩子的大脑需要活动，没错，它需要新鲜事物、新环境、新游戏，也需要人际关系。在孩子上小学的这几年，尽可能利用我们能接触到的窗口，对孩子的人际关系多加关注，这可以帮助我们为孩子需要的活动和事物提供安全的、具有保护性的、最终能够成功的标准。

由卡伦·马普（Karen Mapp）和安妮·亨德森（Anne Henderson）所做的关于儿童成功的研究，仔细考察了来自各种背景的学业成绩拔尖的学生。研究发现，他们之间共同的因素就是人际关系。

“这些孩子的父母鼓励他们，和他们谈论学校的事，帮助他们为更高的教育做计划，让他们专注于学习和家庭作业。”人际关系活动比金钱更重要，比其他“备考大学”的活动更重要，比电子产品更重要，比物质安抚更重要。

人际关系对儿童发展至关重要，这不仅是常识，而且还有强有力的证据支持。它让我们能够通过本能关系视角来衡量孩子生活的健康程度。

NURTURE THE NATURE 试一试

不要过分强调某种单一的关系，包括你自己和孩子的关系。关注家庭和社区里的四五种紧密关系，包括核心家庭和扩展家庭，老师和学校职员。

关注一两项弱点，抓大放小。你可能会看到孩子身上的弱点，比如，在害羞的或有攻击性的孩子身上，某些问题很明显就是人际关系问题。如果你能找到引导关系的补偿活动，这类问题大部分都会得到改善。比如说，如果你的儿子或女儿在运动方面非常笨拙，你可能会寻找一种新的运动让孩子对它产生兴趣。在你寻找的过程中，见一见教练，看看你的孩子是否和这个人合得来，而不要只是考虑活动本身。这样做可能会特别有帮助。

这个年龄段孩子的父母经常会思考："我是否应该尊重孩子的隐私权？"如果你想要培养孩子的天性，保持与孩子的互动和亲密联结，恐怕需要谨慎地考虑这个问题。每个家庭都必须自己做决定，孩子的身体特殊部位肯定需要隐私权，但是除此之外，这个年纪的孩子在空间、所属物品、电子产品，以及其他事物方面对隐私应该没有很多的要求和期待。你有权根据你的意愿进入孩子的房间、检查抽屉，看孩子在和什么样的人相处以及如何相处，提出问题并得到答案。

在学龄期这几年，如果你不是无时无刻地载着你的孩子和孩子的书包到处上课，那么在培养孩子天性的过程中，你就能看到孩子呼之欲出的核心天性。你要考虑让孩子自己选择少数几项感兴趣的活动专注投入，这样你才不会成为孩子的司机和奴隶。另外一定要记住：让孩子自己背自己的东西！

你要提醒你家 7～10 岁的孩子：你首先是他们的家长，然后才是朋友。如果你是一个单亲家长，强调这一点对帮助这个年龄的孩子成长可以说是至关重要的，这个阶段的孩子需要从你这里得到家长的教养，而不仅仅是轻松的、朋友式的安抚。将来孩子长大成人，你肯定会成为他们的朋友，和孩子一起感受未来一定会是非常美妙的时光，但是现在，孩子独特的天性需要界限分明的亲子关系，而且是能够引导和教育他们的关系。

当你的孩子和同龄伙伴发生冲突时，帮助他从每一次的小危机中吸取经验教训。在这个年纪，友谊的关键并不是一定要坚持做很多年的朋友，而是要确保孩子的核心天性在他所经历的每一段友谊关系中学到和磨炼出新的交往技能。

如果你的孩子比较害羞，或有某种天生的“社交技能问题”，不要担心他在现阶段的同龄朋友很少，而是可以安排孩子去要好的朋友或祖父母家小住。

如果你的孩子持续表现出愤怒或强烈的攻击性，你就要想办法利用这种倾向并将其转化为发展社会交往技能的途径。

如果孩子在日常的生活或人际交往中出现差错，不要顾虑，要向孩子指出他的错误。这正是让他们学会不把所有问题都归咎于别人的最佳时机。

维护家庭时间是重中之重。周末是留给父母及扩展家庭的相聚时间。晚餐时间是神圣的，每一晚的故事时间都是家庭成员间表达爱的时间，每一天都是联系亲情的日子。

如果你在白天和夜间的活动过多，侵占了家庭时间，那么你就要仔细考虑削减其中一些活动。很快，你的孩子就会长大，成为青少年并且离开你。现在，这些学龄期的孩子最需要的就是家人。

特殊家庭如何保护孩子的天性

汤姆是一名 45 岁的工程师，托妮是一名 43 岁的兼职市场咨询顾问。他们有两个孩子，一个 7 岁，一个 9 岁。他们来到我办公室的时候已经准备要离婚。汤姆说：“托妮总想控制我。她总是不停地批评指责，根本不会爱。”托妮则说：“汤姆没有感情。他不能敞开心扉。他不懂得怎么爱我。”

这两个人坐在我的办公室里，沉浸在悲伤和痛苦的气氛中。汤姆因为妻子的专横态度而觉得遇人不淑，也为孩子们将要跟着妈妈生活，他即将失去孩子搬到公寓而感到痛苦。托妮则对汤姆感到愤怒，因为汤姆完全不能成为她的朋友。托妮也为给孩子们带来的痛苦感到沮丧忧伤，但是她看不到除了离婚还有什么出路。汤姆也这么认为。这两个人当时坐在我的办公室里，确信这样的婚姻关系是不可能修复的，也明白等待他们的将是绝望，除此之外，他们看不到任何其他的可能。

一年之后，汤姆和托妮还是没有离婚，他们获得了一种渐显成效的平静，达成了停战协议。他们的婚姻并不美满，但是，正如托妮对我说的："我们会熬过去的，而且我们的生活还在继续，至少在孩子们长大成人之前都会是这样的。"

为什么他们没有离婚？他们是不是应该离婚？如果这对争吵不休的夫妇离婚了，孩子们会不会比现在过得好？维持不那么幸福的婚姻，这样的牺牲是不是值得？

这是很多人都曾经或者正在面对的问题。美国夫妻的离异有很大一部分比例都是发生在孩子 7 ～ 10 岁的时候。很多夫妇会发现，在父母离婚前、离婚过程中和离婚后，孩子的核心天性发展会脱离正常轨道或发生紊乱，不论孩子的年龄大小。尽管如此，也有很多夫妻说："离婚是我们能为孩子做的最好的事。"

对离异家庭来说，怎么样才能够培养孩子的天性？在后工业化时代，什么样的婚姻和离婚方式才具有革命性。

共生的婚姻关系：发展父母联盟

要想回答这些问题，很重要的一点就是要意识到大部分离婚都是因为情感需求得不到满足，而并非出于人身安全方面的恐惧，比如家庭暴力或虐待。汤姆和托妮并没有危害彼此的安全，他们想要离婚正是因为他们缺乏情感上的满足。他们深深陷入情感的缠斗中，都想要控制对方，同时又拒绝对方用自己的方式付出情感，试图从对方身上榨出更多的爱，或者还不如说是想要得到与他们之间已有的爱不同的另一种爱。像很多夫妇一样，在汤姆和托妮共处的几年婚姻生活里，他们并不相信对方能以自己需要的方式给予情感的支持。因为，从婚礼时起，这对夫妇就默认以两个年轻恋人之间那种情感满足来建立婚姻关系，现在的他们别无选择，一心想挣脱这种情感上两相辜负的困局，却只能看到离婚一条出路。

在我为他们提供咨询之初，就没有试图回避这种情感冲突带来的痛苦，我意识到我的责任是要为这两个善良的人提供一种不同的婚姻模式，并且帮助他们看到重获对方信任的可能，这样也许可以发展出一条不同以往的信任纽带。

作为咨询专家，我对有孩子的夫妇和没有孩子的夫妇做了区分。如果一对没有孩子的夫妇走进我的办公室，我会首先把婚姻关系视为对二人情感发展的严酷考验。以当下的婚姻自由程度来看，很多婚姻即使在情感和心理方面都很完美，但也只能维持很短时间，而且很可能在结婚的那天就已经为离婚埋下了隐患。在这样的婚姻中，有时候我会通过帮助他们挣脱彼此制造的麻烦来帮助个体，我希望这个过程可以帮助这些夫妇看到，怎样才能在他们未来的婚恋中更好地满足彼此的情感需求。

而如果是一对带着孩子的夫妇来我的办公室寻求帮助，情况就完全不同了。我会告知这些来访者我的观点：如果在这对夫妇之间不存在直接的身体伤害危险，比如家庭暴力、虐待和危险的嗜好，那么我的工作重点将会是尽力帮他们留在彼此身边，去发展一种共生婚姻关系（Symbiotic Marriage），这样能够保护和滋养他们孩子的核心天性。这种婚姻的纽带不一定是父母亲之间的情感满足，而是他们的孩子能够安全地发展其核心天性。

这种理念是要把已育家庭的重点从夫妻间的情感纠缠中转移出来，转而发展成一种以孩子对家庭稳定性的天然需要为指引的父母联盟。在孩子的激发下，父母形成一种务实的共生关系。在这样的关系里，夫妻间的情感满足也必定会成长，但这已经不是那么要紧了。

有些夫妻在首次面谈之后就没有再次来访，而大部分会回来继续咨询。正如我的一位来访者所说："感谢你让我们提前了解这些，这种视角是我以前从没听说过的。"

这确实是一种不同的观点。它还有可能会引发争执，特别是如果来访夫妻中的一位或者双方都已经下定决心要离婚，就像汤姆和托妮那样。这种观点并不适用于每一段婚姻关系。很多带着孩子的父母最终也选择了离婚，而我的工作就变成了要帮助他们建立一种共生的离婚关系（Symbiotic Divorce）。

汤姆和托妮的故事是共生婚姻关系的一个成功范例。他们重新思考了他们的婚姻，并且决定维持一种稳定的共生婚姻关系，对他们孩子的核心天性做出最好的保护。他们觉得孩子的身心健康至关重要，至少在这几年间，要比他们所需要的恋人和夫妻间的那种情感满足更为重要。他们并没有放弃自己的需求，而是在家庭和社区中尽力让这段共生的婚姻徐徐前行。为了帮助他们理解什么是共生婚姻关系，我请他们参考了以下内容。

离婚对孩子心理的影响有多大

每一对夫妇都应自己决定到底是继续维持婚姻关系，还是选择离婚。在离婚的过程中要对每个孩子独特的核心天性做出考量。有些孩子生来就比别的孩子更能应对离婚这样的应激压力。研究表明，有些孩子在父母离异之后成长得也很好。但是，所有孩子都可能会从父母离异中体验到创伤，尽管他们并不一定会因此绝望或走向自我毁灭。父母应对离婚的方式才真的影响巨大，我们稍后就会讲到。显而易见，很多结果都取决于具体的孩子和离婚的心理互动过程。在所有支持或反对离婚的案例中，我们要特别注意，在那些对于离婚创伤后果的研究中，通常参与研究的孩子和家庭数量有限，因此没人能确定无疑地说哪一个孩子会因此受到伤害。

与此同时，我们也要特别注意，确实有一些研究显示离婚可能导致孩子核心天性的发展遭受损害。**孩子的核心天性在父母离婚过程中和离婚之后经历创伤的可能性都很高。童年期父母离异可能是导致孩子产生慢性应激的原因之一。**虽然离婚未必一定会导致慢性应激，但是这一现象丝毫不容忽视。

阿尔伯特·爱因斯坦医学院的鲁思·斯坦（Ruth Stein）和她的同事进行了一项研究，调查了超过 5.7 万名儿童，结果显示，“单亲家庭”是导致孩子患病的 3 种显著风险因素之一，另外两项风险因素是贫穷和父母受教育水平较低。与此同时，单亲家庭也是孩子在我们的文化环境中所面对的 3 种主要社会不利因素之一。有些单亲家庭从来没有经历过婚姻，但是也有很多都曾经历过婚姻和离婚问题。这项研究没有揭示出离婚本身是否会使孩子患上身体或是精神上的疾病，但是离婚问题确实值得关注。

就离婚这一课题，朱迪斯·沃勒斯坦（Judith S.Wallerstein）的著作《意外的离婚遗产》（*The Unexpected Legacy of Divorce*）也很有帮助。它揭示出，尽管父母离异后有些孩子在很多领域都表现得更突出，如学业成绩、运动表现、情感健康和身体健康方面，但是也有更多孩子在人格发展、核心天性上存在创伤。无论父母离异是发生在孩子的婴儿期、学龄期还是青少年期，这种危害都会不同程度地表现出来。从沃勒斯坦的观点看来，离婚遗留的影响近似于失去认同感和稳定感。“孩子是精细敏感的，”沃勒斯坦记录道，“在父母离异后，他们不相信爸爸或妈妈还能担任保护他们的角色。他们感觉走到哪里都没有安全感。”

有些研究者对沃勒斯坦的言论提出了异议，特别是她的调查样本量很少而且很多标本没有达到应有的社会经济水平。不管怎样，她的发现让我们看到了风险因素的另外一面。婚姻专家朱迪斯·所罗门（Judith Solomon）和《在两个世界之间》（*Between Two Worlds*）一书的作者伊丽莎白·马夸特（Elizabeth Marquardt）也曾印证了沃勒斯坦的发现。马夸特收集了全球研究父母离异对儿童影响的数据并进行了分析，她试图确认，在核心天性发展中，儿童的舒适感到底发生了什么样的变化。除了那些会导致困难的领域，即自尊下降、体育和学业成绩下降、情绪波动、攻击性增加等，马夸特还发现了一些父母考虑离婚的时候通常忽略的事情。她写道："父母离异的孩子感觉他们必须照顾自己的父母，而不是被父母照顾。他们感到挫败和愤怒。父母离异分割了孩子的内心生活。父母体验到的冲突感受就这么直接地传递给了孩子，而孩子接下来必须独自去理解两个世界。"

如果你正在读这一段，而且已经离婚了，请理解鲁思·斯坦、朱迪斯·沃勒斯坦或伊丽莎白·马夸特，她们的观点都不是抱着责备的态度。每一位家长都尽了他们最大的努力。我遇到过的任何一对离婚的父母对自己孩子的关爱都不比完整家庭的父母少。离婚可能是在特定情况下做出的正确决定。尽管如此，当我为汤姆和托妮这样的夫妻一起做咨询的时候，考虑到孩子，我会用这些证据给他们一些压力，让他们了解离婚可能给孩子带来的创伤。我常提醒那些夫妇，有可信的证据说明，家庭完整的孩子身上的问题未必比单亲家庭的孩子少，但单亲家庭的孩子总会有这样那样的问题。与此同时，我要求这些夫妻回想他们的祖辈，让他们不仅要考虑到科学研究，也要考虑到自己在养育孩子问题上的直觉。

当你准备为婚姻中的情感满足做出自己的选择时，可以稍停片刻，回想一下你的家族历史。不论你的遗传系统是来自哪个大陆，我们的祖辈一般都不是为了寻求浪漫的灵魂伴侣而结婚的，除了那些非常富有的人。他们结婚大多是为了缔结经济和政治上的联盟，并且希望这种联盟能让他们的部落、家族和孩子健康地存续下去。回望我们人类的过去，那时候婚姻通常都是包办的，我们今天的"离婚争论"可以从人类学的背景中受益。我小时候在印度就看到过这种旧习俗在今时今日重现。在我生活的年代，有不少为了经济原因、个人稳定感或孩子的安全等原因而结合的包办婚姻。这些信息持续启发着我对婚姻系统中基于天性的教养理论的研究。在人类历史的大部分时间里，我们的祖辈结婚主要是为了养育孩子，为孩子建立一种健康的教养和家庭共生系统，而并不是为了获得与配偶之间的情感满足。

我相信，以这种天性为本的视角去看待当下的社会问题和婚姻算是革命性的，这种视角可以帮助我们把情感满足放在婚姻的主要目的这一背景中去思考。婚姻的目的包括：

- 后代的繁衍和安全；
- 父母和孩子之间的分工；
- 在家庭团队的影响下令孩子的核心天性发展得更健康；
- 把道德、价值和伦理传递给孩子；
- 情感满足，交流和冲突管理；
- 将孩子逐渐呈现的天性优势奉献给社会。

在这种婚姻模式中，浪漫和情感满足不是被抛弃或被贬低的，而是被置于人类婚姻的更大背景之下去考量的。

父母和解：婚姻关系的第三种可能

如果你正在考虑离婚，我希望你能看着孩子的双眼问自己："还有没有别的出路？"如果你的孩子确实处于危险中，那么恐怕除了打破婚姻关系也没有别的选择。但是如果婚姻面对的根源问题是父母方面缺乏情感满足，那么我希望你能考虑先把情感满足放在一边，至少现在这个阶段暂且放在一边。这种对优先顺序的重新安排需要咨询师或其他有影响力的指导者的帮助。

我们每个人都有想在婚姻中"感觉良好"的深层需要，包括我自己。然而事实是，我们每个人都时常会给婚姻带来一些"垃圾"。婚姻可以成为一段美妙的合作之旅，一个关乎承诺与奉献的所在，一场对我们内心的试炼，一次完善品格和无私精神的表现机会，婚姻可以加强对忠诚的使命感，可以成为令人与人之间变得更好的关系。要想让婚姻做到这些，我们通常要避免让它来填补我们对情感的需求、解决源自童年的冲突，不再期望配偶来治愈我们的心理缺陷，避免让婚姻超负荷运载。**两厢厮守所需要的其实只是最朴素的成熟和品格。**我们不得不承认，自然早已将婚姻设定成了这个样子，特别是当我们有了孩子之后。

汤姆和托妮在婚姻修复一年后再次来访，这时他们对于情感满足在生活中所扮演的角色已经不再抱有固执的期待。他们的一些情感期望曾经被他们视为婚姻的基础，现在他们不再期望能够通过这种同伴关系去实现那些期望了。托妮说："我发现其实有很多方法可以实现。汤姆在这方面也好多了。而且我发现更多的满足来自我们为了孩子而保持了婚姻的稳定。"汤姆眼含热泪地说："托妮和我现在都认识到，要是让我们分手，不再保持我们家庭的正常运转，那只会让我们更加痛苦。"

这是两位有爱、有勇气的人诚实、坚强、有力的陈述。我认为这对夫妇所做的决定对他们来说是革命性的。**他们并没有完美的婚姻，但是他们选择让孩子有更大的机会获得幸福**。为此，这对父母达成和解，并且将他们的情感需求重新定位，从而形成了共生的婚姻关系。

共生的离婚关系：父母共生协作，不抱敌意

在我做家庭咨询时，曾让很多人重新考虑婚姻，同时我也支持并帮助人们在离婚过程中和离婚之后继续养育孩子。我希望帮助这些夫妻建立一种共生的离婚关系，在这种关系里，离异的配偶分工照顾孩子，帮助孩子发展，并且在一方薄弱的地方，另一方要注入强有力的条件支撑。

16岁的安吉拉是我女儿加布丽埃勒的朋友，有一天我们在一起吃晚饭，她在餐桌上这样告诉我们："我父母离婚之后我感觉好太多了，什么事都更平静、更快乐，我在学校过得也更好了。我父母离婚之后都更爱我了，也许他们没有更爱我，但是他们表现得更爱了。而且他们相处也更好，还能在一起合作。"

安吉拉是个离异家庭的孩子，她坦陈自己很感激父母离了婚。她的看法在我们看来必定会感到残酷：**父母离婚后，她的核心天性更安全、发展得更好了**。这和我前面所说的并不矛盾。其实，共生的离婚关系适用于另外一种不同天性的人群。安吉拉明显也很开心她父母能够合作，建立一种共生的离婚关系，这只是他们多年前曾希望拥有的共生婚姻的另一种表达。

39 岁的西蒙在电子邮件里这样写道：

> 当我离开妻子后，我真的感到很愉快，也真的感到内疚。愉快是因为我走出了一段糟糕的婚姻，我的孩子不需要再藏在他们的房间里避开我们的喊叫声。但是我也感到内疚，因为我以现在这种新的方式给孩子们带来了伤害。我的前妻和我争夺孩子的抚养权，历经 6 个月后最终我还是放弃了。我告诉我的律师，就让她得到她想要的吧。我无法忍受让孩子们那么不开心。不过，直到现在我还在为这些感到内疚。抚养权协议对我和我的孩子们来说并不友好，我们彼此见面的时间太少了。现在看起来我做的每一件事都对他们造成了伤害。

西蒙和安吉拉一样，看到了离婚的需要。西蒙像所有离婚的父母那样，本能地希望为了孩子进入到一种共生的离婚关系中。他在离婚过程中备受阻力，包括法庭审理的过程。他感到自己不是在一种共生离婚关系中，而是在某种对孩子不那么健康的关系中。共生的离婚关系对孩子是最好的，它要求父母相互协作，而且不抱敌意。他希望在离婚后找到一种相处方式，以便能够充分照顾到孩子们的核心天性。

如果你是已经离异的家长，以下建议可以帮你建立一种共生的离婚关系，进而确保孩子的核心天性可以继续接受来自父亲和母亲两方面的馈赠。想要使他们的天性在正常轨道上发展，父母必须要这样做。

在你的日记或脑海里列出一份清单，关于你的前任配偶作为个人和作为家长的强项。与你的前任配偶分享这份清单，并且请你的前任配偶也同样列出一份清单。

考虑你自己作为个人和作为家长的强项。和你的前任配偶分享这份清单，并让他做出评价。关于如何将这些优势传递给孩子，你们也要达成一致。

尽量不去或少去关注你前任配偶的缺点。如果前任配偶确实对孩子的核心天性有危害，比如，滥用毒品、暴力或虐待，那么这个步骤通常可以省略。在这种情况下，尽量集中精力让孩子远离那些危险才更为有益。

向孩子展示你在前任配偶身上看到的优点。即使你要谈论对方的缺点，也要确保那都是有关特定危险区的缺点，而不是缺少情感满足导致的缺点。如果你发现自己无法停止向孩子谈论前任配偶的情感缺点，那么最好立即向咨询师和其他社会支持系统寻求帮助。

如果孩子没有处于危险之中，就不要侵扰你的前任配偶与孩子建立的新关系。让离异的父母亲能够和孩子的核心天性顺利地相处，让孩子适应这种新的关系。这种关系不必符合你对前任配偶，甚至对孩子的全部期待，共生的离婚关系正需要你能从这种纠结中走出来，特别是在父母亲和孩子之间。只有这样，另一方家长才可能和你一起来培养这个孩子的天性。

和前任配偶一起为孩子制订一个计划，展望孩子的新生活。这个计划会讨论到新的生活习惯、如何教导共同的道德和价值观、对孩子行为的期望和主要的日常活动。这是一种本质教养计划，其中涉及更多的是怎么做好后勤，而不是在法庭上如何抗辩达成抚养协议。记住，在和孩子相关的所有方面，比如跟前任配偶合作养育孩子时，你们其实还是已婚夫妇的状态！虽然你们的婚姻已经转变成了离异，但是你们的孩子却不会像夫妻离异那样跟你们分开。

在两个家庭之间形成相似的生活习惯。如果你的前任配偶让孩子在固定的时间上床睡觉，而且你也觉得这样做很明智，那么就同样照做。并且建议你的前任配偶也能在某些其他方面的日常生活习惯上跟从你的引领。如果你们两个人能在其他安排上做出尝试，那么你会发现在生活习惯这些事情上达成一致并不困难。考虑到离异家庭的情况，你不太可能会在所有问题上与对方达成一致，但是即使你只遵循计划中的少数项目，你的孩子在睡眠、看电视和玩电子游戏、摄取营养和家庭作业等方面也有可能建立起更健康的习惯，这些都是生活中的基本，对于孩子核心天性的发展来说也是最核心的基础要求。

热门话题：每天预留多少屏幕时间合适？

汉娜是一位住在卡尔加里（Calgary）的妈妈，她在电子邮件里提出了一个非常重要的问题：

> 我觉得，有时候我的孩子们会在媒体中接触到成百上千种人际关系。孩子的情感和生活受到了媒体过多的影响，我个人觉得应该谨慎对待这个问题。我们去商店时只买明确需要的东西，而不是在电视上看到什么就想要去买。只有在孩子表现良好、获得5颗星奖励的时候，我们才会给孩子买玩具，大概一个月一次，看电视也取决于他们的表现。我们会关掉电视去拜访我们社区的朋友，大家一起散步、聊天、玩耍。我们更喜欢这样的人际关系。孩子放学之后我们尽可能多骑自行车或去公园散步，确保没有一回家就看电视。我们通常会限制8岁和10岁的孩子看电视、玩电子游戏、上网和用电脑的时间，每天不超过1个小时。所有这些规定都是遵循我们的直觉制定的，而且我们相信，只有通过以身作则，我们才能妥善培养孩子的天性。但是我们仍然经常困惑：我们是不是限制得过头了？或许我们做得还不够？到底让孩子在媒体上花费多少时间才算合适？

在过去几十年已经有上百万人问过同样的问题。在最近十几年里，关于有益家庭生活的科学研究建议我们对孩子的媒体使用和屏幕时间进行变革。我在前面的章节中提到过这个主题，随着孩子的年龄不断变化，我也为你准备了更多这方面的信息来与你的孩子匹配。现在，在7～10岁这个年龄段，我们的孩子越来越多地沉浸在学校和各种各样的人际关系中，这也常常可能导致他们越来越多地沉浸在媒体上的“人际关系”中。

那么在孩子的媒体使用上，无论是电视、视频还是电子游戏，有什么标准适用于你和你的孩子吗？

要先关注孩子在社交生活中是否出现了以下的3种风雨欲来的前奏：

- **不真实的人际关系**。孩子的心思沉浸在屏幕后的人际关系中，却不明白那其实只是人际关系的一部分，并不真实。尤其需要注意的是随之而来的那些过度的刺激、性和暴力。这些东西可能会在不知不觉间将那些社会设定的刻板印象和形象灌入孩子的脑海，并且形成特定的刺激判断和感知。
- **隔离**。久坐在屏幕前不动，会隔断孩子与家人、同伴和其他良师益友的联系。即便孩子只是记录博客和进行网络聊天，也无法避免这一问题。
- **退缩**。使用媒体常常与身心功能紊乱，比如厌食症、贪食症和对立违抗性障碍相关联，并且可能导致孩子在学校、邻里和家庭的人际关系中退缩。

如果你看到孩子生活中出现了以上苗头，那么应该从现在，也就是青春期到来之前，立即行动。**学龄期孩子需要我们帮助他们建立一种共生的人际关系，而不是和媒体之间简单的消费性关系**。在这种共生的人际关系中，媒体可以提供孩子发展核心天性的资源，但仅止于此。

在每天完成家庭作业之后允许孩子有 1 个小时的屏幕时间，这应该就足够了，而且还要视孩子在学校、体育运动和核心人际关系上的表现而定。每个孩子的核心天性都会或多或少有效地处理不同数量和种类的屏幕时间。在有些孩子身上，比如一些患有注意缺陷障碍的孩子，我们甚至可以借助电子游戏帮他们发展特定的大脑功能和运动技能。适量的屏幕时间并不是恶魔。对屏幕时间反应过度可能又会让你陷入另一股社会潮流中，这种潮流告诉你："任何形式的媒体都有百害而无一利的。"

聪明的做法是认识到屏幕时间的双面性，既有正面影响也存在潜在危害，并且要考虑到以下这些方面：

- 孩子的人格天性；
- 孩子每天花在屏幕前的时间量；
- 孩子观看或收听的节目内容；
- 孩子的屏幕时间是否与其他体育活动、人际交往活动相互平衡；

- 孩子有无特别困扰的方面，如注意缺陷障碍、注意缺陷多动障碍、贪食症、厌食症、抑郁症和肥胖症等健康问题。

使用屏幕多长时间适宜？你必须自己为你的孩子做出判断。

对于孩子的核心天性和家庭生活所需，你的本能必定会引导你，也会帮你应对孩子上网时间和使用手机这方面的问题。也就是说，如果你认为 7 ～ 10 岁对孩子来说还太小，在没有监督的情况下不宜让孩子上网或者拥有手机，这多半没错。即使考虑到孩子核心天性的各种差异，孩子的大脑和身体最需要的仍是散步、玩耍、学习、搭建以及与家人、邻居或学校里的人们相处，这些远比上网或是用自己的手机和朋友们联络重要。

NURTURE THE NATURE 智慧实践

养育孩子，一场勇敢者的冒险

养育孩子是勇敢的行为，而帮助、引导他们处理变幻莫测、虚虚实实的各种人际关系则需要更多的勇气。身为 7 ～ 10 岁孩子的家长，现在你要帮助孩子从内而外、发自肺腑地掌握与人相处的能力，以便他们为未来的生活做好准备。

基于对孩子真实天性的洞察，你可以勇敢地引导你的孩子。你的孩子是羞涩还是外向，在人际交往中是口若悬河还是寡言少语，是否容易生气，是否容易动摇健康的人际关系，是否容易被太多的人际交往所累。所谓家长的勇气，是你要勇于帮助这个脆弱的少年找到一种与人相处的方式，这条道路最终将会引领他走向成功。因为，如果孩子能够保护好核心人际关系，并发展出他自己与人相处的方式，他将无须面对长时间的孤独，并且会因此过上健康的生活。

努力帮助你的孩子以健康的方式去生活、去体验、去爱，并与人相处，同时，你可能也会发现，自己因此变得具有革命性，变成了有能力抵御社会潮流的人。那些社会潮流总是告诉我们孩子应该成为某种样子或应该以某种特定的方式与人相处，孩子应该参加某种特定的活动或以某种方式说话。当你的孩子到了 10 岁，你已经对这个少年有所了解，并且你也明白如何为他变得勇敢，可以勇敢地一路陪伴着他。

这是一件好事，因为青少年期即将到来。孩子的青少年期非常需要我们内心的勇气和胆量，这个时期，孩子的人际关系必定会变得混乱而令人困惑，孩子会开始质疑曾经如魔法师般无所不能的父母。那些你曾经设下的严格限制、规矩和家庭仪式开始对青少年的发展起到保护作用，孩子对身体的爱和对灵魂伴侣的寻求都开始变得有意义，但它们常常以我们无法预知的方式出现。青少年期是在前方等待着我们的一场冒险，而 7 ～ 10 岁这几年则是过渡期，在这段时间里为青少年树立起生活的典范，会帮助他们和我们一起度过一段核心天性之花绽放的魔法岁月。

NURTURE THE NATURE

UNDERSTANDING AND SUPPORTING YOUR CHILD'S UNIQUE CORE PERSONALITY

07

学会适应内心和社会

11～14岁的天性教养

青少年的大脑就像突然着了火。他正在以自己的方式去适应内心和外界社会的刺激，因此你的教养计划既需要保持严格、稳定，也应适当调整，帮助孩子学会适应，帮助他从每一次人际关系的成功和失败中学到经验。

1995年我在纽约的一个育儿工作坊遇见了珀尔。当时的她70多岁，是个满头银发、戴着粗框眼镜的矮个儿老奶奶。她走路时拄着拐杖，但在她的脸上却有着美丽又风趣的笑容，她的目光如焰火般闪亮。

珀尔给我看了一张她的孩子和孙辈的照片，上面有一个孩子是她的孙女。珀尔告诉我，这个孙女在七年级的时候曾被诊断为抑郁症，但是"她得到了她需要的爱和帮助"。珀尔和我讲了很多她在图书馆做管理员工作时的经历，还谈起她多么想念她已故的丈夫。珀尔说，如果没有丈夫，她自己根本不可能养育孩子们长大。然后她又转到了她最想讨论的一个话题：她认为"公众议论"忽略了某些东西。珀尔没有任何冒犯之意地说道：

> 咨询师们会经常谈论自尊心和青春期，好像这些都是不好的事，好像它们会毁掉一切，但是我觉得他们对这个问题的理解是片面的。我觉得很多发生在孩子们身上的变化其实是好事。当孩子们体内的激素发生变化时，他们会逐渐变得骚动易怒或忧心忡忡，但同时他们也会变得非常骄傲。我觉得大自然自有它的解决之道，在我看来解决方法就是"降低自尊"。要我说，我们应该帮那些青春期少年学会把自尊看得淡一点，他们需要这样！我的孩子们都有一点缺乏自尊，但他们5个后来表现得都还不错。

这是个多么精彩又令人惊叹的评论啊。接下来的一个星期我都在思考珀尔的这番话，而后，当珀尔在她的长信中展开解释了她的观点时，我禁不住要拍手称赞。她讲的是在青春期初期非常普遍的一种现象，即自恋式的自我关注。这其实是孩子的神经、生理和情绪从儿童期向成人期转变过程中很自然的一部分表现。珀尔很本能地把青春期的激素水平、大脑化学作用和核心人格表现联系起来。她凭借自己的经验，更进一步地指明每个孩子体验到的“骄傲”多少会有些不同，而且他们都会有自己的应对方法。受到珀尔的启发，我开始在自尊方面不断深入考虑我的治疗方案，自尊研究自20世纪90年代起迅猛发展，珀尔希望所有人都能够看清这一社会潮流的方方面面。在我看来，珀尔是在说：“别忘了人类的天性。这场关于自尊的交流是有意思的新潮流，但是要看得更深入一些。要仔细观察每个孩子的天性，也要看到孩子身上发生的其他事情，不要把有些事想得太简单。”

的确，在过去的十几年里，因为珀尔这类观点、我自己的教养观念以及对青少年生理的研究，我发现自己对青少年的理解在不断被刷新。在养育两个女儿的同时，我发现自己也有了与珀尔类似的观点。这些处于青少年早期的孩子一时变得忧郁，下一刻又渴望拥抱；一时自尊下降，下一刻又自我膨胀……他们以自然独特的方式体验着骄傲、沉静、坚韧、脆弱，以及各种各样的情绪和行为。在社会信号的帮助下，他们对自我的整体认识从儿童转向成人，可是从内心体验的角度来看，他们以后可能再也不会以同样的方式这样认识自己了。**他们正处在青春期，正极度渴望我们去培养他们独特的天性。**

11～14岁 孩子天性教养的基本目标

古希腊哲学家布鲁塔克（Plutarch）曾经说：“思想更像是需要被点亮的火，而不是需要被灌满的容器。”考虑到孩子从妈妈的子宫里“初次降生”和从童年的摇篮到冰冷的成人世界的“第二次降生”，我们完全可以从青少年早期天性的科学研究和布鲁塔克的观点中找到共同之处。

青少年在生活中所需要的并不是活动和刺激的填充，他已经从头脑内部感受到了足够的刺激。**青春期初期所需要的是点燃内心的火花，指引他们去适应有意义的未来生活。**

- **帮助孩子学会灵活适应。**11～14岁这几年正是不断适应社会的年纪，每个青少年都会以他们自己的方式去适应内心和外界社会的刺激，因此你的教养计划既需要保持严格稳定，同时也要不断去适应和调整。你需要帮助孩子学会适应，帮助孩子从无数人际关系的每一次成功和失败中学到经验。你的孩子需要通过努力奋斗来展现他天性中新的方面，同时也要适应儿童期的天性逐渐消失。
- **接受自尊心的起起落落。**在青春期，孩子的自尊心总是有起有落。孩子的心情会变得低落，面临被同伴批评，自尊心也会降低，但这些都没有关系。随着学习新的技能、接受新的改变，当恰当的时机出现，他的自尊心会重新得到提升，他终将点燃自己生命的独特火焰。
- **增加父亲角色的作用。**在这个年龄段，父亲的角色开始变得重要，但母亲的角色依然重要，一般来说，有父亲的积极参与，青春期孩子的情况会更好。父亲会用他们特有的方式去保护青春期孩子内心的火花。随着11～14岁孩子的生活一天比一天复杂，你家的青少年可能也越来越需要来自父亲的培养。

11～14岁 孩子天性教养的7个要点

青少年的大脑就像突然着了火。人类的大脑分为脑干、边缘系统和大脑皮层。大脑皮层又分为4个主要的脑叶：额叶联合其他脑部一起负责决策；颞叶负责加工大量情绪和记忆；顶叶进行大量感觉和知觉加工，并以自己独特的方式在空间和方向上对人体进行引导；枕叶则专门负责加工我们的视觉，并对我们所看见的信息进行知觉处理。在青春期，这些脑叶之间经常不能很好地彼此联系，这恐怕与我们成年人的期望大相径庭！大脑各部分之间就这样忽冷忽热地努力联系着，这在青春期的某个阶段都是正常的。正是因为这个缘故，我才会把青春期这个时期称为“适应的年纪”。青春期少年以及他们周围的每个人都在不断适应着内部和外部的变化。以下是这个阶段你要了解的 7 个要点。

第一，在位于大脑内部深处的边缘系统里，有两个区域在建立联系：一个是扣带回，它是大脑的注意力和情感中心；另一个是基底神经节，具有身体运动调节功能，这是一个人的焦虑和快乐中心。大脑的这两个部分在青春期极其活跃。你家的青少年可能会非常专注于某些事物，而对其他事物嗤之以鼻。他们有时因专注而快乐，但是有时候却并非如此。这是这段旅程的正常表现！

青少年的大脑中还有另一个部分叫作杏仁核，在他感到被轻视、被伤害或受到惊吓的时候，杏仁核会异常活跃，脑电流和血流水平都大幅提高。在这种状态下，杏仁核会给大脑的其他部分发送信号。这些信号上行传输到额叶，这种传输行为在某些孩子的大脑中更高效，因此这些孩子更擅于做决策。而对有些激素水平极高的孩子而言，这些信号通常不会传到额叶，特别是前额叶皮层。这样的孩子冲动任性，让我们常常纳闷“到底哪里有问题？”当大脑内部的火焰爆发的时候，他们根本考虑不到行为反应是否合适得体。这正是青少年需要大量监督管理的主要原因。青少年想要通过家长的监督管理来适应这种改变。你和你的家庭团队必须时不时地充当前额叶皮层的角色。有些孩子需要更多的监督，这取决于孩子们的天性人格特点。孩子的先天攻击性越强，就越需要家长的监督管理。

第二，如果孩子的前额叶皮层过于活跃，而父母又对这样的孩子监管过度或过于苛责，就会带给他严重的应激压力。这些孩子常常会成为同伴欺凌或父母烦扰的靶子，因为他们总在自我批评，这让他们看起来软弱可欺，进而招致周围人对他们的羞辱行为。

如果你家的孩子在青春期时前额叶皮层过度活跃，你要做的是共情倾听而不是一味批评。他的核心人格会逐渐向你发送出独特的信号，告诉你他需要的是什么。即使你一时误读了这些信号也没关系，这种差错往往也有助于孩子适应现实生活。

第三，孩子的身体正在不断激活肾上腺素和去甲肾上腺素。肾上腺素的快速分泌会带来自然的“亢奋”。这些大脑和脊髓中的化学递质水平一旦提高，人们就会感受到一些极端的情绪，像是“当心点，我可要反抗了”和“哇，我太喜欢那个人了”。

毫无疑问，由于睾酮、雌激素和其他化学递质在青春期孩子的身体系统中十分活跃，这些大脑化学递质随之被大量激活了！每个青少年分泌的各种生理化学递质总量各异，因此每个孩子体验到的兴奋程度都不尽相同，而且这种兴奋对他们产生的刺激效果也各不相同。

你可能需要花费一年多的时间才能弄清楚自己的孩子这种兴奋和激动的天性。如果你能在家里和孩子一起观察和谈论这些，就可以逐渐适应这种来自内心的、陌生的欲望和兴奋，并且帮助你的孩子一同适应这种变化。如果你能始终倾听、注视眼前这个身处青春期的孩子，不断和他沟通，给他留出交流和指导的时间，你就能为这簇兴奋的火花找到让它发光发热的地方。

第四，青春期阶段，你的孩子可能会在某个时间变成“行走的炸弹”。无论男孩还是女孩，汹涌的激素都会让大脑中的杏仁核区域膨胀起来，引发他们的攻击行为，增加他们的愤怒情绪。但孩子最终将会以适合他自己个性的方式，去应对那些让他不快的记忆和情绪。

如果你注意到某件小事恰好触动了孩子的“机关”，那其实是燃烧的杏仁核在影响你家这位青少年。你需要根据自己培养孩子天性的计划来决定如何从情绪上跟孩子过招，从哪里入手攻克那些问题。在特定时刻，有些孩子需要你从情绪或理智的角度来帮他们分析当前的处境。**在更多时间里，对于一个青少年的核心天性来说，陪伴左右、倾听心声、静静地等待就够了。**随着你对孩子逐渐了解，你可能要不断告诫自己：“如果事态不是真的很严重，可能就是杏仁核在学习某种特定的情感。那么我观望就好。”

第五，多巴胺对青少年而言至关重要。他们的激素和大脑发育都在刺激着这种效力强大的神经递质，它参与制造积极的情绪或愉快的感受。青少年早期孩子的大脑和身体需要几年的时间去了解，什么会带给他们快乐的感受、什么会让他们悲伤，每个青少年的结论都会有所不同，就如同你和你身边的人兴趣有别。

青少年需要几年的时间去检验哪些享乐与道德系统相关联，这部分功能主要由额叶和前额叶皮层所掌控。在激素的刺激下，他们会产生性欲，拥有感官享受，学会爱和成长，体会到个体对权利和精力的需求，适应情绪波动。他们需要数年时间去探索和领悟这些激素带来的变化与外界社会和其他自然系统的需求之间的联系和区分。这些需求包括自我控制、社会进取心、符合伦理道德的人生。

有些青少年天生就更倾向于寻求多巴胺汹涌的刺激，他们甚至会比别的孩子更容易陷入成瘾行为。大脑寻求多巴胺的方式与遗传息息相关，不过也有很大程度是家庭和社会培养的结果。当你观察那个青春萌动的青少年时，你要时刻保持警醒。

第六，青少年大脑中的神经突触正在经历奇妙的“重生”，每个独特的青少年都会以他自己的方式成长。在青春期这段时间里，人类大脑会制造出大量多余的神经突触，就像刚出生的时候那样。青少年早期大脑会非常活跃，同时也伴随着大量脑神经突触的“用进废退”。每个青少年的大脑每天都在以自己的方式削减不常用的突触。

你可以通过鼓励孩子参加那些有利于天性健康成功发展的活动，来专注于观察和提高自己的适应能力。这样做还能让你获得第二次机会，去帮助这个孩子改善在之前的生活中没来得及改进的一些方面。是时候让他们接触音乐、参加辅导、进行户外劳动、做家务、融入家庭团队了，投入各种活动同样是青少年核心天性的一部分，尽管他们可能需要你去鼓励和推动。

第七，青少年早期的大脑正在进行昼夜节律的变化。这种昼夜节律系统通过褪黑素来设定自然的睡眠和觉醒时间，褪黑素与睡眠关系紧密，它对每个大脑的影响不同。每天，青少年们的褪黑素水平都会升高到某个自己需要的程度，提示大脑已经到了夜晚时分。在青春期阶段，新鲜的体验不断刺激着孩子的大脑，充足的睡眠有助于让他们的大脑平静下来，并且适当地适应这一阶段。

一般来说，每天安睡至少 9 个小时，就能帮助青春期阶段的孩子建立起良好的健康睡眠习惯。**你要始终牢记：让孩子拥有充足的睡眠。**

11 ～ 14 岁 男孩女孩的天性差异

青春期让所有家长保持警惕，但当我们应该区别对待不同性别的青少年：也就是说，这种警惕性要符合男孩和女孩的天性。

你会发现只有在谈及表现和成绩时，你身处青春期的儿子才乐意与你深入谈谈他的感受，而女儿则会向你表达所有感受。从这些情况中你会发现，在女孩大脑的扣带回中发生的一切与大脑上部的语言中枢联系更紧密；相反，在男孩大脑扣带回中发生的则更多与其行为相联系，对于那些能带来社会或等级权力的身体活动，这种联系更为紧密。

当你在家里教育孩子时，你会体验到男孩与女孩天然的性别特征，也会感受到你所处的社会对这种天性的困惑和看法。如果你对青春期少年的每一分关爱都是对孩子天性的顺势而为，你就可以当之无愧地被称为革新者了。

雌激素除了帮助女孩发育第二性征以外，还会影响女性生命和生活的诸多方面。雌激素的增加还关系到很多生理化学物质的改变，包括孕酮、催乳素、催产素以及其他调节和刺激情绪的物质。所以，**和男孩相比，女孩可能会陷入更强大的情感洪流之中，她们的情感波澜常常更加复杂，更声势浩大。**

男孩身体分泌出的睾酮比女性多10～20倍。睾酮可以刺激男性体毛的生长，使其声音更低沉、肌肉更强健，同时促进其性器官的成熟，它也会导致性冲动和突发的攻击性行为。所以，尽管女孩也可以具有攻击性和很强的性冲动，但几乎在世界上的任何地方、任何文化中，**男孩的性成熟都比女孩更早，而且他们总是更倾向于通过身体攻击来解决生活中的问题。**

女孩的激素分泌以月为周期，每个女孩在自己特有的周期中以自己的方式经历着激素分泌带来的变化，以及激素对情绪的影响。因此，经过对女儿几个月的密切观察，你肯定能准确地找到由激素引起的情绪困难期。这样，你就可以及时给予她支持，甚至在必要时全力以赴地陪伴她左右。

男孩的激素分泌则以日为周期，睾酮在一天内会经历5～7次分泌高峰，每个男孩每次分泌的水平各不相同。你会观察到你的儿子每天或多或少会有几次烦躁不安的时段。你可以观察到他的专注力、积极性还有他“不在状态”的次数。在青春期的早期阶段，你的儿子正在学着适应睾酮分泌高峰的周期波动。

患有饮食障碍的女孩的5-羟色胺会高于平均水平。5-羟色胺水平较高容易表现为强迫症和焦虑症，这使得她总是追求完美，想成为“世界上最好的小姑娘”。身处青春期的女孩及某些男孩可能在激素的刺激下遭遇严重的“5-羟色胺危机”。

患有脑部疾病的男孩，其大脑扣带回中的活动水平较低，这会影响到他的专注力。男孩在大脑专注中心的活动水平天生就低于女孩，而有些男孩的专注力天生又比别的男孩更低。由于缺乏科学的诊断方法，对男孩的大量误诊和过度用药已成为社会潮流。

将女孩，尤其是青春期女孩诊断为注意缺陷障碍或注意缺陷多动障碍的依据往往不够充分。患有注意力缺陷的男孩往往表现出烦躁不安，但由于5-羟色胺水平、大脑扣带回和其他区域的差异，女孩则更倾向于谨慎地思考和处理自己的问题。她们转向内心深处，掩饰自己的症状并以其他情绪调节方面的问题出现，如抑郁症。

帮助孩子适应青春期初期的天性变化

特伦斯在信中向我讲述了他是如何帮助两个女儿度过青春期的：

我的两个女儿现在一个 26 岁，一个 29 岁，两个人都是护士，她们都很成功，对社会生活都适应得很好，其中一个已经结婚了。在我看来，她们青春期的那几年对她们的人生而言非常关键。我和我妻子都认为应该像对待成人一样对待这个时期的孩子，但同时也别要求她们过于早熟。这听起来有点儿自相矛盾，但其实不然。比方说，我们期望她们在公共场合表现得成熟些，比如在餐馆。但同时，在这个年龄段，我们不会让她们做出草率的决定。我不会让 11 岁的女儿化妆。我自认为做过的最好、最成功的事就是确保自己参与了孩子们的生活，而且并不是以那种让她们喘不过气来的方式来管教她们。作为父亲，我知道我的女儿们在做什么、在什么地方。我和我妻子都非常认同“授之以渔”的生活方式。我们希望她们能学会批判性思考。

海伦分享了她的教育理念，她的两个儿子分别是 12 岁和 14 岁：

作为母亲，我的经验是学会放手、帮他们学会管理时间、给予他们鼓励和支持。我们先定好规矩，比如“要在冰球和滑雪中选一项，不能两个都玩”。我们会与孩子保持良好的沟通，这样孩子们遇到任何困难时我们都能帮忙解决。就算我们不同意他们的想法，也会鼓励他们自己做出决定。我们会要求儿子为自己的娱乐活动支付一些费用。比如，我们会让他们在露营、一些竞赛和购买轻型摩托车的费用中各自分摊一部分。如果某些开销在我们看来不是必需的，那么就由他们自己承担。最后，我们会以旁观者和忠实粉丝的身份参加他们的活动，而不是扮演他们的教练。

特伦斯和海伦是依照这些青少年的天性来养育他们的。这些家长和他们的配偶给孩子进行了恰当的限制，从而让每个孩子的天性都能安心流露。

青少年们在想什么

我还清楚地记得自己在青春期前夕透过梦幻般的镜头看世界的情形。每一代处于青春期早期的孩子都需要一个安全可靠的家庭基础，这样的家庭才能让他们按自己的方式自由追梦。

作为青少年的家长，我希望下面这些以天性为本的见解对你有所帮助。

- **青少年渴望与你和其他人进行情感上的交流。**青春期的大脑自然会想要去实验、探索、尝试和犯错，它需要通过与人相互交往来完成这种需求。你的儿女会以自己的方式和你进行情感交流，你要鼓励这种天然的动力并控制好他们对电子设备的使用。当他们沉迷于电视、电脑或者网络空间的时候，并不能从中学会如何去解读真实的人类情感信号。沉迷于此，孩子们未来的生活将不会像你所期望的那样如鱼得水。对待某些核心人格类型特殊的孩子时，你需要更加小心。比如，如果你的孩子很害羞，那么你可能需要额外的努力才能帮助他们离开电视，发现真正的人际关系。
- **当心孩子对某些活动或刺激上瘾。**青少年的个体天性可能会驱使他在同一时间做5件不同的事情。你的孩子也许喜欢每一秒都能激动人心地度过。这时就需要你运用直觉来帮助青春期的孩子做出选择，让他的精力得到释放。你要怎样才能知道孩子是否病态地沉迷于某些事物呢？你会留意到一些迹象：睡得太少，很少和家人一起，“眼高手低”却又“不懂得为自己设限”。在这种情况下，你要马上终止这些活动，保护孩子以后的人生免受慢性应激的困扰。
- **性教育对青少年而言至关重要。**坦诚的性教育对每一个青春期的孩子来说都非常有利，有助于他们以健康和道德的方式展现他们的性本能。如果你从小在压抑的家庭环境里长大，你大概还记得家人和社群成员拒绝开诚布公地谈论与性有关的话题，而这会让身在其中的男孩和女孩备感艰辛。

- **情感和情绪是这个年龄的头等大事，它们常常会导致家长反应过度。**跟你的家庭成员和孩子谈论激素、情绪、情感。你可以说："我明白你心里是怎么想的。就算你继续说这些攻击我的话，我也会尽量忍耐。"或者说："你现在情绪低落、喜怒无常，我会等你平静下来再说。看看你能不能自己扛过来，但你知道，我会一如既往地在你身边支持你。"

NURTURE THE NATURE 天性教养小课堂

父母是孩子的性启蒙老师

◎家长应成为孩子的性启蒙老师。你的孩子是由你自身的天性而来，所以在性启蒙方面，你具有得天独厚的优势。尽管学校和其他家庭成员也能帮你提供你所缺少的信息和知识，不过作为孩子天性的教育者，你也应该帮助孩子了解性。

◎准备好回答任何问题，在回答前先给予鼓励和欢迎的话语，比如先说"这是个好问题"。记住，当你听到问题的时候，如果你能过滤掉自身的经历和教养，甚至过滤掉各种意识形态对性的解释，你就能听出来孩子在这个年纪提出这样的问题其实是顺理成章的。

◎要确保让孩子清楚，他可以对你倾吐一切，而且你不会因此让他难堪。"我很高兴你能跟我说出来"就是个很好用的句子。或者说，"是的，我对你有点失望，但我很高兴我们能一起解决这件事"。

◎性不意味着十全十美。你的孩子在性行为上犯错是意料之中的事。如果你的孩子正处于青春期早期，有了初吻的经历或其他性接触，并随之感到很难为情，你要帮助孩子把所有的性经历看作一个成长的机会、一个适应新自我的过程。

◎当青春期的孩子的身体看起来已经发育成熟，准备充分的时候，跟他们聊一些有关性的话题，如性幻想、勃起、月经、胸部发育等。有些事情我们之前从未跟孩子讨论过，但在青春期早期讨论这些是很合适的。

培养孩子的责任与担当

让你的孩子学会慢慢适应自己，让他们知道你也在努力地适应他们。我们越是想要从情绪和情感的火花中读出些东西，青春期初期对你和孩子而言就越是困难重重。你和你的家庭要清楚孩子是否真的遭遇了扭曲天性和自我的事情，比如受欺负、被虐待、学业失败等，还是他仅仅是闹情绪而已。你应该侧重对大事的把握，放手让孩子自己去解决情绪波动的问题。

在青春期这个年纪孩子们会把天性发展跟“努力争取”和“能力”关联在一起。一位父亲在一次讨论中向我提道：“我觉得今天的孩子不如我们小时候那样能干，也没有我们爱学习，特别是在迷惘困惑的青春期岁月。因为他们不需要自己去争取学习的机会，所有东西都在那里等着他们去学，甚至需要强迫他们去学。孩子应当通过探索、实践和思考他们的所作所为自然而然地学习。我十多岁时就是这样做的，不像我的孩子要面对那么多的干扰。”

这位父亲的观点在新近的研究中得到了印证。伦敦大学国王学院的应用心理学教授迈克尔·谢伊尔（Michael Shayer）直率地提出了他的发现：“现在十一二岁的孩子比起15年前的同龄人来说，发展水平平均滞后了2～3年。”

当然，青少年在能力方面的落后有很多原因，但我想特别强调一点，这就是“努力争取”的缺失。你完全可以在家里对这个问题采取些措施。如果你目前还没开始的话，你可以在照看和管教孩子的时候制定一个有报酬服务的制度。当你准备这么做时，要记住当今的社会潮流趋势经常要求我们把青春期的孩子视为小朋友，不让他们承担责任，从而使其儿童期被人为地延长，使他们不能遵循自己的天性按自己的步调发展。我们常常会保证孩子的娱乐活动，但从不要求他们通过自己日常的工作和服务来努力争取享受这些娱乐活动的权利。

青春期正是教育孩子的最佳时机，让他们调整自己的天性去适应“一分耕耘，一分收获”这个规则。

NURTURE THE NATURE

试一试

和你的家庭成员一起讨论，找出可以让你家的青少年通过自己的努力去争取的5件事。找到孩子力所能及的5件事，让他们能够在完成后获得奖励。

在我们家，11岁和14岁的两个女儿必须完成以下项目：

◎做家务，不能推辞；

◎每周打扫一次她们的房间；

◎完成所有的学校作业；

◎完成所有的家庭和社会义务，比如保证适当的家庭时间；

◎每天要进行一项体育活动。

完成了这些项目，她们将会得到以下奖励：

◎零花钱；

◎适量的屏幕时间；

◎周末去朋友家过夜的权利；

◎可以晚一会儿睡觉；

◎特别一点的东西，比如一件渴望已久的衣服或一张新CD。

找到适合你的家庭和孩子的项目和活动，讨论如何计划并实行。比如，开始的第一周，你可以让孩子写一个表格贴在冰箱上，让孩子们坚持几周时间。几周之后，新政策在你家里已经变得像是一个“由来已久”的惯例。

养育孩子，爸爸不可缺席

我在研究11～14岁孩子的天性时发现，青春期的确是儿童发展的关键时期，我们必须认真听取男性的意见，他们对于富有个性的青少年有着独到的见解。

阿列克斯·德·托克维尔（Alexis de Tocqueville）在《论美国的民主》（*Democracy in America*）中写道："父亲是过去和现在之间天然且必要的联系，是他将两根链条联结在一起。"在监狱系统中为青少年工作的迈克尔·米德（Michael Meade）说过："从根源上看，我们的父亲将我们与神秘的火花相连。我们只有通过那些贯穿历史的问题、通过那些我们不知所往却不得不追随的足迹去探寻父亲。"

在孩子长大成人的过程中，他们和父亲之间发生着深刻、神秘又非常自然的事情。人体生物学领域通过对这种自然的过程深入研究得出了令人惊讶的结论：**亲生父亲的信息素（pheromone）会使女儿推迟进入青春期。由继父抚养的女孩青春期会提前，正是继父的信息素导致了这一结果。**

看到这个研究成果，我叹服于科学和我们直觉的惊人一致。继父当然可以对孩子非常好，一般来说，男老师和男教练对孩子的作用也很关键，但我们还是能感觉到青春期孩子和亲生父亲之间的关系特别重要，而继父母与子女之间的关系则存在着天然的混淆困惑。每种关系都很重要，而我认为信息素的新研究也是一种天性为本的观点，它从生物学角度表明：**父亲与孩子紧密相连，并且孩子需要父亲。**

在第 3 章中有关婴儿的天性部分，我曾经希望大家能够掀起天性为本的运动风潮，而且尤其要把"女性权利"的交流讨论变为对"母亲权利"的交流讨论。这里，我再次号召父母们联合起来，共同发起一场父亲的运动，用前沿科学唤起全社会对父爱的重视，因为孩子们迫切地需要父爱。

在养育过程中，如果缺少父亲密切而积极的参与，那么青少年很可能会感到迷茫。这些孩子无法发展出他们核心天性中的关键部分，父爱缺失带来的慢性应激会妨碍他们天性的发展。这些孩子最终也能够适应这种状态，但他们会因为消极应激而损害部分天性，进而导致人生受限。只有在极少数案例中父亲是危险的，绝大多数情况下父亲相当重要，父亲与青少年建立联系可以使孩子得到父亲的指引，让孩子能够平稳地从青春期步入成年期。

父子亲密关系的神奇之处在于，父亲正是因为总是在不断地尝试拉近他和孩子的距离，才使其日益融入自己的角色。父亲角色总是基于较少的催产素和较多的睾酮；较少基于大脑中的语言和情感中心，更多基于空间和运动中心；较少直接表达共情，更多通过攻克进取来教育孩子。就像托克维尔和米德所说，父亲的臂膀是宽大的，它拉近了过去和现在、失败和成功、虚假和真实、善与恶这些山峰之间的距离。父亲只有积极地参与到青少年的生活中去，才能施展出这些魔法。在家庭体系和社会生活中，父亲理应受到重视。

母亲总是和她的孩子们很亲近；而父亲则总是要力争让孩子们来靠近他。

母亲总是关注着孩子；而父亲的关注则要孩子自己去争取。

母亲需要很长时间才能放手让孩子独立，即孩子的核心天性与妈妈的天性逐渐分离；父亲则始终期待孩子独立，很多时候甚至有些操之过急了。

当然也有例外，有时孩子的母亲对孩子非常冷酷、漠不关心，而父亲却很“母性”。但纵观全球，父亲需要在“靠近孩子”和“远离孩子”之间不断取舍，从而确立他的父亲身份，因此，父亲带给青少年的是“距离产生的亲密感”。男性是父亲式的养育者，而不会像母亲那样，这是天性使然。这种养育方式从根源上是由激素决定的，生生不息，不断地改变，同时也在不断地适应着青少年。

父亲看到孩子的核心天性之火时会说：“天性之火能让你痛哭流泪，但是最终它会使你浴火重生，变得更加坚强、健壮、无畏。”

父亲看到孩子不断探索时会说：“不！你不该像这样或像那样去探索。你要这样探索。”他看上去像是在限制孩子，甚至更像是在关闭孩子自己的感受，有时他确实是在这样做，但同时他也在用自己的方式帮孩子学会专注，变得成熟，引导他们的方向，使他们强壮，让他们不会轻易被残酷的世界打倒。

在传统社会中，父亲培养孩子的方式是持续存在并且实用有效的，尽管这种方式并不是十全十美的，因为那时父亲们会带着青春期的孩子，尤其是男孩，和自己一起在农场里劳作或做其他学徒工；当父亲不在或者去世，亲戚当中的一些男性如祖父、叔父、表兄弟则会承担起给予孩子父亲式的保护以及养育的责任。父亲、家族中的男性和宗族被视为父亲式养育链条中的天然联结，也是将身份、权利和幸福由过去传递到现在的天然联结。在青少年的生命和安全方面，父亲、祖父、叔父和良师的关照尤为重要。

如今的我们对父亲和男性角色通常缺少理解，甚至缺少尊重。许多社会潮流引领我们从文化上否定父亲的重要作用，这些思想对社会文化有着根深蒂固的影响，我们需要做出调整，如果你的孩子正处于青春期，那么你就更需要抵制这些思想，找到父亲角色的意义和价值：

- 许多父亲在远离孩子的地点工作，很少见到孩子。青春期正是孩子们对父爱的需求最迫切的时候。父爱能帮助他们发展出自己的核心天性，他们的热情、自我控制、爱的能力和秩序感。
- 孩子们与祖父、叔父、表兄弟和其他男性亲属通常缺少生活上的联系，特别是那些父亲不在身边的青春期男孩，渴望父爱的他们时常会加入帮派之类能够“替代父亲”的团体，或做出高风险行为，这些做法其实反映出他们迫切需要其他男性对其进行行为上的指导。
- 不必要的离婚正在泛滥，孩子尚未进入青春期，父亲已经从家庭中缺席了。在某种程度上，男孩和女孩都会感到困惑和孤独，当他们为了要发现独立的自我而从内心和精神上脱离母亲的时候，更是如此。

希望所有的父母和继父母们都能够参与到这场星火燎原的教养运动中。

热门话题：如何保护青少年的自尊心？

从本章开始，我们来说说自尊。我们把这个话题放在另一个更大的话题里讨论，天性中的适应能力。我们在前文中讨论的这一切都与青少年的自尊有关。正因为自尊如此重要，才会有那么多人在谈话时或在书信中提出下面这个问题，“我怎么才能最好地保护孩子的自尊”？

一位子女已成年的父亲这样问道：

我是由严苛的父母抚养长大的，我对自己的孩子也相当挑剔。我的父母很少对我说“做得好”，我对自己的孩子说这话比父母对我说的要多一些。但是，我也不像现如今的父母们那样总是把这句话挂在嘴边。有一天，我在公园里见到一对年轻父母为每一件小事表扬他们四五岁的孩子“做得好”。那个孩子只是从游戏架走到父母身边，他的父母就高喊“做得好！”，我不能理解这种行为，可能我天生就不是这样的人。

总而言之，我想问：“说‘做得好’对孩子真的有帮助吗？科学研究怎么怎么看待这个问题的？”

尽管我也会说这样的话，听起来可能跟我刚才写的有些矛盾。因为在我的两个孩子中，有一个比另一个更需要鼓励。这些提升自尊的鼓励，尤其是把“做得好”挂在嘴边，是否只对某些孩子更有益？

NURTURE THE NATURE 试一试

下面是给父亲们的一些建议，可以让父亲们积极地保护好青少年日常生活中的核心天性。

- 如果你依稀感觉到危险的时候，查阅孩子的电子邮件。
- 了解孩子朋友的名字，并和孩子谈论他们的朋友。如果孩子说，“朋友给了我这个游戏机”，可以和他聊聊这个朋友，进而拉近父亲和孩子之间的距离。

◎与教练、老师及任何一个对你的孩子有兴趣的人见面，使他们成为青少年导师团队中的一分子。需要时可以就生活中一些重要的问题与孩子和这些导师沟通。

◎像其他青少年的家长一样，对可能的诱惑保持警觉。不要把父亲的职责推给母亲，要亲自教育孩子。这意味着你要好好考虑以下这些问题：我对孩子的教育是否适度？我是否太过物质化，让孩子产生了焦虑？我是否对亲子时间过度规划？

作为一个积极教育孩子的父亲，我不断探索这些问题，从不让自己错失陪伴孩子成长的机会。我认为，自发地关注孩子的成长是为人父亲的荣幸。我相信仅仅成为一个男人、甚至成为一位父亲对我来说是远远不够的，我还要成为一位积极的父亲。

这位父亲的观察和提问都极具启发性。孩子什么时候需要表扬？什么时候夸奖弊大于利？解答这些问题是否需要参考每个孩子独特的核心天性？作为家长，这些都是需要你去解决的重要问题，不过在孩子的青春期阶段这些问题变得尤为迫切。青少年需要的不仅仅是简单地说一句“做得好”。

对父母而言，如何看待孩子的自尊很自然地取决于我们想帮孩子成就什么。我们是想让孩子仅仅暂时“感觉良好”，还是想让孩子发展自己的核心天性，让他能独自面对“感觉好”和“感觉不好”。有些孩子的核心天性就是需要在某些时候听到一些赞扬，但基于天性的教养理论更倾向于长期有效的方法。

加州大学洛杉矶分校和加州大学圣芭芭拉分校的研究人员做了一项分析，记录大脑和身体对高自尊和低自尊的真实反应情况。他们对高自尊和低自尊的青少年进行了对比，通过分析皮质醇的水平发现，青少年对低自尊的反应并不总是负面的。那些能够发掘出自我价值的孩子比那些总是听别人表扬“做得好”的孩子表现得更加优秀，因为一直受夸奖的孩子没有获得内在的批判力进步。

一定的自尊压力能让孩子更快乐、更健康，有些孩子甚至更渴望从批评中汲取力量。

在我自己践行并推广的教养原则中有这样一条：我将“自尊”这个词从我的语言体系中删除，转而用“核心天性发展”这个概念替代，以此来审视一个青少年的长期发展。我的目的不是要贬低青春期自尊这一概念，而是随着孩子度过青春期逐渐长大，我们需要在教养对话中使用更多“成年人”的语言。因此，我建议你就孩子核心天性中的“自我”方面回答下列问题。

- **自我激励**。我的孩子会激励自己吗？他的自我感觉是否良好有时也许并没有那么重要，只要他能够激励自己完成那些任务和计划，为他的核心天性逐渐呈现打下基础。
- **自力更生**。我的孩子知道要如何以与他年龄相称的方式自力更生吗？在他的核心天性圆满发展的几个关键方面，他是否全力以赴比当下的积极情绪更为重要。
- **自我关照**。我的孩子知道如何加入或退出一个社会团体而照顾到自己吗？与朋友断交的时候，孤独感可能并不是件坏事，只要孩子有能力做出正确的选择来关照自己的核心天性，继而关照到自己的家庭和社区就可以。
- **自我意识**。我的孩子是否理解他身边和生活中所发生的事？他和他的核心天性是否能适应这些事？当女儿和朋友斗气时，我们可能会责备那个惹她生气的朋友以使她感觉好过一些，但是换个方法也许能让她的核心天性发展得更好——我们需要倾听她讲述经过、并指出她在当时的情境里所犯的错误，尽管这会让她感觉到一时的挫败。
- **自我约束**。我的孩子是否知道如何恰当地控制自己？我们可能会觉得直接告诉孩子“不要插嘴”“不要在客厅乱扔衣服”“在他和他的朋友们安静下来之前离大人远些”这样的话，可能会伤到他的自尊。可事实上，与其让他当时对自己和自己朋友的一时冲动感觉良好，不如让他学会自律，这对他核心天性的发展以及未来的幸福成功都更为重要。

NURTURE THE NATURE 天性教养小课堂

如何恰当地保护孩子的自尊

◎给孩子太多的表扬可能会适得其反，因为表扬无法创造出孩子所追求的持续价值肯定，这种持久的内在力量不是来自表扬本身，而是来自针对青少年特定行为的特定表扬和批评。

◎实际上，健康的核心天性发展会造成青少年在一段时期里呈现出低自尊的状态。这些孩子确实需要在一段时间里经历伤害、痛苦和糟糕的自我形象。大自然已经安排好了，低自尊常常能与青少年天然固有的自恋和自我中心意识相抵，最终帮助他实现内心的平衡。

◎对一个孩子的核心天性有用，不一定适合其他孩子核心天性的发展。如果你准备阅读一本有关自尊的书，请一定仔细挑选，看看它是否适合你的孩子。有的自尊研究是有关孩子的核心天性的，有的可能只是以一些社会潮流为依据的空泛言论，也许与你的孩子的个性并不相符。

NURTURE THE NATURE 智慧实践

带着目标和骄傲顺利“通关”

青少年核心天性发展的每个方面都和他今后健康的自信密切相关。全世界的青少年个性发展旅程中都会有些低自尊的时期，然而因为他们也会幸运地从中获得更多馈赠：自我激励、自我关照、自我控制。归根到底，孩子的核心天性、一生的成就和目标感都是这段旅程带给他们的礼物。

等到你的孩子步入青春期中期（我们下一章的主题），但愿你会说：“哇，这就是我的儿子。”或“哇，这正是我的女儿。”再加上一句：“哇，我真为你感到骄傲。”你将会从内心深处感受到你养育的孩子就快要独立于你，去生活和恋爱了。

你会对你的配偶或朋友笑着说：“这孩子正在成长为一个男人/一个女人，他/她还学会了滋养自己复杂的天性。我们成功了！”

在青春期初期能体会到这种骄傲的感觉真是太棒了，哪怕一天中只有那么一小会儿。青春期中期高风险的那几年就要到来了。对父母来说，这也是最有趣和最有启发的一段时光。只要我们能深入青春期孩子的内心，在培养他们的天性的同时保持我们自己的目标感和不变的骄傲，这段时期就能顺利度过。

NURTURE THE NATURE

等不及想要独立

15～18岁的天性教养

青春期正是孩子精力充沛地要去尝试、去爱、去寻求真理的时候，不时也会经历磨难和挣扎。这一时期的孩子最紧迫的目标恰恰是要成为不需要父母的独立个体。那么，如何才能最好地培养他的天性呢？

马克在信中自我讲述了一段愤愤不平、令人困惑的人生遭遇，这段遭遇在青少年教育问题上非常典型。他曾一度纠结于是否要提前结束教师生涯，因为学校对他的行为调查已经持续了一年的时间。尽管他最终洗清了嫌疑，被还以清白，但是他仍然感到怅然若失，这一年他已经 53 岁了。

事情的起因和经过是这样的。4 名高三年级的女生在英语和科学课程上一直表现欠佳。马克是学校的篮球教练，而且那几个女孩在上他的体育课，有一天下午，她们的老师们和马克谈论到了这些，请他“对她们的胡闹行为提出警告”。那几位老师觉得他们没法跟这 4 名女生沟通，而马克在学生中间有一定的影响力和亲和力，也许能“让这 4 名女生融入课堂”。

那天下午的体育课上，马克就跟这几个女生谈了话。他让她们明白传闲话、顶撞老师、攻击和欺凌同伴的行为已经破坏了学校的品德标准，并且警告她们再这样下去的话，她们可能会受到处分。

第二天早上，其中一名女生和她的家长来到了校长办公室。那名女生声称，自己踢完足球离场时，马克拍了她的屁股。她还说马克曾用带有性意味的眼光看她。她和家人对此气愤不已，并为女生们感到担忧。校长马上把马克叫到了办公室，向他说明了投诉的情况，询问马克究竟做了些什么，并且诉诸行动，要按照校方法定要求向马克提出投诉和申诉。尽管马克否认了这一切，依然要被调查是否对学生存在性骚扰，而且由于校长未向马克公开投诉者的身份，马克对整件事一头雾水，其实这只是他批评了那些女生而遭到的报复。

流言逐渐散布，家长们责难马克为性侵犯者，在性行为方面不检点，甚至说马克和女学生间发生了性行为。马克的家人成了人们写信宣泄愤怒的标靶，他的儿子为了维护父亲的声誉跟人打架，还为此被停学 3 天。

在调查过程中，马克终于知道了投诉者是谁。而马克的支持者们也纷纷作证，证明投诉的情况是捏造的，他们甚至说服了那 3 名女生收回她们的投诉。但是无论如何，马克和他身边很多人的生活还是被不可逆转地破坏了，而破坏者竟然是一个十几岁的小女生，她利用社会关系暴力蒙蔽了人心。学校里看似安排得当的教育体制忽略了对青少年核心天性发展的考量，也不清楚青少年需要校方进行怎样的监督管理。当然，校方的安排是出于非常重要的考虑，它可以保护你的孩子免遭他人侵害。然而，那名投诉的女孩需要的并不是更多的权利或“主控权”，而是更好的自我控制能力。她需要的不是通过随意摆布社会结构来表达愤怒，而是通过社会交往、情感和个人方面的问题学会控制自己。学校和社会的体制给了她爱护却没有把她核心天性里需要的东西带给她，还导致一位教师的生活脱离了原来的轨道。

这个案例一直在我心头盘桓，它揭示出如今青少年和他们的支持系统之间面临的复杂关系。十几岁的孩子正在争取独立，感受他的权利和目标，通过操控社会体制来获取自己的利益，他们争强好胜，富有同情心和道德感，建立品格的同时也勇于冒险，而且他们正在为自己独特的、与生俱来的核心天性赋予特色，无论是害羞、野心勃勃、冲动、爱沉思等性格特征还是各型人格特点，都会随他们一同进入更广阔的世界，和他们一起工作、生活、成家立业。

青少年需要新鲜的体验来发展天性，为此每一种文化都在如何赋予青少年更多权利这个问题上角力，每一种文化都劳心斟酌要如何去维护秩序、教导道德以及在青少年准备好掌控权利之前有所保留。

在马克的故事里，**社会体制给青少年的权利是不当的，这个女孩滥用了这些权利，而体制又助长和延续了她的这种滥用。**没有人是天生邪恶的，这个女孩最终也很后悔，马克后来还是原谅了她。但是在这个案例中，社会体制并没有建立起基于天性的养育和教育框架，青少年的天性也并没有从中得到制约。

本章的目的是要确保你的家庭和社会体制能为这些青少年的天性提供帮助。15 ～ 18 岁正是孩子们精力充沛地要去尝试、去爱、去寻求真理的时候，也是磨炼自己的最佳时机。他们最紧迫的目标恰恰是成为不需要父母的独立个体，我们要如何做才能更好地培养他们的天性呢？

15 ～ 18 岁 孩子天性教养的基本目标

15 ～ 18 岁是孩子极富个性的年纪。随着孩子从心理层面和父母分离，他们会经历孤独的时刻，但是他们也会通过加入群体发展自己的核心天性，如学校、运动队、摇滚乐队，甚至是帮派组织，这既可以巩固他们在儿童期和青春期初期核心天性中已经确立的那些方面，又可以让他们冒险探索核心天性里的新方面，这些恰恰是他们在父母的庇护之下或独处时无法关注到的方面。

这一阶段的主要发展任务如下：

- **帮助青少年管理他的同伴群体。**特别是通过让那些同伴融入你的家庭、扩展家庭和其他已经建立起来的亲友系统。每一种核心天性都会在同伴群体中以不同的方式得以个性化，因此，每一名青少年都需要具体的帮助，通过同伴和同伴与家庭之间的联系来发现他自己的天性。

- **帮助青少年学习应对危机和挫折的技能。**每位家长和每个孩子应对危机的方式多少都有些不同。密切关注自己的孩子经历的危机和挫折，你可能会发现自己也需要好好审视自己的恐惧和梦想。
- **保持强有力的执行和管理角色。**伴随着权利、娱乐项目、探索内容和家庭以外的时间不断增加，你需要在家庭中保持强有力的执行和管理角色，这样你家的青少年就能明白规则、后果和责任。即使是内心最独立的青少年也并不是真心希望我们在某一天突然对他们放手不管，让他们独自面对十五六岁的迷茫，对他们的初次约会不闻不问。在某种程度上，我们的孩子深深地依恋着我们，尽管有时候看起来并非如此。他们并不希望从小依赖的家庭靠山突然崩塌，他们想迫使这座山放开他们，让他们下山闯出一条自己的路来。

孩子和父母之间至少要经过 3 年的磨合，孩子们最终会迫使我们放手让他们离开。他们会让我们说出："嘿！我真高兴这些都结束了。"可最关键的是要记住，我们在某一天突然放手让这些 15 ～ 18 岁的年轻人离开，他们的核心天性可能会枯萎，他们可能不得不依附于某种社会潮流系统，甚至是帮派之类的不良群体，就像落水的人抱住救生圈。

15 ～ 18 岁 孩子天性教养的 7 个要点

如果我们觉得青春期中期的孩子可能会"尝试任何事"，那么我们会惊喜地发现他们在疯狂、冒险、不安全甚至是不道德的事情上很少做出尝试。我们也许期望他们不去冒险或做一些我们自己曾做过的坏事；也许期待他们不去伪装自我，随波逐流，就像我们自己也曾做过的那样；也许期待他们的道德或社会觉悟能比我们年轻时高一点，然而期待这些事情通常只会让孩子们在出发之前就注定失败。

当然，他们还是会以自己的方式经历一切。有些孩子会比别的孩子更早或更多地去尝试。有些孩子会比别的孩子更爱谈论他们的冒险。有些孩子比别的孩子有更直接的共情。有些则可能看起来变得淡漠长达一年甚至更久，尤其不体谅父母的需要。以下是这一阶段你需要了解的 7 个要点。

第一，性是每个青春期中期孩子心里的一件大事，他们都有各自不同的考虑。出于保护孩子的目的，家长常常会希望孩子不去尝试性行为。对我们来说，提到十几岁孩子的天然性渴望，我们很自然地会感到失控。我们甚至会出于本能和保护孩子的目的，希望孩子们能以某种方式跳过 15 ～ 18 岁这段对性敏感的时期。因此，青春期中期的孩子想要和别人的身体产生联系，这没什么可惊讶的。

第二，脑科学研究揭示出了一个有趣且有益的事实，即青少年和成年人在情绪处理方面存在差异。德博拉·哲格林－托德（Deborah Yurgelun-Todd）是马萨诸塞州贝尔蒙特（Belmont）麦克莱恩医院（Mclean Hospital）神经心理学和认知神经成像科的主任，她在大脑扫描研究中检查了成年人和青少年的大脑各个区域在处理情绪时的工作状态。她展示出人们受惊吓时的面部表情照片，100% 的成年人都能够正确识别出照片中人的情绪是恐惧，而只有 50% 的青少年能正确识别。很多青少年把惊恐的面部表情解读成悲伤或困惑，还有人将它理解为震惊。有些青少年说他们就是不能分辨出面孔传达的到底是什么情感。

这项研究也证实了每个青少年在发展这种情绪“解读”能力时都有自己的方式和时间进程。如何培养青少年情绪方面的天性也是我们的关注点之一，而这个任务的要点是必须放手让青少年自己去成长。如果某个糊里糊涂、小题大做或过分木讷的青少年在同伴或社会群体中犯了错误，我们可能会对他感到同情，也可能很想努力去安抚他的伤痛，然而同时我们可能也要提醒自己：“这些都是孩子必须吸取的教训，这是他天性的一部分。”

第三，在青春期中期，大脑额叶不仅在管控情绪上作用突出，还是执行决策的指挥中心。决策正是我们希望青少年能够胜任的工作。额叶是青少年大脑成熟最晚的部分之一，有时候青少年会做出让他们将来感叹“我当初怎么那么傻！”

的事情。如果我们能记住额叶成熟最晚这一点，就会在他们做出傻事时给予更多耐心。

我们还应当记住，额叶成熟的前提是我们对规则的维护，并且适当地让他们自己承担后果，并且努力去实践稍后谈到的各种策略。短期来看，这些策略可能侵犯了青少年们的自由，但是长远来看，它们能够更好地确保他们的生存和自由。

第四，青春期中期的孩子本能地想要成为有道德和伦理的人。教育家奥尔多·利奥波德（Aldo Leopold）写道："所有的道德伦理都取决于一个前提，即个体是组成社会群体的一个独立部分。他们受本能驱动为自己在社群中争取位置，但他们的道德伦理也促使他们必须合作。"

青少年的大脑在持续释放"竞争能量"的同时，也在吃力地形成自己的道德系统。在这个道德系统中，融合着他们的核心天性以及他们对"我是谁？"这个问题的答案。大脑正在直觉和理性之间徘徊，在青少年不断成长的大脑中，每个神经细胞和突触都在进行着这种关乎道德伦理的基本争斗。

有时候我们可能忘记了青少年对道德和伦理的渴望，因为他们同时也对竞争、性行为和成功充满渴望。如果这些孩子要成为独立个体、长大成人、成为男人和女人、成为父亲和母亲，那么这些渴望都是必需的。他们同时也有无私、逆来顺受、置身事外和禁欲的一面。和我们争论道德问题时，他们拥有独特的想法，为了让我们同意他们的请求绞尽脑汁。青少年们就是如此复杂多变，如果我们能爱上他们身上的双重自我，就能充分教养他们的天性。

第五，很多惹麻烦的青少年原本可以学会节制、判断和同情。如果你家有一位正处于困境中的青少年，记住：不要放弃！有时候就连置身困境的青少年自己都会放任自流，有时候甚至会选择伤害自己或自毁前程。我们的青少年都很有勇气和才智，他们每个人都在不断调整自己去适应生活中的变幻和伤痛。当你不断问自己和家人"这个青少年是谁？"时，你会意识到这个年轻人独特的力量与脆弱。揭开困境的面具，往往就能看到个性化的解决之道。

第六，培养每个独特孩子的天性需要一种乐观勤奋的人生哲学。绝不要放弃任何一个孩子的独特天性，因为人类的大脑和人类天性本身都在不断推动青少年奋勇向前去寻找他自己的风格。每个青少年内心里的天性都在挣扎着，推动他们熬过困苦、蓬勃发展、走向成功。

第七，每个青少年都需要父母的关爱和陪伴。如果询问、调查或质疑父母对青少年的作用，孩子们总是会说："我们想要和父母在一起更久一点。"调查显示，不只是年纪小的青少年想要和父母共处的时间更久一些，长大一些的青少年也是如此。记住这一点对我们至关重要。是的，青少年肯定会去寻求独立和独处，但是他们也渴求父母不要太累或承担太多压力，这样才能给予他们更多的时间和陪伴。

15～18岁 男孩女孩的天性差异

青少年的大脑和大脑中的化学递质在自身独特遗传基因的影响下不断发展，青少年常常在某些领域表现突出，而在另一些领域又相对薄弱。也许再过几个月，曾经薄弱的领域又得到了加强。**对男孩和女孩来说，15～18岁都是用来试错的时期，是一次全方位的学习体验。**同时，男孩和女孩也以不同的方式去发现和面对这些严酷的考验。

随着情绪中心和理解中心之间的区隔日益消失，**15～18岁的女孩通常能够比男孩更准确地理解情绪。**

如亚蒙博士的单光子发射计算机断层成像术扫描所呈现的，青春期中期的女孩会比男孩更倾向于通过事件、活动和人际关系中的一些细节来解释情绪。这种差异会一直持续到她们成年后。女孩的扣带回活动比男孩的更持久、活跃，所以她会在头脑中不停地回想某种情绪，持久不息，并且不断将新的内容联系到那些情绪上，直到在你看来她完全是在虚构离奇的剧情。

15～18岁的女孩会比男孩更倾向于“关系攻击”，而男孩则更倾向于身体攻击。如果青春期中期的男孩感到受伤或遭到拒绝，他的脑干血流量会升高，睾酮水平也会伴随升高，这会让他更倾向于激烈的打斗。也许他会尝试打沙包来宣泄情绪，但在更多的情况下，他也许只是简单地逃避或把注意力转移到别的活动上去。

女孩的脑干血流量和睾酮水平都相对较低，但是催产素水平和大脑中语言部分的联结则更多。她们更倾向于通过散播流言、恶语中伤、编造故事去毁掉另一个女孩的自尊，借此破坏人际和情绪联结。

青春期中期的男孩和女孩倾向于以各自的方式去冒险。当多巴胺水平在女性大脑中上升时，这种化学递质会刺激催产素和其他与人际和情感有关的化学递质，这一过程使得青春期中期的女孩较少做出公然的冒险行为。女孩的5-羟色胺平均比男孩多20%～40%，这是一种负责放松和调节冲动的神经递质，因此，男孩普遍更加冲动。女孩在多巴胺的影响下，较少受到睾酮刺激，她们也不会像男孩那样做出身体攻击的冒险行为。

青春期中期的男孩和女孩信任他人的方式也有天然的差别。新的研究揭示出，当一个年轻男性从另外一个人身上接收到一种人际信号，让他的额叶认为“这个人不值得信任”，男性的大脑和肾上腺素系统会产生大量的睾酮。而同样的情境并不会刺激女性身体产生睾酮。这是为什么当男性感到不能信任自己的家长或其他人的时候，生理上会格外愤怒的原因之一。他们的杏仁核可能会膨胀，肾上腺素被激发，他们的睾酮冲刷着大脑和身体系统，这样一来就让他们比女孩更加难以用语言清楚地表达自己的感受。

如果家人知道如何让一个被睾酮刺激的男孩去做一些运动，那才是明智之举，比如去打拳击沙袋、打板投篮或者其他能够让激素在他的身体里安全地进行生理加工的活动。

青春期中期的男孩和女孩在学习方式和风格上都有所不同。你可能已经注意到你的儿子更容易专注于单一任务的学习，但是可能没有像你希望的那么爱阅读。或者你会听到你的女儿说："我讨厌数学！我就是做不出来！"

当然，尽管对这种差异多少有些心理准备，多数学校和家长都会发现，到了青春期中期，男孩和女孩已经趋于成熟，并且沿着两种平行的状态在成长。有些在早期表现出来的阅读、数学、科学和其他科目上面的差距正在消失，也就是说，有些男孩和女孩的性别发展水平已经相等。与此同时，一些男孩和女孩此刻正需要强烈的干预，才能保证他们继续读书并且远离麻烦。

越来越多的家长不再把"正常的"学校教学作为这些问题青少年最主要的教育途径，转而投入到学徒式的教育环境中。这样做能使青少年们专注于特定的任务和功课，但是要确保孩子有同性别的指导老师。

打造适合孩子天性发展的家庭

为了让充满个性又爱冒险的青少年融入你的家庭和社区生活，你不断审视、做出修订和调整，现在你可能已经看到他核心天性的大概了，你能看到这个年轻人 80% 的本来面貌，优点和缺点都没有一丝遮掩。以下这三类核心天性中，你至少会在他身上看到两种。

第一，个性化的人格、情绪特征、自我激励、道德指引和共情能力。如果你的青少年是个领导者而不是追随者，或者正相反，那么现在应该都已经表现得相当清晰了。如果他现在已经形成了某种气质，那么这种气质可能会成为他一生的天赋或负担。

第二，社会技能、社交倾向、在亲密关系中害羞或主动。如果你的孩子是群体中喜欢让行动变得戏剧化的那一位，那么在他长大成人后很可能会看到每个人的观点，并且琢磨如何操控其他人。如果你的孩子是群体中天真的那一位，那么他可能天生就是一个超脱于情绪和世故的人。

第三，在特定天赋和技能上获得更高的能力，包括学业、运动或艺术方面的热情。现在你家这位青少年可能还不知道他将来想要从事什么职业，有些青少年可能会知道，但是大部分会改变主意。不过你可能已经有足够清晰的图景，在生活中发现有两三个领域可能符合孩子的心智特点。

要想将这三类活动全部合而为一，你可以考虑一下体育运动。如果你的儿子或女儿参加什么运动，你可以通过他在运动队里担当的角色看出他的核心天性。比如说，如果你的儿子或女儿是一个足球队里的进攻型前锋，你可以收起对那些琐碎细节的关注。等这孩子到了 30 岁，并且已经有了一定的经历，再回头看这段时间，你可能会清楚地看到他在事业进阶的过程中也表现出了同样的进取心。如果你的孩子在足球队里是防御型的后卫，几十年后你可能会在他的职业中看到同样的品质。

NURTURE THE NATURE 天性教养小课堂

“我爱你”背后的人际和生理行为

少男少女们都会自然而然地感受到爱情、情绪以及与性和爱相关的人际关系忧虑。因为性别不同，他们通常会以不同的方式感受到这些。认识到这种差异对青春期女孩尤其重要，如果缺乏这种认识，她们可能无法保护好自己，甚至产生抑郁情绪。

当男孩说出“我爱你”，施展各种策略以图得手的时候，其实是由睾酮引发的人际和生理行为。从这个意义出发，性行为很多时候是男孩体验进攻和征服的一部分。当女孩说同样的话并且调动类似的行为，主要是由于她体内的雌激素、孕酮、5-羟色胺、催产素和睾酮的浓度高于平常水平。

如果性行为发生在这对男孩和女孩之间，与恋爱相关的化学递质可以在女孩的身体里保持高水平，但是在几小时之后，男孩体内的恋爱化学递质就会消退，催产素会大量消耗，而他的睾酮水平会重新升高。她常常会想：“他刚才说他爱我，并且他现在已经在我最脆弱的时候拥有了我。他明天一定会给我打电话的。”不过，正如我们自己年少时的经历一样，男孩通常不会给女孩打电话。他会承诺给她发短信，但是会“忘记”或是“太忙了”。经过几个小时的“催产素恋情高涨”，睾酮重新占据主导，男孩的生理活动则通过支配、征服和各种性经历转向更多的自我发展。对于男性而言，很多行为是受激素驱使，并且缺少成熟的道德自省加以控制。

然而，女孩的催产素水平则会在性行为发生多日后依然保持较高水平。即使她的额叶清楚地知道这个男孩对她来说并不合适，可是她的内心可能还是会渴求这个男孩对她更好一点，不要离开她，告诉她她到底做错了什么，告诉她应该如何改变才能让男孩回心转意。而这种改变包括调整身材或妆容，或者陷入抑郁情绪，且难以通过自我调节来理性对待。

尽管这是一个极端的例子，但是和一些被抛弃的女孩的真实想法相比，这些还不算是很离谱。男性与女性在生物学中的差异可能会导致女性核心天性发展逐渐脱离轨道，甚至走向抑郁和更大的人生危机。

当你已经想好如何规划你家这位青少年的日常生活，可以和家人一起来看一看下面这些需要关注的地方。随着青少年的个性逐渐形成，他们需要自己犯点错误，你只需根据孩子的天性养育他们，就能帮助他们渡过这些困难的时刻。

第一，如果你想让孩子去约会，应当先打听清楚对方是谁，哪怕语气强硬一些。16 岁对于我的孩子而言，是核心天性发展的最佳时期，同时也是最容易受伤害的年纪。如果你想让孩子们在年纪更小的时候出去约会，我希望你能完全了解孩子的核心天性是否已经做好准备，然后再做出决定。

第二，保留家庭聚餐、亲子时间以及任何类似孩子小时候的“依偎时间”。现在的“依偎”更多的是体现在口头上，而且主要是全家人齐聚一堂的彼此分享，但是这仍然是一种依偎。要建立起“汇报”的固定习惯，比如，家长可以在孩子每天放学回来后问问他：“今天你过得怎么样？有什么特别的有意思的事吗？跟朋友相处得怎么样？那道题跟数学老师解决了吗？”青少年每天都需要和家里人有这样一个汇报，哪怕内容很简单。

第三，参加扩展家庭聚会、社区活动、团队邀请赛等活动，确保你的孩子定期参加两项以上这类活动。每一个发展中的大脑都会从这些支持和依恋中受益，这些挑战心理和精神、联络情感的活动有助于引导青少年们成为独特的自己。

第四，和孩子分享你核心天性中的热情。每个人都要面对各种繁杂的家务、准备工作以及工作中的琐事，但是每周也一定要留出时间，供父母与子女深入交流、一同劳作，在平淡的生活中找到幸福。

第五，确保你们全家能一起参加一些社会服务工作，鼓励孩子和他的学校将这些课外生活与学习很好地结合起来。每个青少年的核心天性所需要的共情和意义感都可以通过这类社会服务工作得到发展。有些年轻人比其他人更需要这类活动，特别是那些极度内向，喜欢待在房间里，对电脑、游戏机和各种视频痴迷的孩子。

第六，在你培养孩子的过程中，找到一种对你有效的方法。这种方法不是报纸文章或谈话节目里开出的家庭教育处方。实际上，你的方法可能会有些放任、啰唆、徘徊不定，教育得太过或纵容得太多。你可能会犯些错误，比如在本该坚持的时候退缩了，本该让他经历失败却对他做出了指引，让孩子太早去约会了，对年轻女孩太纵容了。然而，和其他家长一样，你也不是完美的，你一直也是在试错的过程中学习着怎么教养孩子。不过，你终将学会如何调整你的教养方式来适应孩子不断个性化的天性。

第七，尽管青少年已经逐渐变得独立，你仍然需要保护他远离高科技手段的危害。一些针对青少年行为的研究发现，网络霸凌时有发生，年轻女性容易成为网络犯罪的受害者。互联网存在风险，我们把互联网带入家门，并且为它付费，因此我们需要学会控制它。你的青少年需要知道你仍是他的家长，你信任他是因为他自己赢得了这份信任，但是信任并不意味着不闻不问。

帮助孩子应对压力、治愈创伤

所谓危机，可以是青少年深爱的某位亲人去世、父母离异、被欺凌或遭受身体伤害、遭遇性侵害、家境贫困、身处战争……危机也许是我们发现孩子精神疾病或大脑障碍的机会。任何重大事件或状况都可能导致孩子大脑中的皮质醇水平升高，如果这种状况持续时间过长，就足以对正在发育的大脑功能产生潜在的影响，甚至使其功能减退。

瘦得像竹竿的布雷瓦

布雷瓦 10 岁的时候，她妈妈觉得她“瘦得像竹竿”。布雷瓦的妈妈也遗传了瘦弱的身材，考虑到核心天性的影响，她担心布雷瓦会长得非常瘦，但布雷瓦的医生认为还没有什么特别需要担心的迹象。医生意识到，在最近 10 年间，厌食症患者的发病年龄已经从 13 岁降到了 9 岁，不过，10 岁还只是“静待观察”的年纪。医生教布雷瓦的家人调整进餐习惯，推荐家庭成员寻求咨询师的帮助来调整他们超负荷的高压生活。这对父母一心想帮助女儿，所以他们重新审视了家庭生活习惯，始终对孩子的发育保持警觉。

布雷瓦 12 岁时体重只有 30 多千克，这真的吓坏了她的父母。医生也开始表示关切，要求家长关注并记录布雷瓦的饮食习惯，并且要求布雷瓦按特殊规定进食。医生与她的父母一起密切观察着布雷瓦所承受的压力、她的学校生活、她的行为、父母对她的期待以及他们的家庭生活习惯。

一年之后，13 岁的布雷瓦血液中铁和钙的含量已经明显过低了。她的父母无法时时刻刻盯着她，布雷瓦经常会把早饭喂给狗吃，在学校也不吃午饭。布雷瓦的医生只得把她送进医院，让她通过鼻饲管进食。布雷瓦的病由一位专治饮食障碍的神经内科医生接手。在 3 个月的时间里，布雷瓦的鼻饲管插了又拔，反复数次，而且她出院后还需要继续坚持治疗，不过这番治疗总算保住了她的性命。

通过大脑扫描，布雷瓦的主治医生发现她的大脑中 5- 羟色胺的水平超高，这是厌食症的一种典型特征。此外，医生发现布雷瓦的皮质醇水平也处在较高水平。通过和布雷瓦的家人谈话，他发现父母双方的 DNA 和对孩子日常养育的过程中都隐藏着厌食症的倾向。布雷瓦的其他亲人也有这种遗传倾向，说明她的家族有罹患这种疾病的病史。而且，她的家庭和整个文化环境等一系列因素交织起来，制造出了触发厌食症基因的心理病源。用医生的话说，布雷瓦生活中的触发点包括私立学校的高压、追求完美的父母、父母离异、鼓吹女性瘦削身材的冷酷文化以及消极的心态。由于布雷瓦的 5- 羟色胺水平和皮质醇水平超高，她的大脑正经受着这些神经递质的负面影响与折磨。布雷瓦的记忆力因此下降，她的学业也因此受到影响。

在确诊和治疗布雷瓦的厌食症期间，这个家庭的互动关系、父母对待女儿的方式方法、学习系统、孩子的生理功能，还有孩子跟家人对生命意义的追寻等都在变化。幸运的是，布雷瓦的故事终于以大团圆结局。到了 16 岁的时候，她的月经周期开始了，她的青春期恢复到了正常的轨道。她的大脑化学递质恢复了自然的节律，她现在每天在学校的生活也更正常了，生活不再被那么多高压活动所占据。她对医生说：“我感到很兴奋，即使我在大多数人中间还并不是那么合群，但是我明白了一件事：我想要去帮助其他女孩子。”

布雷瓦志愿担任学校的同伴调解员，还参与到了当地心理健康中心自杀干预热线的工作中。后来的一年里，在她帮助其他人的同时，她的医生和门诊治疗项目也持续监督着她的健康进展。

就这样，布雷瓦通过这次在疾病中迷失的经历找到了她自己。她通过危机找回了自己失去的核心天性。在她病重的阶段，她的家庭曾失去原有的平衡，但是他们最终找到了一种新的平衡，建立起了共生的离婚关系，她的父母在治疗康复阶段始终对她疼爱有加。她的家人都支持她参与社会工作，妈妈更是和女儿一起去接听自杀干预热线。这个家庭通过支持孩子个性化的核心天性，支持她走向成熟，把危机转化为了意义和使命。

正确处理危机，在“不完美”中成长

作为以天性为本的思考者，我们必定要认真考虑如何应对自己和孩子生活中的危机。我的家人和我自己在生活中都多次遭遇过危机，然而每一次都会因危机而蜕变，得到新生。生活本身就是困难重重的，从儿童到青春期这一阶段的经历更是意义非凡，每个孩子和每个家庭都必须也应当体验人生道路上的颠簸、障碍、危险、创伤和危机。每个孩子都必定会不时经历失败：失败可以激发孩子核心天性中新的方面。**每个不断成长的生命都必定要经历各种危险、考验、挑战和伤痛。经历这些，才能从这些局限中挣脱，抓住发掘自身的核心天性的良机。**

如果我们以天性为本去养育孩子，那么我们需要将生活中消极的部分整合到教养过程中去。我们需要接纳通过“不完美”的方式在自然的不平衡中培养孩子长大。每个孩子都可能会受到同伴的哄骗和欺凌，并因此变得坚韧。这些经历使得很多家庭不得不去跟孩子的心理疾病做斗争，或者照看孩子的身体病痛。无论我们多么想保护我们的孩子，即使保护孩子是我们的天性和本能，我们仍不能过度保护他们，以免他们远离事物的本貌。

布雷瓦式的案例让我们领悟出本质教养的一个关键要点：**为了孩子和家庭更**

好地发展，应避免夸大或向孩子隐瞒危机，相反，我们可以将危机自然而然地融合到孩子的生活中去。这样的融合在短期内或许不会减少危机带来的痛苦。不过从长期来看，这会让危机变得有意义，我们会在危机中发现孩子真正的样子。这将滋养孩子内心固有的力量和慈悲，也会使那些有意义感和目标感的孩子反过来滋养整个家庭和社会。

应对压力与创伤的三种方式

在美国心理学会会刊《心理学公报》(*Psychological Bulletin*)的一篇文章中，研究人员回顾了过去30年关于应激反应的研究，认定我们应对危机、应激和创伤的方式深深地影响着我们的核心天性，帮我们度过“危机—沮丧—恐惧—干预—行动—意义”这一循环周期。当你帮助孩子度过危机之后，你会发现孩子能够运用自己的方式、凭着天性把自己拉出黑暗，也会发现孩子在寻求帮助上总有自己的方法。你可能会使用很多不同种类的干预：药物、营养、心理、教育、父母教养、非父母教养和同伴群体。在所有方式中，你最需要的3种干预方式如下：

- **药物和化学药品。**通过药物治疗或者改善营养，直接影响大脑的神经递质和功能。对有些孩子来说，药物治疗效果很好，他们的病症可以通过直接恢复大脑化学递质水平得到治愈，而且副作用也不算严重。但对有些孩子来说，药物治疗并非根本解决之道，但在必要时也可以考虑药物治疗的可能性。
- **关系共情。**心理共情对话、家庭活动、核心辅导和一对一的关系……所有这些都能帮助孩子和家庭应对由危机引发的情绪和情感问题。当一个或几个人关心、理解并支持孩子，与之形成共鸣时，治愈的魔力就注入了孩子的内心，成为天性的一部分，发挥更好的效果。成功的干预有赖于一个或更多人以他们以前可能不具备的方式、对孩子进行持续数月地关注，包括和孩子共度亲子时光、辅导孩子的功课、比以往更频繁地和孩子见面等。
- **精神指导。**在我们身边有许多与追寻意义感有关的人生导师。这些导师的指引都可以融合到家庭中，这样才能让危机变成生命的一部分，融入世界、人类和充满希望的未来。如果有青少年被欺负、遭受虐待，或者面临父母离异，我们自然而然会想到让富于智慧的成年人和社群引领青少年去理解危机在生命旅程中所扮演的角色。

一位微生物学家兼工程师、两个孩子的父亲，在电子邮件中对这种干预方法表达了支持：

想想看，一个孩子把另一个孩子塞进储物柜，校长罚始作俑者停学。可是这孩子需要的是品行上的教育和成长，他需要理解他所做的坏事和他为他人带来的痛苦，明白他大可不必做跟其他男孩打仗的战士，而是可以成为为伟大理由而战的勇士。孩子们会彼此伤害，因此我们必须帮助他们了解并引导他们的精力。这是天性。身为自然科学研究者，我深知在大自然中极少有什么东西或生物是一开始就完美无瑕的。我们从犯错受伤中学习，弄清楚以后要怎么做才能做得更好，这是最佳的也是最自然的学习方式。

如果孩子认为犯一个小错就会让这世界崩溃，他们又怎么能认识自我？如果他们从来不被允许去冒险，他们又怎么能学会评估和管理风险？如果没有人帮助他们了解为什么在至善的世界里仍会感觉糟糕，他们又怎么能变得成熟？等这些年轻人到了18岁这个充满魔力的年纪，我们就指望他们自发在危机管理、控制冲动、风险因素分析和控制方面展露出过人的技能，可是他们学习这些技能的机会其实一直是被剥夺的。他们本应在社会中争取自己的位置，为自己全权负责，并且为战斗做好准备。

我的观点是，我们正在把我们的孩子逼成傻瓜，可我们却把他们当作责备的对象。我也曾这样对待我的孩子，我没能帮助他发现自己、发现他和自己内心深处的联系，结果导致他转而寻求毒品的麻醉，甚至差点丧命。他曾多次进出戒毒所，其间我一直陪伴着他，现在我更加了解他了。

当你更进一步观察青少年核心天性的发展，我希望你在面对危机时不要畏惧。你只需要在自我完善这一点上不断努力，而不必因为自欺欺人或自我麻痹这种问题陷入自责。如果你伤害过孩子或者他曾因为你而心碎，我希望你能透过孩子的眼睛凝视他们的内心，向他们的心灵发问："我要怎么做才能让你好受一点？"同时你也要自问："身为成年人，我要怎么才能帮助我的孩子从这场危机中认识到人们斗争的目的是至善？"

热门话题：怎么处理同伴群体和家庭之间的关系？

一位3个孩子的妈妈写信给我，回应古里安研究所关于同伴压力（peer presure）的调查，她的孩子们现在都已经长大成人：

> 我的大女儿洛丽15岁时对同伴有点走火入魔。每个周五、周六的晚上，她都要去朋友家过夜，或是在周末邀请朋友们到我们家来住上一两晚。她每时每刻都想要和她的朋友们煲电话粥或者在网上聊天。因为她是我们的第一个孩子，看到她对同伴群体如此投入真让我们有点儿恐惧。"

每个家庭都会注意到，随着孩子的核心天性发展，他开始将注意力转向同伴。在孩子生命中的某个时刻，同伴压力也开始正式登场，而且对很多孩子来说，这种注意力的转移往往会发生在15岁之前。幸运的是，这些令家长惊恐的转变同时也伴随着群体智慧、结盟关系、结伴探索和互相支持。尽管如此，父母及家庭团队在孩子的生活中仍然很重要，此时同伴的"第三重家庭"也开始变得重要。尤其是在这个年纪，同伴的家庭中可能出现各种各样的问题或不良的影响，不过这种互动也为青少年核心天性的发展带来了挑战。

在孩子天性的发展中，有很多重要的方面会受到同伴团体的鼓励和影响，而且这些方式是父母不具备的。尽管父母在天性发展的方方面面都扮演着重要的角色，但同伴对核心天性的发展所起到的影响依然不可或缺：

- 同伴会让每个青少年的核心天性经受严酷的考验，并对青少年的品格进行“检验”；
- 同伴对青少年的教育方式是父母无法替代的；
- 同伴有助于让女孩成长为女人，让男孩成长为男人；
- 同伴给青少年带来身体和情感上的安全感，尤其是在父母不能理解他们或帮不上忙的时候；
- 同伴将青少年带向独立，尽管这种独立可能是危险的；
- 同伴通常会给青少年和家长们带来关于成长的启发，向家长表明他们需要了解的事情；
- 同伴之间会有竞争、会渴望成功、会互相促进，彼此滋养并不断得到提升。

简而言之，**同伴是无价之宝，为了让孩子成为独立的个体，适应孩子的同伴也要成为家长们制订教养计划的重要环节。**

可以用这种角度看待这个问题：我们把自己视为一栋房子，孩子在这栋房子里逐渐认识了自我；同时，把其他家长视为一个村庄，在这个村庄里，孩子们能在成为自我的路上得到必要的支持；而同伴则像是城市的街道，甚至包括周围的荒野，孩子们正是在这里成了他们自己。

无论我们来自哪里，在传统社会中，同伴的影响一样要受到家庭系统的管理。在成年之前，让孩子将同伴“带进家庭”，告诉他我们会热情对待他的朋友，这会令孩子的核心天性在生物和社会方面获益；任何时候，家庭都不会把孩子的教育问题完全交托于同伴群体或帮派。

9 个步骤管理孩子的同伴生活

下面这些步骤能帮助你在孩子与同伴群体交往时扮演好重要角色。如果你尝试这些做法，就能设置出一套可靠的体系，不仅能让你的孩子成功排解掉同伴压力去探索他自己的核心天性，而且可以让他在同伴群体中过得有意义。

- 只要孩子还跟你住在一起，就要尽量了解他们的行踪。如果孩子去了他没有预先安排的地方，或是在改变计划的时候没有和你沟通，就有必要让他承担后果。要坚持宵禁的规矩，告诉他们一旦违反也要后果自负。
- 去结识孩子的朋友，和他们交谈、握手，注视他们的眼睛，邀请他们到你家里，去了解他们。如果你从来没见过孩子的朋友，那么就没法将他视作家庭一员，缺少家庭介入可能会给你的孩子带来危险。
- 结识孩子朋友的父母和家庭团队。如果有机会，可以和他们一起做些事情。建立起联结互动的多重家庭系统，让同伴在这个系统中进行活动。
- 和社区机构、教育部门、体育机构一起为孩子们组织同伴活动。帮助我们在同伴相互影响的健康心理环境中养育我们的孩子是这些机构的职责所在，在青少年精力过剩的时候，运动有助于释放精力。
- 保证孩子的朋友来你家过夜的次数和你的孩子去别人家一样多。成为别的孩子乐于相处、心悦诚服的那种家长。给那些年轻的小伙子和姑娘们提些适合他们的活动建议，比如购物、野餐、社区足球赛等，他们在你家做客的时候要对他们多加关照。一开始孩子们可能会把你排斥在外，但是时间久了你会惊讶地发现他们也会经常邀请你加入进去。
- 如果你发现任何危险的同伴活动，如酗酒或其他冒险行为，要及时给其他家长、辅导员和社区支持人员打电话。即使你的孩子说“别掺和，你这样会让我很难堪”，你还是要视情况采取措施。
- 如果孩子被同伴，特别是危险的同伴占据了过多时间，就需要取消孩子的特权。如果孩子的核心天性发展完全取决于同伴群体，而同伴群体之间的活动又孤立于家庭系统，就应当视需要咨询专家和其他家庭团队成员的意见，考虑如何干预孩子的生活。
- 保证让孩子每天至少进行一次例行“汇报”，让他们谈论些与同伴相处的事情。坚持汇报的习惯，甚至可以一直持续到青春期后期。也许早餐时一次，也许晚餐时或睡前再来一次。不用对他们说很多，但是至少要做到倾听他们的汇报。你的孩子将会牢记这种惯例。
- 和孩子培养亲密关系，让他们可以向你倾诉任何事情。其中包括“泛泛的倾听”，再加上一点点“剖析”。同伴之间虽然也会互相倾吐各种事情，但是他们通常比较无知。如果你能和青少年以及他们的朋友发展出彼此信任的倾听关系，到了青少年想让你提供见解的时候，你就能成他们乐于咨询的专家。

孩子的同伴，父母的助手

在我举办过的某次活动中，一位父亲讲述了这样的故事："我 15 岁的女儿卡伦昨天哭着回到家。学校里有些女生喊她'胖子'和'笨蛋'。作为卡伦的继母，我妻子和我都安慰了她。我们告诉她，她非常好，没有问题。我们问她是否需要我们和那些孩子的家长谈谈。总之，我们尝试了各种方法竭尽所能去帮助她，但是不知道我们到底会帮到她多少。我知道有的孩子还是会给她起外号，而我也不清楚该做些什么才好。"

我们的活动成员都很关注这位父亲，也问了他很多问题，并因此获得了更多信息。原来，卡伦大约超重 13 千克，因此被其他人称为"胖子"。至于卡伦的同伴叫她"笨蛋"，卡伦的父亲自己也看到自己孩子的行为问题：卡伦有时候会说些不得体的话，而且她会干扰课堂纪律，把不少同学，甚至是老师都惹火了。用卡伦爸爸的话来说，卡伦是"大家公认的最难相处第一名。"

在同期活动中还有两位祖父母。其中祖母已经 74 岁了，她的 4 个孩子都已经 30 多岁了，她讲述了自己孩子小时候的故事。她的孩子中有两个听起来很像卡伦。这两个孩子的某些行为不符合他们周围社会群体的常规，而社会群体则毫不留情地指责这些反常之处。这位祖母说了句非常明智但有些直白的话"如果身为父亲的你知道同伴们是对的，那么你就不要再去蒙蔽自己的孩子，更不要自以为那是为她好。你只能告诉她，她的那些同伴没有错。"

"告诉她她很胖？"那位父亲抗议道："难道要我告诉我女儿她是个笨蛋？"

那位祖母说："你要换种说法，但是应当利用同伴所说的那些话去帮助她成长。"

这位祖母自己也有过孩子受同伴欺负的痛苦遭遇。**同伴是穿起事实真相与核心天性成熟的那根线，同时也从长远意义上保护了孩子的自尊。**她的孩子们已经安然度过了那个阶段，而她正尽力给这位年轻父亲一些忠告，告诉他有些时候同伴群体对孩子要比父母对孩子诚实得多。

这种情况也可能会发生在你的孩子身上。同伴可能会指出你的孩子发展中的核心天性在社交、身体和情绪上的“瑕疵”。有时候这种指摘充满了恶意，甚至有些刻薄，让人十分恼火。你会本能地要帮助你的孩子脱离这种痛苦的境地。这是为人父母的本能，然而有时候你可能忽略了掩盖在这种保护本能之下的深层直觉：同伴的挑衅可能自有它的缘由。

在这位父亲和卡伦的案例当中，我们的小组成员最后一致赞同卡伦需要她的父母和扩展家庭来帮助她调整饮食模式。超重 13 千克对她而言并不健康。她的同伴比她的父母更诚实地指出了这一点。当这位父亲醒悟过来，重新关注卡伦的生活，他立即意识到卡伦不能继续早上吃甜麦圈、中午餐吃比萨饼、晚上吃意大利面了。他还意识到，卡伦恐怕确实需要在父母和扩展家庭的共同帮助下获得与她年龄相符的群体社交技能。

这场活动结束 6 个月之后，卡伦的父亲给我发来了电子邮件。他说，经过家人的深思熟虑，他和卡伦的继母终于可以坦诚面对卡伦的超重和社交问题，随后他们带卡伦进行了 3 个月的咨询。卡伦逐渐喜欢上了这位年轻的女咨询师。这位咨询师同时也成了卡伦的“大朋友”，她帮助卡伦理解了那些“笨蛋”行为是如何损害到了她和同伴之间的关系。

同伴间的欺凌行为确实时有发生，它们大多会攻击基本人格或孩子的核心天性，报告显示将近五分之一的孩子曾遭遇过欺凌。现在的美国文化对欺凌行为十分关注，并且会对这类行为进行干预，这样的处理方式非常合理。

不过，卡伦的经历并非不健康的欺凌行为。她的同伴正做着人类发展历程中一直在做的事情：**激发成熟**。任何家庭都从这种健康的“同伴压力”中受益。我希望你能重新审视同伴带给青少年生活的这种益处，因为人们常常低估同伴的作用。**同伴并不总是敌人，他们既是我们孩子的同谋，也是我们的助手，他们是挑衅者，同时也可能成为孩子身边明智的朋友。**

NURTURE THE NATURE 智慧实践

享受孩子那美妙又躁动的青春期

将孩子隔离于同伴之外，或让孩子生活在对同伴影响的恐惧之中，这些做法对家庭来说都不明智。而且这些处理方式通常会导致孩子过度逆反，也可能导致他们对男女朋友或危险的同伴群体过度依恋。尽管如此，任由孩子投向同伴群体而舍弃家庭和扩展家庭也并非什么好主意。虽然对孩子来说这样做可以更轻松地解决一些问题，但是这种做法实际却没有考虑到孩子们作为独立个体的发展需求。因此，我们需要考虑到青少年生活中的各个重要方面，每个方面都存在对孩子潜在的帮助，也存在伤害孩子核心天性发展的可能。青少年所处的这个生命阶段，可能是在婴儿期之后最躁动、最混乱，同时也是风险最多的一个阶段。

不过，这也是最美妙的阶段之一。正如很多人一样，我不仅很享受小宝宝的成长过程，也很享受年轻人在家里成长的过程。我很享受和我家的青少年辩论，喜欢通过她们逐渐成熟但有些冒险的视角去看世界。我也喜欢看着孩子们在父母与同伴的陪伴和智慧之间游刃有余。孩子们的生活刺激不断，正因为如此，他们让我们保持年轻！当然，就像你的孩子可能也会让你感到疲惫不堪一样，她们也会让我筋疲力尽。但是当我的孩子一步步迈向高中毕业典礼，我内心深处对于希望和自由的情感也被重新点燃。我希望你家的青少年也会激发你内心深处的这些情感。

NURTURE THE NATURE

寻找自我，探索使命

19岁以上的天性教养

青春期后期正是寻找自我、探索使命的年纪。这一时期孩子的大脑对任务、价值和使命有特别的专注。他已经对自己的核心天性有所了解，正如饥似渴地想要弄明白自己将成为什么样的人，属于自己的人生目标是什么。

詹姆斯·赖恩（James Ryoan）那双灰色的眼睛里总是半带笑意半带机警，他是我在大学时代最好的哲学教师之一。1978 年的某天，他站在我们面前，手里拿着一本厚重的书，那是哲学家伯纳德·洛纳根（Bernard Lonergan）所著的《顿悟》（*Insight*）。我们这些 20 来岁的哲学专业学生都盯着这本将来要读的鸿篇巨制。“这本书讲的是对人生使命的追寻，”赖恩老师说道，“读读这本书。你们在我这门课的全部成绩就取决于你们能否通读这本书。而你们的人生价值，”他露出神秘莫测的微笑，“全看你们如何理解这本书。”

我的每位哲学老师似乎都觉得自己所教授的东西足以改变学生的人生，所以我对赖恩老师开始也是将信将疑。21 岁时的我曾在世界各地周游。我的童年艰苦又混乱，因此我特别希望大学给我的不仅仅是教授们的吹嘘。然而后来我信了赖恩老师的话。“读完这本书之后，”他继续说，“要是年轻的你们能理解洛纳根的真正意图，我会非常吃惊。洛纳根是在问：‘我们是谁？我们应该怎样度过此生？我们可以有何期待？’很多年轻人似乎觉得自己已经知道了答案，尽管洛纳根承认他自己都还没能做到。”

事实证明，赖恩老师并不是一位只爱吹牛或者批评年轻人的老师。学期结束时，选修他这门课的学生学会了如何回答这些非常宏大的问题。选修这门哲学课的不仅有哲学专业的学生，还有很多工程专业、社会学专业的学生。这些年轻人在阅读、学习、社交活动甚至在睡梦中都在寻找自己人生的使命。现在，就在青春期后期和成年早期，我们每个人都了解了自己的核心天性。我们如饥似渴地想要弄明白自己将成为什么样的人，想要知道自己的核心天性在这世间的使命。

回头想想，在你二十出头的时候，是不是也有这样的想法：你是不是也曾每天琢磨自己将成为什么样的人？你是否也曾为走出童年和青少年期而努力让自己的行为举止“像个男人”或“像个女人”？你过去是否“活在当下”，努力尝试各种激动人心的事物，包括友情和爱情，而所有这些全是为了找寻你未来在这个世界中的位置？20岁以后，很多人已经搬出父母的家，外出工作或读书，开始了没有父母在身边的生活。即使有些人仍和父母住在一起，也在寻觅着别处，试图离开他们，踏上自己的旅程。我们要花10年甚至20年的时间，才能看到自己和父母的目的地是多么相似，直到我们有了自己的孩子，才会充分理解父母当初是如何努力帮助我们发现真正的自己。而此刻，我们只想让心灵自由自在，让自己拥抱未来。这个在成年生活中取得丰硕成果的“我”就是我们上下求索“我是谁？”之后得到的那个真正自我。

人们常常想起高中毕业后到20多岁那段“寻找自我”的岁月，这一点也不奇怪。那几年正是寻找使命的年纪。考虑到每个年轻人的大脑和身体在这个年纪发生的生理化学反应，我相信即使是我们当中最懒惰或自我意识最薄弱的人，也会在成年早期这几年慢慢展露出对使命感的追求。有些人像我一样，在二十出头的时候寻求心理治疗，试图拯救我们在童年丢失的东西，而另一些人选择毕生的职业使命。在这段时间里，年轻人有很多事要适应，很多事要起步，很多梦想萦绕于心，也有很多局限等待被发现。每个人都会以不同的步调走过生命中的这个阶段。在青春期后期，我们的思想和心灵努力以自己的方式去了解，我们特定的核心天性不会局限于某个时间或地点，而是能够在深深的渴望中显现出来，去做那些自然驱使我们去做的事情。

从儿童到青少年，你的孩子现在已经来到第7个阶段，这一阶段关系着青少年的大脑对任务、价值和使命的专注。我现在相信，身为哲学家的赖恩老师把那本哲学巨著摊在我们面前时，就是在暗示我们，让我们意识到自己的使命，那正是我们的核心天性存在于这个地球上的原因。他知道我们这些年轻人或许在童年时期并没意识到自己的使命，因此他想让我们逐渐醒悟。

19 岁以上 青少年天性教养的基本目标

- **了解你的孩子的所在的人生阶段。**这是青少年期的最后一个阶段，这个阶段会一直延续到二十五六岁。如果在你读这段话的时候，你家的年轻人已经成功地投入到非常适合他核心天性的社会系统中，即进一步教育深造、工作和与人们相处，那么现在你对他的支持主要体现在经济层面，以及“需要时即出现”。如果他在青春期后期融入社会不够顺利，那么可能就会需要你的一些干预。
- **试着用年轻人的视角看世界。**在你的儿女步入成年期的这几年间，他们仍然需要你和你的家庭团队给予支持。孩子们需要和你结成经济联盟或其他联盟，他们还需要你持续给予协助，帮他们在青春期后期专注探求他们在这世间的使命感。你仍是孩子们发现自己核心天性的关键，因此他们在工作、学习、教育和社会方面仍需要你的“参与”。你可以经常回忆自己在这个年纪是如何生活的，并且努力审视生活现状，这样才能帮到你的孩子。
- **必要的时候得学会放手。**你的孩子会走走停停，最终进入一个更大的社会群体当中。你所面对的挑战将是在这个年轻的灵魂需要你时迅速地抓住他，而在其余时间则要放手。这听起来如此简单，做起来却并不容易。你那 23 岁的孩子可能开着一辆几乎要散架的车，也可能在一段分分合合的恋情中挣扎，可能懒散邋遢，也可能身上戴着怪里怪气的钉环，甚至可能一连好几个月都不和你说话，但是只要这个年轻人正专注于探求人生中某个崇高的使命，你就算是完成了教养任务，可以放手了。

19 岁以上 青少年天性教养的 7 个要点

在这一章中，让我们一起关注这个“具有使命感的年纪”吧，这种使命感是先天预设在青春期后期这些年轻人正在发展的大脑和身体中的。我们会谈论到，这种天性的发展将如何在 19 ～ 25 岁的孩子身上以特定的方式展露出来，不过，每个青春期后期的孩子和年轻的成年人都会有自己习惯的节奏和时间。你的某个孩子可能在 19 岁时就已经十分成熟，而另一个却可能在 29 岁还不能真正地找到自我，像朵迟开的花。以下是这一阶段你需要了解的 7 个要点。

第一，对这个年纪的人来说，多样性是“新的常态”。你的孩子不再仅仅是社会潮流中的一个统计数据。他的大脑趋于成熟，现在能够“炫耀”来自遗传和家庭团队对他教养的种种成果。你的孩子已经准备好以他自己的方式去创新和生活了。同 15 岁的时候相比，他的大脑额叶现在总体来说已经和低层边缘系统更好地联系在一起了。15 岁时的他还身处于数不清的激素、神经和社会压力之下，这些压力恰恰分散了孩子对生命和存在意义的充分思考，而现在他身体的各个方面都已经更好地整合在一起，而且他的整个大脑皮层也能更加清晰地专注于去探求“我是谁？”这个问题。

我曾接待过一位已经完全失明的先生和他的妻子，这个案例给了我极大的启发。“我们把他们培养成了他们本来的样子”，他们遵循着这样一个理念养育了 5 个孩子。这 5 个年轻人中有两个人生活在其他国家，他们已经成为所在城市不同领域中的卓越人物。这对夫妇告诉我他们的养育方法：“我们告诉每一个孩子，如果你能专注热爱之事，就一定会找到人生之路。每个孩子都有得意和失意的时候，但是他们都不会坐在原地琢磨他们是否能在生活中拥有一席之地，而是走出去寻找它。”

第二，年轻人仍在寻求家庭时间。尽管这时候孩子们可能已经开始独立，但他们仍需要我们给予一剂强心针。他们会时不时地需要我们的帮助。和以往相比，他们可能需要更多地发展和我们之间的“成人”关系。最好能留神倾听这些年轻人自己的观点。《时代周刊》的调研显示，大部分青春期后期的孩子表示他们在最近一个星期和家人有沟通；近半数是通过电话或电子邮件的方式与父母沟通，39% 的人说他们的父母对他们依然有着较大的影响力。

第三，这些年轻人还想在同龄人群体中找到能够替代父母职能的人，这是他们天性的需要。他们已经离开了我们，成了各种各样的大人。他们通过逐渐独立的自我，实现各自与生俱来的人生。他们会找到能够给予他们帮助和挑战的同伴群体。在二十五六岁之前，他们会设定自己前进的方向，并且沿着这个方向坚持许久，此时的他们还需要多样化的社交资源。很多年轻人不上大学，他们需要的是与职业或情感相关的导师。这些导师可能会转变他们在青春期后期无所事事的生活状况，并且帮助这些年轻人找到自己的使命。

第四，年轻人既聪明又富有自我意识。在调查中，当 20 多岁的年轻人被问到“你是否将自己视为成年人”时，有 1/3 的人给出了否定的答案。他们能够意识到自己在情绪把控和社交上的成熟度不足。说实在的，我们的孩子比我们当年更晚熟。

第五，忽冷忽热、凭兴趣做事是这个年龄段的常态。即使到了青春期后期，大脑发育已经完成，我们在前面章节提到过的断开联结和挑战仍在继续：大脑还在尝试各种冒险行为，情绪反应和教养经历仍在塑造大脑对刺激的反应。更换男女朋友、调整工作和习惯在这段时期都是相对正常的，对性的尝试和对道德的实验在这个年纪也屡见不鲜。这些年轻人的实验性行为一般不需要担心，除非这样做存在危险或者纯属无聊。

第六，年轻人正在为毕生使命建立自己的道德观和伦理观。父母和其他导师仍在向孩子传授价值观，但是这个年轻人在 25 岁时拥有的道德体系和社会体系很可能会有别于你。当年轻人设定好自己的毕生使命时，作为父母，我们对后代道德体系和社会体系的判断不取决于它们是否符合我们培养孩子天性时所采用的标准，而是看孩子们现在是否已经形成了对自己有益的生活规则。这样的评价方式对父母有益，同时对父母也是一种解脱。如果孩子们还没有建立自己的道德观，我们需要保持关注并适当干涉。不过如果年轻人仍在继续寻找适合自己的道德体系，我们就应该为他感到骄傲。

第七，对所有年轻人来说，世间之事并不总是美好的。很多年轻人的生活是危险的、孤独的、沉迷于社交媒体的、烦乱不安的。有些青春期后期的孩子并没有找到自己的道路，缺乏使命感；他们在我们的掌控之外徘徊，但是又没有任何目标；他们甚至憎恨我们，但是又觉得有权住在家里，享受着由我们付钱的各种社会服务。在我们中间，有不少父母为自己的孩子感到极度苦恼，这种感受吞噬着我们的心灵。如果你现在正面对一个身处危机中的孩子，或者他正处于非常困难的境地，你恐怕仍然需要考虑如何辅导和培养孩子，让他们的核心天性重回正轨。

19 岁以上 男孩女孩的天性差异

当你享受和孩子相处的时光，并激励他们追寻自己的使命时，你会为青春期后期的男孩和女孩在成熟度和视野上的差异感到吃惊。脑科学发现表明，青春期后期男孩的大脑成熟比女孩晚很多。这只是男孩和女孩在人际交往、婚姻关系、职场甚至是完成人生使命等众多差异当中的一个。

男性大脑细胞的髓鞘化（myelination）时间较晚。髓鞘是大脑细胞上的白色包裹层，它负责大脑不同神经中枢之间的信号传输。有些男性的髓鞘化过程与女性相比晚了不止几个月，而是几年。因此，尽管多样化的天性本身允许女性和男性中都存在“晚熟者”，但数据显示晚熟的男性居多。这种基于天性的教养理论解释了为什么很多男生在上大学前需要一个“间隔年”，让他们在进入高压的大学环境之前用一年时间去探索自我、参与劳作、成长并走向成熟。

男性的大脑在一天中仍会多次进入“休眠状态”。他们的大脑一生都会这样，不过当大脑工作的压力增强时，这种休息状态对男性的大脑来说是很好的充电时间。在这个阶段，男性的大脑活动几乎是停止的。有趣的是，对年轻女性来说，并不存在类似的全脑休息状态。扫描显示，大学时期女性的大脑总是在持续不断地进行供血。女性通常具备更强的多任务并行处理能力，即能同时做和说几件事，这种能力在青春期后期已经表露无遗，并会持续一生。

即使女性的大脑已经专注于一项任务中，它仍具备更强的焦点转换能力。英国的大脑研究人员揭示，年轻女性可以立即转移注意力去处理一件突发事件，在生化物质的共同作用下，女性在“转移焦点”时会做出更安全的决策。年轻男性则更容易顽固地继续关注他们最初着眼的任务或重点，这样通常会带来更多危险。

女性的大脑倾向于用大脑皮层的语言中枢处理更多的情绪、感知和共情信息；男性的大脑则倾向于把这类信息传向脑干，激发更活跃的身体反应，同时很少能够把感觉、感动、共情和记忆中的微妙之处转化为语言。这类“语言使用”上的区别会给他们婚姻的头几年带来不少困扰，女性总是试图让男性“多多说他们的感觉”，而男性则总想让女人“直截了当说重点”。

当你的儿子和女儿成长到这个年纪时，儿子的大脑灰质是女儿的 6.5 倍，女儿的大脑白质则是儿子的 9.5 倍。大脑灰质的作用侧重于“局部加工”，专注于单一任务并进行运算；大脑白质的作用侧重于“整体加工”，同时处理大脑多个区域的不同信息。

几十年来，我们的社会流行教养文化推崇消除男女就业差异。尽管男女之间的相同之处确实比父权文化认可的要多，男性能做的事女性大多也能做到，反之亦然。但大脑研究表明，20 多岁的男性和女性会自然地被适合他们各自内在天性的不同工作吸引。明智的企业不会为两性的天性一较高下，而是会为两性不同的独特天性创造出和谐的工作环境。

根据性别不同，青少年对应激的体验和处理方式也有所不同。当感受到应激时，雌激素比睾酮更能激活大脑中的神经元。当青少年成长到这个年龄，他们的神经递质通路已经完全成熟。因此，他们现在处理压力的方式基本就是与未来相同。女性的焦点常会从更重要的任务上转移开，这不利于她们对应激事件或谈话投入更多和更持续的“思考”，而是对这些状况感到懊恼不已。不过，有利的一面是她能更深切地体验到生命的情感奥秘。对男性来说，不利之处在于他常以简单的战斗或逃跑来面对应激，这使他不能耐心倾听，因此错失或回避了人际关系中很多重要的内容。有利的一面是他能更迅捷地解决更多的问题。在应对人际关系这方面，基于雌激素和睾酮的方法都是“正确的”，尽管社会潮流理论一直企图论证女性在处理情感的方式上更胜一筹，但两者其实不分高下。

在青少年后期，男女青年都会建立起将要持续一生的社交网络，即“人脉”。女青年会形成自己的社交网络和社交风格，这种体系会根据需要而不断扩展，这是由催产素推动的，在女性的体内这种联络情感的生化物质更多。尽管这个社交体系中的各种人物来了又走，但它仍会一直维持到女性抚养孩子的岁月。在这个阶段男性同样也会通过参加联谊会、运动队、组建乐队等方式建立人际网络。小到他们的核心朋友圈，大到竞争及挑战对手，都会在他们的一生中不断更新。同时，男性并不倾向于持续扩大他们的社交网络。30 岁时，年轻的母亲可能有 5 ～ 10 个女性朋友来组成自己的社交体系，而年轻的父亲只有一两个值得信赖的男性朋友，其他就是运动和工作中一起挑战和磨炼自己的队友和伙伴。

在这个探索人生使命的年纪，性别差异对男女青年的影响极其深远，他们以后的生活会对这些差异一一阐释。当你的孩子成为成熟的男性或女性完全进入这个世界的时候，他们将会具有各自不同的梦想和需要。他们不仅会对世界说，“我正构建着重要的使命”，他们还会说，“作为一个男人（女人），我在寻找自我，书写使命，并为关爱这个世界做好准备，我认为世界需要我的关爱”。

NURTURE THE NATURE 试一试

要搞清楚你那青少年后期的孩子是否真的是无所事事。也许他只是“没达到你的期望”，可你又从未仔细研究过孩子正在发展的天性，说他的才能没得到发挥可能有点言之过早。你也许只是受到了社会流行教养文化的影响，认为孩子应该是怎么样的，而没有理解孩子到底是谁。多和认识孩子的其他家庭成员及朋友聊聊，听取他人的意见。看看孩子在找寻人生使命方面是否落后其他人太多，还是他根本没有找到自己的使命。

如果你确定你的儿子或女儿在虚度光阴，可以和你的孩子讨论、反思他的核心力量和弱点，哪怕遇到阻力也要坚持执行下去。如果年轻人不住在家里，这种反思可能会有些困难；如果年轻人住在家里，正好可以利用他参与家庭会议的有利时机来督促他寻找使命感。

不断引导你的孩子远离娱乐而投入工作，不论他认为这份工作有多“差劲”或多“不值得他做”。记住，在这个阶段孩子内在天性发展最重要的目标之一就是经济独立和自食其力，尽管有时你必须通过威逼利诱才能帮他实现这一目标。

减少那些及时行乐的活动，比如电子游戏、玩电脑、看电视、吃零食和其他习惯。有位母亲告诉我：“反正无论如何我 22 岁的儿子都讨厌我，所以就算我在他的饮食、锻炼和交友这些事情上喋喋不休也不会损失什么。如果他不喜欢我的规矩想要搬走的话，那就让他搬走好了。”这种严厉的爱有时也是需要的，必要时得对孩子强硬起来。

努力结识孩子的朋友，了解他的生活圈子。在孩子能接受的前提下，与他保持最大限度的联系，若是他想完全切断和你的联系，你要力争反击。如果孩子和你住在一起，在家中见到他的朋友时可以主动和他们聊聊，试探着聊些细节。这是你的家，你仍是一家之主。

时常和这个年龄段的孩子谈论未来。为年轻人展现他未来的各种可能性；给他们讲述你在这个年龄的故事；激励他们去思考以下问题：我最擅长做什么？我是谁？我到这个世界是为了什么？我如何谋生，如何自食其力？

认清孩子的需要，帮他寻找完满的自我

当你以基于天性的教养理念来培养这些高中毕业后的孩子时，他们可能已在大学就读或正在接受职业培训；他们也许正在打工以获取新的发展机会；他们可能正跟随某位艺术导师学习；他们可能正为经济独立而努力或已小有所成；他们可能已经成为独立的年轻人，对事业充满热情并且乐在其中；他们甚至已经结婚或正在准备结婚，也许已经让你抱上了孙子。作为青春期的延续，孩童时期的最后阶段充满了无限可能。当然，他们还是会让人担心，你的孩子永远都是你的责任所在。不过，你的家庭还是总会欢聚为孩子庆祝他们向前迈进、找到自我，并继续前行。

可是，也许你的孩子在这个年龄段成长得不如预期，不像你想的那样自力更生，也不像你或他们自己希望的那样能够调整好自己，他们还没学会如何挣钱来独立养活自己、过离开你的生活。现在你作为家长的重要职责就是要认清这个年轻人的需要。识别出孩子天性发展滞后的部分特别重要，尤其是考虑到有很多孩子非常晚熟。

下面这些故事中描述的问题也许和你的家庭情况有些相似。希望通过阅读这些故事能帮助你认识到你的孩子可能跟你之前想的不同，他们需要你“别太早放手”。

缺乏使命感的男孩

卡尔是一名大学生，他写道：“我是弗吉尼亚理工大学的学生，我亲眼见到很多男同学在浪费他们的头脑和才能。我认识的很多男生既乐于将他们的时间挥霍在玩电脑游戏上，又为课堂上的内容感到困惑挣扎。我看到，在大学男生中这种骄傲自满和缺乏雄心抱负的现象已经成为趋势。”

萨姆的孩子已经23岁了，他写道：“我儿子的大多数朋友都和他一样，消

极，对结婚不感兴趣，对努力工作挣钱养活自己也不感兴趣，目光短浅。他高中时代的女同学很多都上大学了，而他高中时的那些男性玩伴们现在都成了厨师、机械师和仓库管理员。我并不是说这有什么不妥，但这些男青年损失了太多的可能性。我不明白他们的雄心壮志都到哪儿去了。”

阿尔巴是两个孩子的母亲，她写道："我的朋友有 4 个儿子。她和丈夫都是专业人士，你会认为他们的儿子们应该是积极上进、大学在读、过得很不错的那类孩子。但 4 个男孩中有 3 个都在混日子。他们在快餐店打工，总惹麻烦，对提升自己的事毫无兴趣。这太让人心碎了。上学的时候，他们都曾沉迷于药物。作为一个男孩的母亲，我很为这些男青年的状况感到担忧。”

每年我都会帮助一些男孩和他们的家庭设计课程，以期对他们的人生产生深远的影响。从整体上看，男孩的表现没有我们制订计划时期望的那样好，究其根本，也正是我们每个家庭、每个人都应当始终以天性为本培养孩子的原因。我们不能坐等整个教养文化赶上来。尤其是很多青春期后期的男孩，其天性并不为我们的文化所理解，受社会潮流引领着的影响，我们盲目相信男孩们是有优势的，男孩们很好，我们的教育体系是为成就男性而设立的。

试一试

如果你的儿子没能表现出应有的成熟度，那么你需要加以干涉：

- ◎适时采用医学治疗。向那些在人类生物学、男性问题和男性生理学方面受过训练的咨询医生和心理学专家求教，必要的话应采用医学治疗。如果有专业人士对你说你儿子有医学或临床方面的问题，则需要考虑给他做一次脑部扫描。
- ◎让你的儿子做个神经心理学的测试。也许在 13 或 16 岁的时候，你的儿子不会相信他有“大脑问题”，不过他现在到了 21 岁，可以完成神经心理学的测试或者扫描，之后他应该更容易通过配合服药或一些先进的治疗手段来帮助自己。

◎找找有没有其他可替代的解决方案。媒体成瘾、滥用药物、缺少大脑所需的基本营养、过敏等问题都可能是你的儿子缺乏动力、无法集中精力的元凶。如果用医疗方式无法很好地解决问题，继续尝试其他方法。如果药物不起作用也不要放弃，继续去探索适合这个男青年天性成长的方法。

◎善用另一位家长。如果之前激发男孩活力的工作主要是由母亲来承担的话，现在是时候让父亲每天参与其中了。父亲能够迫使儿子“抬起屁股”做一些特别和持久的事情，到父亲上班的地方和他一起工作、不带任何电子产品去野营、一起去海外旅行等，做一些能够让男孩子逐渐“启动”成长为男人的事。

◎善用父母以外的家长。我帮助过的一个 20 岁的男青年，他缺乏动力，没有生活目标和意义。他送过比萨，因为表现不好被辞退，找了另一个工作后又被辞退。我和他的家人沟通时，他的父母想起他从小就喜爱下厨。他的叔叔和婶婶在另一个城市有一家餐厅，于是他的家人安排这个缺乏动力的男孩去叔叔的餐厅里打工。6 个月之后，通过种种尝试，他最终通过在叔叔的餐厅帮工这个办法长大成人了。

◎减少电子游戏和各种电子产品刺激物的使用。如果缺乏动力的青年在外居住的话，这种做法几乎是不可能实现的。但如果他在家里，你可以加强控制。他必须做家务、做事、挣钱、履行道德和家庭义务才能换取玩游戏的时间。要记住，当你的儿子玩游戏并沉浸在获胜的喜悦中时，他会感觉他这一天已经“有了点成就”。他确实得到了电子化的、虚拟的成就。但在真实的生活中，他什么也没做。若想让他回归真实生活，就要让他的大脑明白他不可能永远生活在虚拟的成功中。

◎让他通过为这个家和家人所做的一些工作得到钱。将工作与报酬联系起来可以让他清楚地感受到未来，从某种程度来说，他的收入决定了他的价值。对于那些责任感过重的青年，我们会说：“做点开心的事好不好？放轻松。”而对那些缺乏动力的青年，把他“做的事”和“收入”关联起来是极为重要的。

◎为你的行动计划设置时间期限。例如，如果你缺乏动力的儿子现在 19

岁，你们商定好用一年的时间来完成一些重要的任务，然后他就要去接受高等教育。在他的青春期阶段，你要确保为他提供目标并逐步帮他实现。

悲伤迷惘的女孩

当然，缺乏抱负和使命感的不只是男青年。

23岁的卡丽告诉我："我试过在大学或校外寻找自己的位置，但我找不到。我去参加工作，但我感到很无聊。我去做过心理咨询，因为我不知道自己出了什么问题。周围的人都成功了，我觉得自己很笨。"

卡丽的母亲附和着她的评价："卡丽在任何事情上都无法长时间专注，她缺少抱负，不管是在学校还是在工作上。我们带她做了抑郁症和注意缺陷多动障碍的检查。药物治疗对她有些帮助。但医生说没有证据证明她有任何心理异常。我觉得卡丽最终的退路恐怕无非是早早嫁人了事。她是名副其实的晚熟型。23岁的她刚开始学习挣钱、理财和支付账单。我想她会在家里住很长时间，但我就是不明白她到底怎么了。"

盖尔（与我妻子同名）是一位物理学家，同时也是3个孩子的母亲，她在信中写道："如果你认为如今在学校系统中只有男孩受折磨，那你就错了，女孩的情况也一样糟糕。唯一的区别是女孩比男孩适应得更好，因为她们更听话。但是，我的女儿们前进的每一步我都要全力以赴。我让她们留在那些能激发她们雄心壮志的老师的班级里。我得奋力争取帮助她们走上科学的道路。女孩们总是被教导要好好模仿他人。因此在进入大学后，她们还在模仿，尤其是在科学领域。如果她们只是社会教导出来的复制品，她们怎么可能有志于成为引领众人的榜样呢？我看到自己的女学生们仍然停滞不前，她们很想走出困境尽快出发；而我的女儿们太过独立，她们在学校和大学的体系内也很难找到自己的位置。"

很多年轻的女性还不是真正的成年人。她们中的绝大多数还不曾拥有成人的使命感，缺乏使命感对她们来说是一种隐蔽的压力源。她们缺乏与年龄相称的完整自我，因而难以找到自身的价值。她们坚信“社会体制”的许诺，努力从社会体制和引领潮流的大学中寻找着自我，她们早婚，打着零工，但是从心底里感到悲伤或迷惘。

试一试

你可以尝试下面这些办法来帮助无所事事的女孩。

- ◎采用我们之前针对缺乏动力男青年的药物、临床等方法，但要确保健康专家受过女性生理学方面的训练。要知道，很多医生在接受医学和心理学训练时并不一定受过女性激素生理学、女性大脑发展及女性问题的训练。与健康专家见面谈谈，以确定他所实行的药理学、神经学、心理学方法甚至替代疗法方案能够适合你女儿的天性。
- ◎帮你的女儿寻找压力管理课程和互助小组。我发现那些自我发展方面明显陷入困境的青年女性经常会把自己置于压力之下：不只是她们在职业培训和大学教育中感受到的压力，还有来自内心的长期的自我贬低，以及那种不如意和失败的感受。她们总是说：“压力让我成长，我喜欢它。”的确，对一些年轻人来说，压力是对其天性评估准确，并引领他们走向成功；但对青春期后期压力缠身的女孩来说，这种说法往往是她掩盖慢性应激症状的面具。
- ◎帮她与两三个能鼓励她的老师和同伴建立起密切的关系。这些人需要对你的女儿不吝赞美，夸赞她特有的才能和为人之道。现在正是时候有针对性地给她们加油打气，对她说“那件事干得漂亮”这类鼓劲儿的话。这些老师和同伴可能也会对她说：“你确定想做这件事？这难道不会背离你的初衷吗？”或是说：“你确实想和这个人发展关系吗？他会对你有帮助吗？”如果在你女儿的生活中能与两三个这样影响她并且值得信赖的朋友常年相伴，那么这将会帮助她实现自我。

◎帮助她学会建立现实中的和可以自我满足的关系。由于催产素和其他生化物质的作用，青春期后期的女孩倾向于“借他人之力影响自我”。这种天性的影响往往使得青春期后期的女性需要和一名或多名男性保持密切关系，这样她们才能感受到自我的充实和成就感。如果你女儿正和一个能帮助她发展自我的人在一起，他对你女儿相当不错，让她内心的宝贵品质能够在他面前不断成长，那你就不应该对她加以干涉。她在走自己的路。但是如果她一直和不合适的男性保持关系，遭受拒绝，并因此饱受抑郁之苦，她极可能是落入了影响的怪圈，这是一种人际关系慢性应激带来的无意识反应，可能会阻碍她走向成熟。要是你在女儿 19 岁或之后发现她表现出这种行为模式，就需要向专业人士咨询，并一起制定出干预方案。

我把能帮助这些年轻人的资料和建议按性别分类，是因为他们的需求在一定程度上是与性别相关。到 20 岁、22 岁或 25 岁，他们早已不再是孩子或青少年，而是青年男女了。要想成就完满的自我，并把核心天性中的宝贵财富带到他们未来的家庭中去，他们不仅要以人类和个体的身份来定义自己，还要以男人和女人来定义自己。

与此同时，我们可以做一些有益于年轻人的事，这些事也应该从年轻人的核心天性出发。

- **鼓励旅行。**条件允许的话，为你的孩子支付一次旅行的费用，让他筹备一次两三个月的旅行，顺其自然地感受生活。特别鼓励他们去祖辈生活过的地方，到他的家族发源地去看看。帮助年轻人回到他生命的本源，这有助于他走向广阔的未来。
- **无论他们之前如何，都鼓励他们接受教育和出门工作。**别再假设只有一种工作适合这个年轻人，跟他一起不断寻找适合他核心天性的工作和教育机会。
- **鼓励经济独立。**一位 23 岁大学毕业生的母亲告诉我：“我和我的丈夫约翰眼看着儿子在买车时做了错误的决定，我们提醒过他，但是我们知道让他感受到自己在经济上的独立非常重要。他拒绝了我们的帮助，我们也就静观其变。我们发现他买了一辆需要多花 2 000 美元维修的车，不过另一方面，这次经历让他成长。他完全靠自己挣了 2 000 美元并按自己的意愿去支配这些钱。这件事确实让他长大了。”

经济独立确实可以成为孩子天性发展过程中的里程碑。父母应以孩子需要的一切方式去鼓励他在经济上自食其力，尽管这在短时间内可能意味着对他的折磨，这对你也同样是一种折磨，因为你要眼睁睁看着整个过程发生。

- **帮助你的孩子寻找适合的导师并去当学徒，不管是工作还是求学。**尤其是这个年轻人在群体中接受过多刺激的情况下，让我们看看他身上有什么“天分”，什么样的师父能引导这个困惑的年轻人绽放出自己的核心个性。整个人类历史之中，年轻人都是通过导师的眼界和指导来学习寻找使命的。
- **深入探讨“你是谁？你想做什么？”**不管是男青年还是女青年，即使他或她已经很积极地面对自我，也很适应自己当下的状态，我们还是需要和他们深入地聊聊关于“你是谁？你想做什么？”这类问题，这样的对话很重要，也很美好。每个年轻人都在问自己这些深刻的问题，他们都希望能在一生中找到这个问题的答案，虽然他们需要的时间比父母预期的更长一些。

热门话题：为什么现在的年轻人比上一代晚熟得多？

同上一代人比起来，现在的年轻人比我们预想的要晚熟很多年。到处都能见到很多晚熟的男女青年，人们经常问我“真实的人性是否正在改变？”这类问题，言下之意通常是：“孩子们需要等待这么长时间才能长大成人、自食其力，到底是好事还是坏事？”

这两个问题的答案非常有趣，既是肯定的，又是否定的。和之前一样，问题的答案取决于这个孩子本身的天性，当然也有一些社会因素和人类天性的新趋势在起作用。

- 几十年前，女性结婚年龄的中值是 21 岁。她们在 22 岁生下第一个孩子。如今，女性结婚和生下头胎的年龄中值都超过了 25 岁。从经济学的角度来看，这显示女性从早婚中解放，转而进入了职场，这也显示出社会化成熟时间线的延伸，其中一部分得益于人类寿命的普遍延长。
- 如果你的孩子“开窍晚”，他个人责任方面的晚熟可能与学校和家庭体系中的问题相关联。一项新的研究显示，在美国，50% 以上的 4 年制大学学生和 75% 以上的两年制大学学生缺乏完成复杂文化活动的能力，欠缺对文字作品的理解能力和在现实生活中运用数学的技巧。大多数 20 岁出头的年轻人还在花时间补他们小时候没学到的知识。
- 大量承受着慢性应激的儿童和青少年长到 20 岁出头时会被临床诊断为抑郁症。没人知道究竟有多少这样的年轻人，但若是你认为抑郁可能导致孩子成熟较晚，那么你所面临的将是一场与生理化学物质的恶战，需要动用药物治疗和其他干预措施。只有打赢这场战斗，孩子的抱负、使命、目标才有可能实现。
- 很多孩子在经历过儿童期的慢性应激之后终于可以“稍做喘息”。他们在儿童期经历了父母的离异、负担过重和学业失败，的确需要停下来喘口气。他们需要延长自己的青春期来为自己充电。他们在家里住得更久，需要我们在情感和心理上提供更多帮助才会完全长大成人。
- 很多孩子都缺少一个隆重的成人礼，这种仪式能让孩子自然而然地开始走向成熟。成人礼的缺失让他们仍在使命感、团队精神、人生价值和自我牺牲之路上漫无目的地游荡。相比于自己的祖先，他们在自恋的青少年阶段停留得更久，原因在于他们没能在精神上和心理上以积极的方式度过他们的青少年时期。此外，社会潮流文化让他们沉迷于消费主义、娱乐以及毫无目的的生活，只有用父母和自己的钱在年轻人的娱乐项目上消费时，他们才有所谓的“目标”。
- 很多年轻人不再参军，特别是男性。对他们来说通过军队系统迫使自己成长的做法也已经过时，以至于他们不清楚在我们的社会潮流文化中该如何成长。
- 坦白地说，很多年轻人过于沉溺于社交媒体了。他们把太多的时间用于生活在虚拟人物的任务指示中，这使他们误以为自己也有了使命，或者自己根本不需要使命，因为他们从窥探他人的生活中获得了乐趣。对他们的大脑来说，他人的生活是活灵活现的，同时非常重要，这些消极刺激占据了他们的每一天。尼尔森媒体研究公司的研究发现，甚至连大学生平均每天都要看上 3 小时 41 分钟的电视节目。

如果你有个开窍晚的孩子或者一个“起步艰难”的孩子，你确实要让这个年轻人多花一些时间从童年的慢性应激中重新振作起来；你可能需要通过医学手段或在其他方面对他进行干预；你可能需要让他去旅行或强迫他去工作；你可能需要让他跟随一个或几个父亲型或母亲型的导师去做学徒。我们在本章中提到的所有办法对他都是有帮助的。

我认为最有帮助的就是确保这个年轻人的身边有个家庭团队，用一两年时间来帮助他发现和认识压力，而不只是逃避压力。**帮助他真正找到生命中的使命感，而不只是最低限度的生存，从而让他茁壮成长并拥有他这代人专属的责任和欢乐。**

NURTURE THE NATURE 智慧实践

孩子的天性，父母的使命

每个青年都是这个世界的恩赐，不管他们经历了多少积极和消极的应激，他们都期待着成功。

我希望你永不放弃，始终帮助你的孩子专注于使命感。昔日的小宝宝已经长大成人，当你看着你的孩子带着他与生俱来的核心天性进入这个世界，或挣扎纠结、或大放异彩，我希望你能始终铭记孩子出世赋予你的活力和使命感。看着他们的眼睛，培育他们的天性。当你的孩子走到青春期后期，已经能自己独立做出大部分决定的时候，我希望你能感觉到你的家庭在成长，当孩子走出家门告诉你，“我已经找到方法，也准备好去做我生命中必须做的事了，我会带着希望和幸福感生活下去”，这时的你一定会感受得到他们的成长。

有一种幸福，叫孩子的天性因你而绽放

我们中的一些家长是幸运的，他们按照孩子的个性和与生俱来的核心天性去培养孩子，使孩子得以按照个性健康地发展，这是可贵的财富。在为人父母的旅程中，我们每前进一步都聆听着孩子的召唤，付出行动和耐心，让他们能以自己的方式和步伐成长。

当你读完这本书，掩卷沉思孩子未来的成年生活时，我希望你能够在你的养育工具箱里添上科学和基于天性的理论。我想，在接下来的 10 年里，你将看到更多的科学研究不断涌现，帮助我们更加优质高效地培养孩子。

教养方式在我们最近这几代已经发生了许多改变。30 年前，人们认为科学只能为家长提供新的医疗器械和医疗手段。10 年前，人们认为技术可能是家庭生活的万能灵药，创造最好、最新的食物、产品、学习设备和发展工具，甚至还能为孩子和家庭之间提供社会选择。现在我们知道，科学可以给家长提供的远远不只是技术和药物。因为技术不仅可以延长寿命，也可能会毒害生命。

30年前，我们多数人都没有认识到社会在养育孩子时所施加的慢性应激，而现在我们认识到了这悄然无声的变化。我们能看到大批孩子经受着药物治疗、学业失败、逃学离家甚至犯罪等痛苦。我们看到孩子们在孤独中呐喊，他们想要得到家人们最基本的关注，想让自己的核心天性得以释放和表达。

作为秉承基于天性理论的家庭治疗师，我自己走过的旅程也让我不断采纳关于儿童发展的新观点，不断修正我原来的观点。最终，深入审视孩子的内心，并从他们身上了解他们的真正需求，这种延绵不断的渴望始终激励着我和我的孩子们。

我希望这本书也能帮你看到自己孩子的内心，为你提供一些读书讨论和社会变革的模板。我们必须运用一切资源对抗慢性应激给孩子带来的伤害。

孩子的天性是因你而得到培养，与此同时你也滋养了自己的天性，这是无与伦比的人生体验。**我们遵从自己的天性给了孩子生命，并永远珍爱着他们，如果我们能帮助孩子成功塑造了自我，一定会感受到那种永存后世的圆满。**

NURTURE
THE
NATURE

UNDERSTANDING AND SUPPORTING
YOUR CHILD'S UNIQUE
CORE PERSONALITY

附录A

基于天性的家庭养育10原则

1. 每个孩子出生时都带有一个生物心理模板，该模板要求家庭和社会对孩子进行与其生命阶段相匹配的养育，以便管理遗传脆弱性，并帮助遗传信息得以表达。

2. 天性通过协调、支持和挑战的养育原则来驱动基因表达。因此，与生俱来的天性和后天的教养并不矛盾，而是完全互补的。

3. 儿童发展最持久的成功模式是一种自然友好的适应模式，而不是一种社会等级模式。前者使得每个孩子都能得到适应挑战的支持；而后者，成功只能由“尖子”来定义。

4. 当父母、社会的影响或活动的目的是培养健康的孩子，那么无论文化背景如何，孩子都能从父母那里得到足够的安抚，并将社会给予他们的优势最大化。

5. 基于天性来实施教养的家庭可以认识到人类的本质是多人养育而非单人养育的，尽管父亲或母亲深深地爱着自己的孩子，但仍需要配偶和其他导师来确保孩子的核心天性得到充分的发展。

6. 在基于天性实施教养的家庭中，共生的婚姻关系是至关重要的，这意味着父母的天赋和资产的结合，这样的婚姻关系从长远来看是受到鼓励和保护的。父母之间对等、互补但不一定相似的养育方式正是共生婚姻关系的产物。

7. 想要培养孩子的天性，我们需要对其不断发展的天性需求给予循序渐进的关注。每长大一岁，孩子对天性的适应就需要家庭和社会做出新的改变。

8. 性别概念（gender typology）是培养每个男孩和女孩天性的关键，关于性别的刻板印象则不在此列。男孩和女孩、男人和女人本质上是不同的，但无论是我们的家庭还是世界，男性和女性的不同天赋都极具价值。

9. 综合心理学（integrative psychology）与统一心理学（uniform psychology）不同，而我认为前者更有价值。前者认为人类是多样化的，因此每个家庭都必须看着每个孩子的眼睛，寻找带有需求和关注的特定信号；后者则追求一种能适用于所有孩子的“神奇疗法”。

10. 性格和道德的发展，以及精神上的反思和欢乐的时刻，对促进每个孩子的天性充分发展而言至关重要。

附录B

孩子的核心天性观察问卷

从孩子出生到 25 岁，《核心天性教养法》一书为你提供了许多极具实用性的问卷，可以满足你对男孩和女孩的教养需求，这些问卷也可以帮助你更深入地了解自己。孩子从父母那里继承的基因、得到的教育，到底给他带来了什么？这个深刻而极富启发性的问题正等待着我们去解答。

我希望你在阅读这本书的过程中，可以喜欢上使用这种观察问卷的形式，同时，我也希望你发现，在你满足家庭中的个人需求时，这些问卷可以起到非常关键的作用。

这份观察问卷不仅适用于各个年龄段的孩子，也适用于你自己。在观察包括你在内的大人和年龄较大的孩子时，你可能会对自己的回答更加肯定，但我希望你在观察学步期孩子时也能有所收获。开发这一问卷时，我已经请很多和你一样的父母帮我创造了许多独一无二的“术语”，我希望这些描述能够引发你的共鸣，或者至少作为你关注核心天性的一个起点。

如果你只有一个孩子，那么你现在就可以在这份附录中使用这一问卷。如果你的孩子不止一个，或者你想为自己或别的孩子保留一份干净的问卷副本，那么你可以在开始前复印几份，我非常建议你为自己和配偶填写这一问卷，然后再为自己的孩子填写。

这份问卷中没有打分这一环节，因为它并无意于为你或你的孩子贴上某种标签，或者将你们归类于某一群体。在使用这一问卷的过程中，你只需要通读所有选项，然后回到问题本身，勾选出与你、你的配偶和你的孩子最为匹配的一项。千万别忘了，对于那些正在成长和经历人生的孩子们来说，他们的自我和行事风格是多样的，其中很多都只是转瞬即逝的人生阶段。在填写这份问卷时，多关注那些你在很多年前就意识到的性格特征，而不是那些一闪而过的念头。

随着你完成这份问卷中 8 种类型的问题，你会发现自己的选择散落在不同的类型里。每一个人的性格特征都是多姿多彩的，无论是孩子还是大人。据了解，父母们普遍会在 3 ～ 5 个类型里勾选 5 ～ 6 个答案。因此，尽管你在 8 个类型里都做了勾选，依然会比没有填写问卷前更了解自己孩子的核心天性，以及主导孩子核心天性的是哪个类别。

其中一些性格特征在孩子的核心天性中可能并不占据主导，但你也会感到恍然大悟，意识到是什么性格特征在主导你的孩子，而什么性格特征没有影响到他，这会给你带来一种别样的轻松。那些不占据主导的性格可以帮助你摆脱繁忙、散漫、大包大揽的育儿方式，帮你在育儿方式上做出更自由、更有价值的选择。

我们制定纪律和社交政策，我们对学校教育做出决定，我们帮助每个孩子找到自己独特的人生目标，所有这些都取决于我们选择的机遇和活动，我们对这些机遇和活动所做的判断，不仅取决于我们的孩子是谁，也取决于我们的孩子不是谁。

特别提示：为了帮助你使用这份问卷，我在一些陈述句中用黑体强调了一些关键词。另外，为了避免在问卷中出现“他/她”，我在其中选择了“我”这个词。在你自己使用这份问卷时，不需要对语言做出调整，当你的填写对象是你的孩子或其他人时，则需要将“我”替换成对应的名字。

1. 表达型孩子

- □ 在与人辩论或社交活动中，我的**语速**很快。
- □ 我**从小**就非常喜欢读书，我的阅读速度也比身边的人快。
- □ 我的感触通常可以在脑海中转化成语言，而且在回应别人时，我可以在头脑中**看见那些词语**。
- □ 我喜欢记笔记，喜欢去图书馆，喜欢在网络上检索信息，收集大量的文章来**阅读**，而且喜欢听别人的故事。
- □ 我喜欢**安静地坐着**，读书。
- □ 在与人交流或发生冲突时，我可以很快地表达自己，也知道应该对对方说什么。

2. 数学型孩子

- □ 通常，或者大多数时间我都非常喜欢数学课，而且在学习数学时**非常努力**。
- □ 我通过数字或**高难度的逻辑模型思考**，有时候结合两者进行思考。
- □ 我在语言方面有些吃力，但是可以很好地理解符号和图标。
- □ 我喜欢拼图、星座、计算机语言和一切指向清晰模型的事物。
- □ 我更倾向于线性和**逻辑排序**，而不是情绪和感受。
- □ 在与人交流或发生冲突时，一旦有大量的词语涌入耳朵或者有人要求我做出快速复杂的语言应答时，我感觉有些吃力。

3. 幻想型孩子

- □ 小的时候我特别喜欢观察物品**移动**，比如手机画面。
- □ 长大一些后，我喜欢积木、手推车、棍棒之类可以供我移动的物体。

- □ 我喜欢地图、地球仪和天文图，我喜欢**画画**、拍照、玩电子游戏。
- □ 涂鸦的时候，我会以图形和图案为主，不会用太多的文字。
- □ 坐在咖啡桌前，我倾向去看那些以**图片为主**的杂志。
- □ 在与人交流或发生冲突时，我无法快速地组织语言。

4. 运动型孩子

- □ 我喜欢运动，无论是参与或观看都非常有兴趣，我经常进行**大量的锻炼**。
- □ 人们说我**非常好动**，我总是坐不住，会摆弄手里的铅笔，一时半会儿都无法安静下来。
- □ 在四处走动的情况下，我可以更好地学习，举个例子，如果我能**快速行进或者伸展身体**，我就可以更好地阅读、倾听或完成某项测验。
- □ 我喜欢**搭建模型**，而且喜欢用具体的实验来解释事物。
- □ 我非常喜欢借助**肢体语言**或手势来说话。
- □ 在与人交流或发生冲突时，我倾向于用身体来做出回应，比如走开、摔桌子或者把手边的东西扔得到处都是。

5. 音乐型孩子

- □ 我经常自己哼唱或者敲打桌子，而且我常常感觉自己的**脑海里有音乐一样的节奏**在流动。
- □ 我或许希望从事与音乐相关的工作，或者至少将音乐作为一个非常重要的爱好。
- □ 音乐、声音等**听觉上的刺激**可以让我更好地完成工作、记忆、创作、写作或者家庭作业。
- □ 我非常乐意思考我在做的事情，思考我正在修理或发明的东西是如何与其他事物融为一体的，就像思考我听到的那些声音是怎么有序融合的一样。
- □ 我喜欢物理、宇宙、**科幻小说**和折中主义，我喜欢在头脑中演绎宇宙的运转。
- □ 在与人交流或发生冲突时，我可以很好地辨识语调，并且会被他人的语调冒犯，即使对方可能没有意识到自己做了或者说了什么伤人的话。

6. 同理型孩子

- ☐ 我非常容易相处，是一个能和很多人都相处得来的人。
- ☐ 人们说我**善解人意**、直觉力强，而且善于倾听。
- ☐ 我非常享受与人结交、会面和相处的**过程**，并且认为过程比目标和结果更重要。
- ☐ 当遇到**人际交往方面的问题**时，人们倾向于找我倾诉并向我询问建议。
- ☐ 有时候我**不是那么笃定和自信**，人们认为我比较容易服输。
- ☐ 在与人交流或发生冲突时，我会努力取悦对方，甚至会主动避免与人发生冲突。

7. 自省型孩子

- ☐ 我喜欢**独立工作**，或者最多和另外一个人一起工作。
- ☐ 通常，我不太参与**团体性质的体育项目**。
- ☐ 如果和很多同龄人待在一起，我会感到**焦虑**，甚至恐慌。
- ☐ 我**在自己的社交圈子里会感觉比较舒服**，比如和父母在一起，和其他人在一起就不会那么自在。
- ☐ 在和我无关或者比较无聊的事情上，我需要更多的帮助才能**保持兴趣**。
- ☐ 在与人交流或发生冲突时，我通常比其他人**更加沉默**。

8. 感性型孩子

- ☐ 我喜欢各种各样的手工艺品，喜欢在户外进行的活动，或者在室内进行户外类型的活动。
- ☐ 小时候，我经常玩各种布娃娃和其他柔软、**让人愉悦**的物品。
- ☐ 我喜欢画笔和各种色彩，颜色的搭配对我来说非常重要。
- ☐ 我喜欢自然、鲜花和园艺，尽管身处钢筋水泥的城市，我依然喜欢散步，并且**留意身边的环境**。

- □ 当我想要获得或者购买某件物品时，我更喜欢通过触摸、感知和观赏来确定它适不适合我。
- □ 在与人交流或发生冲突时，我会仔细研究他人的面部表情和肢体动作，在理解他人发出的非言语信号方面，我比别人更敏锐。

当你做完这份观察问卷之后，不妨和你的家人讨论一下，或许你会说："我认为我儿子 / 女儿在音乐、表达和运动上非常突出，我该怎么做，才能帮助他 / 她将核心天性里的这些部分更好地展示出来呢？"《核心天性教养法》正是为解决你的这些困惑而写的。或许你会说："我的儿子 / 女儿在运动、自省和感性方面表现突出，有没有什么活动是最适合他 / 她的？现在同时参与了 5 种活动是不是有点多？到底哪一样才是这个孩子应该集中精力去做的？"《核心天性教养法》将会帮助你直击孩子的内心所需。

随着你对孩子核心天性的不断了解，你可能会情不自禁地发出这样的感叹："我就是一个同理心强、感性又擅长语言表达的人，我的孩子是如何拥有这些性格特点的？""我喜欢音乐，空间感很强而且热爱运动，这些特点在我的孩子身上竟然一模一样！"这样的情况不胜枚举，而且答案众说纷纭，但是随着我们对自我和孩子的理解逐渐加深，我们会找到真正的答案。

这一观察问卷所依据的理念，以及这本书中所使用的信息和其他问卷，它们所指向的最终目标，并非是给你自己或你的孩子贴上某个标签，而是帮助我们理解那些让孩子们得以成功和成才的核心天性，帮助他们摆脱标签，在现实社会中走向成功。

本书不只对各类人格做出了详细说明，还包含很多涉及学习方式的理论及科学评估的办法，这些都将为你所用。书中涉及和参考的理念包括以下这些：

- **多元智能理论（Multiple Intelligences，简称 MI）。**
- **迈尔斯－布里格斯人格类型测验（Myers-Briggs Type Indicator，简称 MBTI）。**

- 明尼苏达多项人格测验（Minnesota Multiphasic Personality Inventory，简称 MMPI）。
- 大脑类型清单（Brain Type Inventories）。
- 荣格人格原型理论（Jungian Archetypes as Personality）。
- 美国探索研究所的发展性资产理念（Search Institute's Developmental Assets）。

你可以通过网络了解上述理论，也可以通过书籍和网站进一步学习相关理论。

致　谢

《核心天性教养法》这本书得以出版，绝不是我一个人的功劳，而是有赖于一群人的贡献，他们的梦想以及他们对孩子的期待成了这本书的写作素材。

书中有非常多的家庭案例，也有一些专业人士从业期间遇到的故事，这些案例和故事对我们大有助益，我非常感谢每一位向我分享故事的人，没有他们，这本书将无从谈起。尽管为了保护当事人的隐私，故事中的一些人名和生活细节已经做了处理，但这并不妨碍他们都在传达一个信息：一场社会性的变革正在袭来。关注并保护每一个孩子与生俱来的核心天性，正是这场变革的前奏。

负责出版这本书的编辑团队对这本书提供了非常专业的帮助，乔西－巴斯出版社（Jossey-Bass）的编辑艾伦·林兹勒（Alan Rinzler）已经与我共事15年了，他为我提供了清晰而明确的编辑视角，我非常感谢他的付出。在他的身边还有非常多优秀而专业的编辑如珍妮弗·温策尔（Jennifer Wenzel）、卡罗尔·哈特兰（Carol Hartland）、米歇尔·琼斯（Michele Jones）、苏珊·杰拉蒂（Susan Geraghty）和塞思·施瓦茨（Seth Schwartz），感谢大家的努力，也感谢德布拉·亨特（Debra Hunter）和保罗·福斯特（Paul Foster）对我工作的信任。

我还要特别感谢我的律师兼代理人坎迪斯·富尔曼（Candice Fuhrman）。他是我在出版界遇到的专业人士之一，同时，他也是一位父亲，书中与儿童相关的内容不仅可以作为专业文献，而且也可以造福于社会。

在这本书的写作过程中，古里安研究所的工作人员提供的帮助是至关重要的，这得益于执行董事凯茜·史蒂文斯的有力领导，以及帕特·克拉姆（Pat Crum）、唐·史蒂文斯（Don Stevens）、米蒂·佩德拉萨（Mittie Pedraza）和马西娅·沃森－希尔顿（Marcia Watson-Hilton），以及我们认证的培训师的大力协助。

古里安研究所有一群致力于帮助家庭、学校、工作场所和社区获得良好发展的专业人士。正是由于这些专业人士在工作和培训中与人们广泛接触，本书才能够以非常多样化的家庭和社区群体为对象来重新写就。凯茜·史蒂文斯不仅对于社会做出了巨大的贡献，对这本书而言一样不可或缺。凯茜，谢谢你所做的一切！

因为有了这些员工的支持和认证，这本书才能够重新选择一些科学观点，如果没有大学学者、学术研究者和记者提供的帮助，这是不可能实现的。他们提供了具体建议、科研信息和个人经验。我深深感谢医学博士丹尼尔·亚蒙、哈罗德·科普洛维茨、朱迪思·克莱因菲尔德（Judith Kleinfeld）博士、医学博士斯科特·霍尔茨曼（Scott Haltzman）、医学博士霍华德·舒布纳（Howard Schubiner）等人，也非常感谢古里安研究所顾问委员会和玛丽·雅各布斯（Mary Jacobs）。

没有他们的科研信息、指导和批评，基于天性的教养理念对人们的日常生活而言不具备足够的借鉴意义。

最后，我要向为本书出版献计献策的家人们致以谢意。我的妻子盖尔、我的女儿加布丽埃勒和达维塔，以及家人菲尔、帕姆，还有我们的大家庭和社区的朋友们使这本书的理论和实践策略成为可能。他们对我极具耐心，给予我批评和支持，我希望用语言在本书中传达我们对孩子的爱。阅读本书，你将得到一个由研究人员、家庭成员和朋友组成的人性化团队的支持，我希望这为你的人生旅途和教养过程带来鼓舞，帮助你收获成功和快乐。

“如果我们想看到多姿多彩的文化，我们必须认识到全人类的潜力是无穷的，我们要建立不是一个独断专行的社会，而是一个所有人都能发光发热的社会。”

——玛格丽特·米德

“跟着孩子走。”

——玛利亚·蒙台梭利

NURTURE THE NATURE

UNDERSTANDING AND SUPPORTING YOUR CHILD'S UNIQUE CORE PERSONALITY

注释及参考文献

扫码下载“湛庐阅读”App，
搜索“核心天性教养法”，
获取全书注释及参考文献。

跳出育儿思潮的旋涡，重获教养自信

翻译本书的时候，正值一些养育观点在微博上争论得热火朝天，这些争论其实都围绕着发展心理学里最基本的议题，其一是天性与教养对个体发展的影响；其二是心理发展的群体规律与个体差异之间的关系。

儿童发展心理学早期的观点往往会将天性和教养这两种儿童发展的决定要素对立起来看。比如，精神分析侧重强调先天本能和生物因素；而卢梭的白板说和华生的行为主义则强调后天环境教养因素，忽略人们先天的个体差异，甚至把天性抛到一边。当然，发展心理学后期的理论已经越来越多地意识到天性和教养相互作用对儿童发展的影响，意识到心理发展是由多方面的因素交织而成的，也更多地兼顾到群体规律与个体差异，人本主义更是再次把人们从群体规律的关注拉回到对每个具体的人的关注。

发展理论观点已然千差万别，各种育儿心经、必读、必做更是众说纷纭，这让那些新手父母们如何是好？有的家长即使小心翼翼地备足功课，仍会为自己做得不够好而懊悔，或者父母之间因为教养风格不同而争执不下、意气难平。“人们总是告诉我们要如何成为完美的父母、如何拥有完美、表现优异的孩子，可是在这个过程中我们已经精疲力竭了。”环境中的很多压力原本都是出于好意，结果却是令孩子和家长都不堪重负。养育孩子的道路十分漫长，从婴儿时期到青少年期甚至成年初期，每个阶段都有令父母忧心忡忡的问题，怎样才能找到可信可靠的正确教养方法呢？

本书的作者迈克尔·古里安有着横跨理论与实践两界的丰富经验，这让他摒弃了各种甚嚣尘上的教养理念之争，对个体的关注使他能够跳出各种育儿思潮的旋涡，他这份自信从容的态度已经能安抚许多身为父母的读者焦虑不安的心。“身为父母，能够根据孩子的独特天性为他量身定制教养技巧，是一件很了不起的事……在我们犯错的时候，在我们的孩子遇到不擅长的事、好像在失败边缘又重新振作的时候，我们都能感受到那种自信。”这样的自信显然并非来自莫衷一是的所谓专家观点。

“为人父母，怎样才能与时俱进呢？事实上我们做不到。所以我们总是甩不开挫败感。”科学研究在不断进步，各种研究结果可以从群体角度给我们一个儿童发展的参照框架；媒体上的专家、导师或“鸡汤”专栏通常只是泛泛谈论所有孩子，或是并没有真正了解你和你的孩子就给出只言片语的论断和建议……显而易见，真正可信可靠的教养方法不能求诸他人。作者作为资深家庭咨询师接触了大量的实际教养问题，并通过新近的科学研究来理解这些问题，提出自己独特的见解，同时也集合了众多家庭在实践中总结出来的经验和智慧，这种开放、全面的视角十分令人赞赏。他强调个性化的养育，认识、尊重并欣赏差异，不仅是对每个孩子的差异，也对每个家长养育孩子的不同方式。在带领家长们大致了解每个年龄段孩子的普遍特点之后，他并没有像其他教养书籍那样只是简单地给出几条建议，也没有以权威姿态咄咄逼人地告诉你该做或不该做什么，而是启发你自己去观察和思考，将每个家长为人父母的天性带出来，引导家长学会欣赏孩子的独特性，与各方面协作营造良好的教养环境，不再一味地被各种教养风潮裹挟着蹒跚前行。考虑到当前社会环境中广泛存在阻碍我们认识和保护孩子天性的问题，作者一方面帮助读者了解这些问题的社会背景和历史原因，同时鼓励我们积极建立更健康的家长社群、家庭团队，从自己做起，逐渐影响乃至改善整个教养环境。只有我们每位父母能够认识、尊重和欣赏自己孩子的独特天性，才能建立起安全感和自信心，让我们轻松幽默地面对教养路上的种种风景。

最后感谢石莹、崔洪在翻译校对工作中给予我热诚专业的支持。祝愿每一位家长都能点亮心中的灯塔，照亮孩子前进的道路。

未来，属于终身学习者

我这辈子遇到的聪明人（来自各行各业的聪明人）没有不每天阅读的——没有，一个都没有。巴菲特读书之多，我读书之多，可能会让你感到吃惊。孩子们都笑话我。他们觉得我是一本长了两条腿的书。

——查理·芒格

互联网改变了信息连接的方式；指数型技术在迅速颠覆着现有的商业世界；人工智能已经开始抢占人类的工作岗位……

未来，到底需要什么样的人才？

改变命运唯一的策略是你要变成终身学习者。未来世界将不再需要单一的技能型人才，而是需要具备完善的知识结构、极强逻辑思考力和高感知力的复合型人才。优秀的人往往通过阅读建立足够强大的抽象思维能力，获得异于众人的思考和整合能力。未来，将属于终身学习者！而阅读必定和终身学习形影不离。

很多人读书，追求的是干货，寻求的是立刻行之有效的解决方案。其实这是一种留在舒适区的阅读方法。在这个充满不确定性的年代，答案不会简单地出现在书里，因为生活根本就没有标准确切的答案，你也不能期望过去的经验能解决未来的问题。

湛庐阅读App：与最聪明的人共同进化

有人常常把成本支出的焦点放在书价上，把读完一本书当作阅读的终结。其实不然。

时间是读者付出的最大阅读成本
怎么读是读者面临的最大阅读障碍
“读书破万卷”不仅仅在“万”，更重要的是在“破”！

现在，我们构建了全新的“湛庐阅读”App。它将成为你“破万卷”的新居所。在这里：

- 不用考虑读什么，你可以便捷找到纸书、有声书和各种声音产品；
- 你可以学会怎么读，你将发现集泛读、通读、精读于一体的阅读解决方案；
- 你会与作者、译者、专家、推荐人和阅读教练相遇，他们是优质思想的发源地；
- 你会与优秀的读者和终身学习者为伍，他们对阅读和学习有着持久的热情和源源不绝的内驱力。

从单一到复合，从知道到精通，从理解到创造，湛庐希望建立一个“与最聪明的人共同进化”的社区，成为人类先进思想交汇的聚集地，与你共同迎接未来。

与此同时，我们希望能够重新定义你的学习场景，让你随时随地收获有内容、有价值的思想，通过阅读实现终身学习。这是我们的使命和价值。

湛庐阅读App玩转指南

湛庐阅读App结构图：

三步玩转湛庐阅读App：

App获取方式：
安卓用户前往各大应用市场、苹果用户前往App Store
直接下载“湛庐阅读”App，与最聪明的人共同进化！

使用App扫一扫功能，遇见书里书外更大的世界！

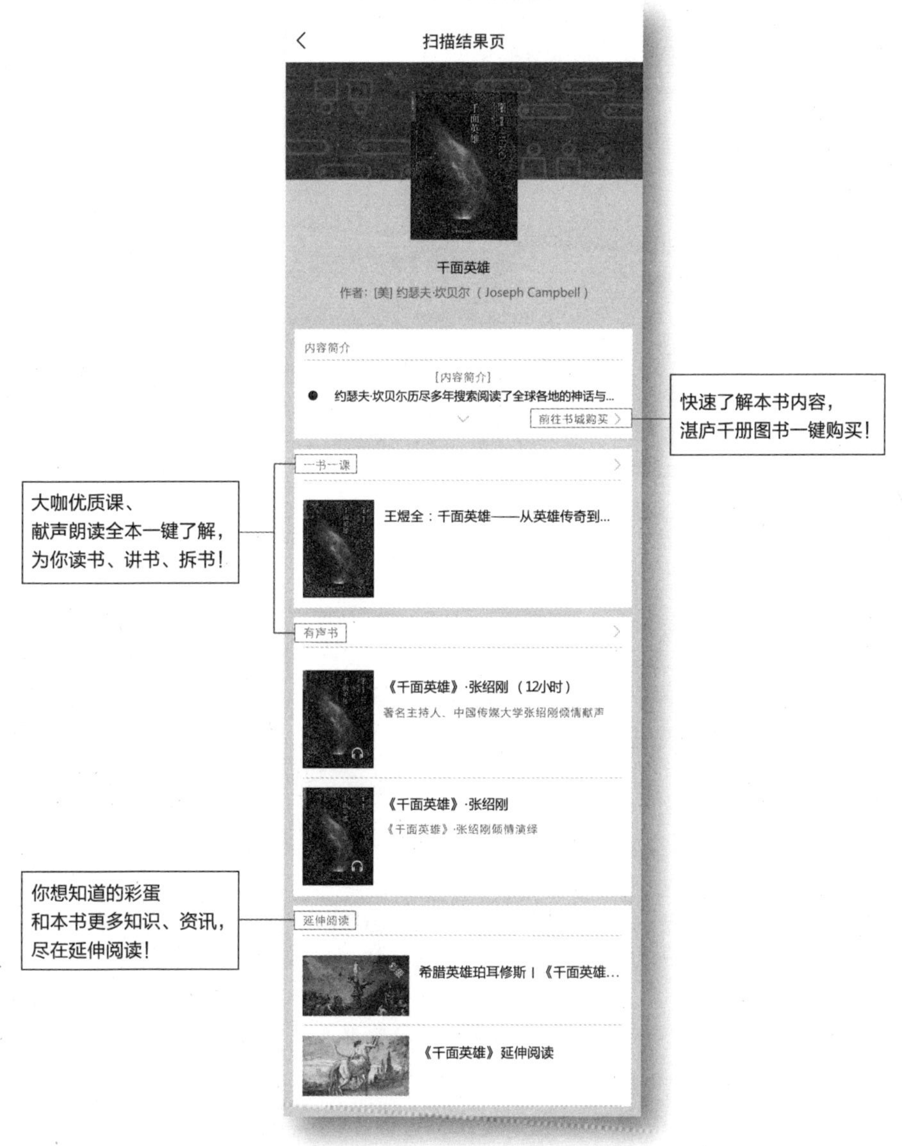

湛庐CHEERS

延伸阅读

《园丁与木匠》

◎ 国际儿童学习研究泰斗级专家艾莉森高普尼克"天生学习家系列"扛鼎之作。

◎ 汇集30年实证研究，带你走出传统教养误区，给你符合孩子学习与发展规律的科学育儿观。

◎ 引爆教育界，万维钢、罗振宇、苗炜等思想界大咖争相解读。

《孩子如何学习》

◎ 国际儿童学习研究泰斗级专家艾莉森高普尼克"天生学习家系列"奠基之作。

◎ 3位重磅儿童发展专家历经30年颠覆性发现，首度揭示孩子大脑学习机制，彻底改写成人对孩子学习能力的认识。

◎ 哈佛、斯坦福、北大等六大国内外知名高校专家鼎力推荐。

《孩子如何思考》

◎ 国际儿童学习研究泰斗级专家艾莉森高普尼克"天生学习家系列"经典之作。

◎ 儿童心理学革命性成果，揭开孩子思维与意识之谜。

◎ 美国认知发展学会年度最佳图书。教育学、心理学、哲学领域国内外大咖一致力荐。

《什么是最好的教育》

◎ 知名TED演讲人，全球知名教育家肯·罗宾逊教育创新五部曲之一！

◎ 给家长提供正确看待孩子教育问题的思考框架和路径，帮助大家厘清什么样的教育才是最应该帮忙孩子去获得的。

◎ 新教育实验发起人朱永新、上海大学副校长汪小帆等人强力推荐。

Title: Nurture The Nature: Understanding and Supporting Your Child's Unique Core Personality, ISBN 978-0-470-32252-9

Copyright © 2007, 2009 by Michael Gurian.

All rights reserved. This translation published under license with the original publisher John Wiley & Sons, Inc. Authorized translation from the English language edition, published by Jossy-Bass. No part of this book may be reproduced in any form without the written permission of the original copyrights holder.

Copies of this book sold without a Wiley sticker on the cover are unauthorized and illegal.

本书中文简体字版由 John Wiley & Sons International Rights, Inc. 授权在中华人民共和国境内独家出版发行。未经出版者书面许可，不得以任何方式抄袭、复制或节录本书中的任何部分。

本书封底贴有 Wiley 防伪标签，无标签者不得销售。

版权所有，侵权必究。

河南省版权登记号：图字 2020-A-0077 号

图书在版编目（CIP）数据

核心天性教养法 /（美）迈克尔·古里安（Michael Gurian）著；严霄霏译. — 郑州：河南科学技术出版社，2020.11

ISBN 978-7-5725-0142-5

Ⅰ. ①核… Ⅱ. ①迈… ②严… Ⅲ. ①家庭教育－教育方法 Ⅳ. ①G78

中国版本图书馆 CIP 数据核字 (2020) 第 198267 号

上架指导：家庭教育 / 心理学

版权所有，侵权必究

本书法律顾问　北京市盈科律师事务所　崔爽律师
张雅琴律师

出版发行：河南科学技术出版社
地址：郑州市郑东新区祥盛街 27 号　　邮编：450016
电话：（0371）65788630　　65788629
网址：www.hnstp.cn
策划编辑：孙　珺
责任编辑：孙　珺
责任校对：路　慧
封面设计：湛庐文化
责任印制：朱　飞
印　　刷：石家庄继文印刷有限公司
经　　销：全国新华书店
开　　本：710mm ×965mm　1/16　　印张：16.75　　字数：348 千字
版　　次：2020 年 11 月第 1 版　　2020 年 11 月第 1 次印刷
定　　价：69.90 元

如发现印、装质量问题，影响阅读，请与湛庐文化联系并调换。电话：010-56676359